SHIPIN SHENGCHAN GONGYI
食品生产工艺

主 编 胡斌杰 郝喜才
副主编 王明瑞 焦 婵 武志远

河南大学出版社
HENAN UNIVERSITY PRESS
·郑州·

图书在版编目(CIP)数据

食品生产工艺 / 胡斌杰,郝喜才主编. —郑州:河南大学出版社,2018.9(2020.1重印)
ISBN 978-7-5649-3496-5
Ⅰ.①食… Ⅱ.①胡… ②郝… Ⅲ.①食品加工－教材 Ⅳ.①TS205
中国版本图书馆CIP数据核字(2018)第216726号

责任编辑	柳　涛
助理编辑	朱春华
责任校对	阮林要
技术校对	李　慧
封面设计	吉宏飞

出版	河南大学出版社		
	地址:郑州市郑东新区商务外环中华大厦2401号	**邮编**:450046	
	电话:0371－86059701(营销部)	**网址**:www.hupress.com	
排版	郑州和尔文化传播有限公司		
印刷	北京虎彩文化传播有限公司		
版次	2018年9月第1版	**印次**	2020年1月第2次印刷
开本	787mm×1092mm　1/16	**印张**	14
字数	316千字	**定价**	35.00元

(本书如有印装质量问题,请与河南大学出版社营销部联系调换)

前　言

本书按"教、学、做"合一的思路，重点介绍发酵类食品的生产工艺，全书分为三部分：第一部分为基础知识，介绍发酵类食品生产的共性知识，内容包括食品生产原料、工业生产菌种、发酵过程的控制和产物的分离与纯化等内容；第二部分介绍食品生产典型实例，内容包括酸乳的发酵生产、白酒生产技术、啤酒的生产工艺、食醋生产工艺、面包制作工艺和罐藏食品生产工艺；第三部分安排五个相应实验。教材内容的范围和深度与相应食品产品的生产线、生产设备、产品相应岗位群的要求紧密挂钩，实践性、应用性强。在教材编排过程，我们改变了传统教材章节编排方式，以模块、学习情景、任务代替了篇、章、节。

我们这次针对行动顺序的每一个工作过程环节编写出来的教材，实现实践技能与理论知识的整合，使同学们通过本教材的学习，收到举一反三和触类旁通的效果，并为学生可持续发展奠定良好的基础。

本书由胡斌杰、郝喜才担任主编，王明瑞、焦婵、武志远担任副主编。编写成员分工如下：胡斌杰负责拟定本书的编写方案并编写了学习情境4、学习情境8和学习情境9的内容；郝喜才编写了学习情境1、学习情境2、学习情境6和学习情境11的内容，并负责本书的校对工作；王明瑞编写了学习情境3、学习情境10和学习情境12的内容；焦婵编写了学习情境7和生产实验的内容；武志远编写了学习情境5的内容。胡斌杰、郝喜才做了全书的统稿工作。

由于编者水平有限，书中难免存在不足之处，敬请广大同人和读者批评指正。

编者
2018年9月

目　录

第一部分　基础知识

学习情景1：绪论 ………………………………………………………………… 3
　子情景1：食品功能、分类及食品工艺 ………………………………………… 3
　子情景2：发酵产品及发酵工业 ………………………………………………… 5
　子情景3：发酵食品的渊源及其文化内涵 ……………………………………… 9

学习情景2：生产原料的制备 …………………………………………………… 11
　子情境1：工业生产常用原料及特点 …………………………………………… 11
　子情境2：影响原料质量的因素 ………………………………………………… 23
　子情境3：培养基原料灭菌方法及原理 ………………………………………… 26
　子情境4：培养基原料湿热灭菌工艺 …………………………………………… 34
　子情境5：原料带菌及其防治 …………………………………………………… 39

学习情境3：工业生产菌种 ……………………………………………………… 46
　子情景1：工业生产常用菌种及特点 …………………………………………… 46
　子情景2：菌种的选育与改良 …………………………………………………… 51
　子情景3：菌种的保藏 …………………………………………………………… 59
　子情景4：菌种的衰退与复壮 …………………………………………………… 62
　子情景5：菌种的扩大培养工艺 ………………………………………………… 66
　子情景6：菌种带菌及其防治 …………………………………………………… 71

学习情境4：空气除菌 …………………………………………………………… 76
　子情景1：空气除菌方法及特点 ………………………………………………… 76
　子情景2：空气除菌的过滤介质 ………………………………………………… 80
　子情景3：介质过滤除菌的原理及效率 ………………………………………… 83
　子情景4：常用空气过滤除菌工艺 ……………………………………………… 88
　子情景5：空气带菌及其防治 …………………………………………………… 91

学习情境 5：发酵过程的控制 94
  子情景 1：工业产品的发酵类型及特点 94
  子情景 2：温度的影响及其控制 103
  子情景 3：pH 值影响和控制 106
  子情景 4：发酵过程带菌及其防治 110

学习情境 6：产物的分离与纯化 118
  子情景 1：生化产物的分类及特点 118
  子情景 2：培养液的预处理 121
  子情景 3：培养液的固液分离 123
  子情景 4：细胞破碎 126
  子情景 5：生化产品的分离纯化方法 128
  子情景 6：生化产品分离工艺介绍 133
  子情景 7：成品干燥 135

第二部分　工艺实例

学习情境 7：酸乳的发酵生产 141

学习情境 8：白酒生产技术 153

学习情境 9：啤酒生产工艺 165

学习情境 10：食醋生产工艺 173

学习情境 11：面包制作工艺 182

学习情境 12：罐藏食品生产工艺 190

第三部分　生产实验

实验一　发酵酸奶的制作 201

实验二　甜酒酿的制作 203

实验三　啤酒的制作 205

实验四　果酒与果醋的制作……………………………………………… 207

实验五　面包的制作……………………………………………………… 209

参考文献…………………………………………………………………… 212

第一部分

基础知识

学习情景1：绪论

子情景1：食品功能、分类及食品工艺

任务1：食物与食品

1. 食物

供人类食用的物质称为食物。它是人体生长发育、更新细胞、修补组织、调节机能必不可少的营养物质，也是产生热量保持体温、进行体力活动的能量来源。

除少数物质如盐类外，几乎全部来自动植物和微生物，主要由农业生产来提供。

2. 食品

将食物经过加工得到的产品统称为食品。食品是经过加工制作的食物。

3. 食品的种类

食品在市场中有各种各样，品种有成千上万种。因不同的人对食品关心的侧面不同或消费习惯不同，通常从加工工艺、原料来源、食品特点等几个方面来分类。食品的分类方法现还没有统一标准，靠约定俗成而定。

按加工工艺分类：反映了食品的加工特点，一般食品加工厂多应用。

按原料种类分类：反映了食品的原料来源，一般农业上多应用。

按产品特点分类：反映了食品的消费属性，一般商业上多应用。

按食用对象分类：反映了食品的适用性，一般商业上多应用。如老年食品，适于代谢下降、体弱易病者食用；儿童食品，适于成长快、生长代谢旺盛、活动多的儿童食用；适于婴儿食品，消化功能不全、免疫力不强的婴儿食用；妇女食品，多体现在美容、减少热量、防发胖等功能；运动员食品，体现在消耗大、要易恢复体力的运动员；满足航空食品，失重状态，防碎散、易食；军用食品，适于艰苦条件且有轻便、易保藏等功能。

任务 2：食品的功能

1. 营养功能

提供蛋白质、碳水化合物（糖）、脂肪、维生素、矿物质、膳食纤维等。

2. 感官功能

①外观：大小、形状、色泽、光泽、稠度。
②质构：硬度、黏性、韧性、弹性、酥脆。
③风味：气味、香臭。
④味道：酸、甜、苦、辣、咸、鲜、麻。

3. 保健功能

食品还有保健功能。除食品中营养成分外，还含有一些化学物质如低聚糖、多肽、黄酮类化合物、益生菌等；调节人体生理功能，起到增进健康、充沛精力、恢复疾病、延缓衰老、美容等作用（吃出健康）。

任务 3：食品的特性

食品所具有的特别性质或属性有 3 个。

1. 安全性

食品的安全性指食品无毒、无害、无副作用；与"食品卫生"为同义词，有微生物、化学、物理方面的特征。

微生物：细菌总数、致病菌、霉菌等；
化学：重金属铅砷汞、农药残留、药残、激素、滥用化学添加剂或用量超标；
物理：杂质、外形、异物。

2. 保藏性

有一定的货架寿命或保质时间，食品在一定时间内保持品质或食品品质降低到不能被消费者接受的时间被定义为食品货架寿命或货架期。这取决于加工方法、包装和贮藏条件，是消费者选择食品的依据之一。

3. 方便性

食品的方便性是指食品便于食用、携带、运输和贮藏等功能。
按食品包装分类：易拉罐、易拉盖、易拉袋；外包装、纸盒、箱子等。如净菜、配菜，适用于开袋即食。

子情景2:发酵产品及发酵工业

任务1:什么是发酵、酿造

1.发酵和发酵工业

发酵的英文 Fermentation 是从拉丁语 ferver 即"翻腾""沸涌""发泡"而来,因为发酵有鼓泡和类似翻腾、沸涌的现象。如中国的黄酒、欧洲的啤酒就是以起泡现象作为判断发酵进程的标志的。

根据以往的观念,人们通常把食品发酵作为整个发酵工业的分支。

发酵,广义上是通过微生物的培养使某种特定代谢产物或菌体本身大量积累的过程;狭义上是厌氧微生物或兼性厌氧微生物在无氧条件下,进行能量代谢并获得能量的一种方式。

发酵工业:(巴斯德)经纯种培养和提炼精制获得的成分单纯、无风味要求的产品的生产过程叫发酵工业。如酒精、抗生素、柠檬酸、氨基酸、酶、维生素及某些色素等。

2.酿造(brewing)和酿造工业

酿造(brewing):在我国,人们对一些特定产品发酵生产的特殊称法,是未知的混合微生物区系参与的一种自然发酵。

酿造工业:经自然培养、不需提炼精制、产品由复杂成分构成并对风味有特殊要求的食品或调味品的生产过程。如黄酒、白酒、清酒、葡萄酒、酱油、醋、腐乳、豆豉、面酱等。

任务2:发酵工业发展史

公元前6000年,苏美尔人和巴比伦人已会制作啤酒。公元前221年,我国劳动人民已经懂得制酱、酿醋、制作豆腐,考古发掘证实中国在龙山文化(距今4200~4000年)已经有酒器出现。人类祖先必须面对的另一项严峻挑战就是与疾病作斗争。公元10世纪,中国就有预防天花的活疫苗。1683年,荷兰人列文虎克(Leenvenhoek)通过制成的显微镜,首先观察到了微生物(microbe)。19世纪60年代,法国科学家巴斯德(L. Pasteur)首先证实酒精发酵是由酵母菌引起的,其他不同的发酵产物是由不同的微生物作用而形成的,由此建立了纯种培养技术。

19世纪末到20世纪20~30年代,发酵工业陆续出现,这时期的发酵产品有酒精

(alcohol)、乳酸(lactic acid)、丙酮丁醇(acetone-butanol)、柠檬酸(citric acid)、蛋白酶(proteinase)等。近代发酵技术产品出现在20世纪40年代,以抗生素的生产为标志。抗生素的出现为发酵工业翻开了一个新的篇章,正是因为抗生素的大罐无菌深层发酵才使真正现代意义上发酵工业的开始。最初采用表面培养法(surface culture)生产,以麸皮为培养基(medium),发酵效价单位约为40U/ml,纯度20%,收率30%。1943年,美英科学家研究出$5m^3$的机械通风发酵罐,进行深层通风发酵,发酵效价单位提高到200U/ml,纯度60%,收率75%。这之后出现了一系列优秀的发酵产品,如赤霉素、链霉素(streptomycin)、新霉素(neomycin)等。

20世纪50年代初生物转化技术的兴起,即利用微生物将某种基团加入到某些大分子化合物上,由此改变这些大分子的特性,从而转化生产出具有新特性的化合物。

20世纪60年代末利用微生物发酵生产氨基酸获得成功并迅速发展。1969年,日本首先将固定化酶(immobilized enzyme)用于D,L-氨基酸的光学拆分。目前,最多的是固定化异构酶(immobilizxed isomerase)生产果葡糖浆(fructose syrup)和固定化酰化酶(immobilized isomerase)生产6-氨基青霉烷酸(6-amino penicillanic acid)。60年代末发现并应用了蛋白酶和其他酶抑制剂,极大地推动了生物活性物质的寻找与开发。

20世纪70年代初基因工程技术的成功、发展与完善,使人类按照自己的意愿设计、培养菌株成为可能。1977年,波依耳首先用基因操作(gene manipulation)手段获得了生长激素抑制因子(growth hormone inhibitor)的克隆。1978年,吉耳伯特(Gilbert)接着获得了鼠胰岛素(mouse insulin)的克隆。现在,人们可以利用基因工程菌生产所需的药物和生物活性物质。

20世纪80年代,随着生物技术的发展,发酵技术又有了迅猛的进展。例如,体外DNA重组技术在微生物育种方面得到实际应用后,就有可能按照预定的蓝图选育菌种来生产所需要的产物。这类菌种被称为"工程菌"。工程菌可以生产一般微生物所不能生产的产品,如胰岛素、干扰素、超氧化物歧化酶(SOD)等。

任务3:发酵产品类型

发酵产物的类型繁多,根据其性质可大致分为四类:微生物菌体的发酵、微生物酶发酵、微生物代谢产物发酵和微生物的转化产物。

1.微生物菌体的发酵

微生物菌体的发酵是以获得具有多种用途的微生物菌体细胞为目的产品的发酵工业。菌体发酵工业包括面包制作、菌体蛋白食品、药用真菌,如冬虫夏草、与天麻共生的密环菌以及从多孔菌科的茯苓菌获得名贵中药茯苓和从担子菌获得灵芝等药用菌。

2.微生物酶发酵

酶(enzyme)最初来源于动植物组织中,目前工业应用的酶大多来自微生物的发酵。

利用发酵法生产制备并提取微生物生产的各种酶,已经是当今发酵工业的重要组成部分。微生物酶发酵的特点是生产容易、成本低。所生产的酶制剂有广泛的应用。在食品和轻工行业中,如用于生产葡萄糖的淀粉酶和糖化酶;用于 D,L-氨基酸光学拆分的氨基酰化酶,也用于医药生产和医疗检测中,如葡萄糖氧化酶(glucose oxidase)用于检测血液中葡萄糖的含量。另外还有蛋白酶、脂酶、药用酶等,酶大部分是利用微生物生产的菌体胞内酶(endoenzyme)和菌体胞外酶(exoenzyme)并用现代化生物技术的方法提取得到的酶纯品。

3. 微生物代谢产物

微生物代谢产物作为产品是发酵工业中种类最多,也是最重要的部分。这类产品有两类。第一类是初级代谢产物(primary metabolite),如氨基酸、核苷酸、核酸、蛋白质等,它们是菌体生长所必需的,初级代谢产物在经济上具有一定的重要性,分别形成了各种不同的发酵工业。第二类是次级代谢产物(secondary metabolite),如抗生素、生物碱、毒素、激素、维生素、植物生长因子等,这些产物与菌体的生长繁殖无明显关系,是菌体在生长的稳定期合成的具有特定功能的产物,次级代谢产物在细胞中的产量很低,而且并不是所有的微生物都能进行次级代谢,但是次级代谢产物对发酵工业具有很重要的意义,所以受到了人们的关注。次级代谢产物的特殊作用因种类不同而异,有的具有明显的抗菌性,有的是细胞生长的促进剂,有的是特殊的酶抑制剂,许多次级代谢产物还有药物学性质。

4. 微生物转化产物

微生物转化产物,即通过微生物细胞将一个化合物转化变成与另一结构相关、更具经济价值的化合物。微生物的转化作用比使用特定的化学试剂有更多的优点,其反应是在常温下进行的,而且不需要重金属催化剂。微生物转化过程的优势是先生产大量菌体,然后催化单一反应。固定化技术的出现,使得微生物转化作用这一优势更加突出。具体做法是将全细胞或其中有催化作用的酶固定在惰性载体上,这种具有催化作用的固定化细胞或酶可以反复多次使用。

任务 4:发酵产品的特点与发展趋势

发酵产品是利用微生物在有氧或无氧条件下的生命活动而制造出来的产品,叫发酵产品。发酵产品的特点可以归纳为以下几个方面。

1. 生产条件温和发酵产品

从酒、酱油和传统的酿造产品,到现在的抗生素、氨基酸、酶以及生产新型能量的乙醇、乙烯等生产过程都是在常温、常压、能耗低、选择性好、效率高的生产过程下进行,各种设备不必考虑防爆问题,不使用有毒试剂。

2.发酵产品原料易得

多以淀粉、糖蜜等碳水化合物为主,加入少量的有机和无机氮源,原料只要不含有对生命有害的物质,一般不需要对原料进行预处理。

3.技术发展快

随着生产技术的迅猛发展,加快了发酵技术的更新与发展,酶、细胞器固定化技术的出现,带来了简化工艺、节约设备、降低生产成本、提高产品质量。发酵趋于管道化、连续化、自动化等一系列好处,计算机自控仪表的应用,提高了发酵技术的应用水平。能生产目前不能生产的或用化学法生产较困难的性能优异的产品。

4.生产过程需防止杂菌的污染

发酵生产过程中最需要注意的是各种杂菌的污染,尤其是噬菌体的侵入危害很大,有时甚至是致命的,因此,生产过程的灭菌工作十分重要,它决定着生产的成败。

任务5:发酵技术工业发展趋势

现代发酵技术的应用已经冲击到包括传统的食品发酵业、制药业、有机酸制造业、饲料业和能源产业等。人们已经感受到了现代科学技术所带来的好处,如运用基因工程、细胞工程和酶工程改良菌种,采用高产工程菌并利用现代工业手段从多方面对发酵生产旧工艺实行改造,扩大了规模,降低了成本,开发了品种,提高了质量。随着生物技术的突破性进展,人类将通过设计和构建新一代的工业生物技术,使各类可再生生物资源高效快速地转化为新的资源和能源。近年研究的热点主要集中在以下几个方面:

① 利用现代化的手段对微生物加以筛选和改造,以形成更符合工业生产需要的新菌种的工业微生物育种技术,其中渗透了基因工程、细胞工程的一些内容,经过改造的、满足人们需要的微生物菌种通常被称之为工程菌。

② 微生物菌体的生产,即利用先进的生产工艺高速地对某种微生物进行大量的纯培养,即工程菌的克隆。

③ 从微生物中分离有用物质,如利用微生物以一些廉价的废弃物做底物生产单细胞蛋白质等。比如说,一种被称作单细胞蛋白的新型动物饲料,就是利用发酵工程以农作物秸秆、造纸废液等废弃物培养藻类、放线菌、细菌、酵母等单细胞生物而获得的高产产品,不仅含有高蛋白,而且含有丰富的维生素和脂类等,既是家禽家畜的良好饲料,又可用来生产高营养的人造蛋白食品。

④ 微生物初级和次级代谢产物的发酵生产,如生产氨基酸、抗生素等生理活性物质;由于人们对微生物代谢网络的深入研究及DNA重组技术的不断完善,利用基因克隆技术改变微生物代谢途径中的某些关键步骤,可以使产物产率得以大幅度提高;通过基因重组技术改变微生物的代谢途径,还可以开发出传统发酵工业无法生产的新产品。

⑤ 发酵产物的分离纯化和加工后处理，影响着发酵产品价格的因素，首当其冲的是分离与纯化过程，其费用通常占生产成本的 50%～70%，有的甚至高达 90%。分离步骤多、耗时长，往往成为制约生产的"瓶颈"。寻求经济适用的分离纯化技术，已成为生物化工领域的热点。已大规模应用的分离纯化技术有：双水相萃取、新型电泳分离、大规模制备色谱和膜分离等。

⑥ 利用微生物控制或参与工业生产，如采矿、冶金等；以及微生物生物反应器的研究开发，新型发酵装置、生物传感器和使用电子计算机控制的自动化连续发酵的技术；等等。

子情景 3：发酵食品的渊源及其文化内涵

发酵是一门古老而又现代的技术，结合了神秘的传统、古老的文化和变化无穷的生物技术。文化底蕴深厚，产品形态多种多样，技术手段推陈出新，理论研究和技术创新永无止境。最早的发酵产品，据记载起源于公元前 5000 年。据记载最早的发酵食品应是酒类，通常认为是 wine（果酒），因为大自然中具备了野生果类和酵母菌，条件适宜情况下即行发酵。在神话传说中亦有猿猴酿酒之说。由于自然界中资源的多样性，便有了多种多样的发酵食品。

古老的发酵食品自产生以来，长时间内停留在自然酿造阶段，即知其然而不知其所以然，通常以经验掌握。由于节气、环境的变化决定了产品的成败，因此食品酿造甚至被赋予很多神秘色彩，甚至出现了对"曲"的顶礼膜拜，与一些祭祀活动也连起来。由于其发酵的机理一直未能充分揭示，因此发酵技术也迟迟未能进一步发扬光大和合理调控。直到巴斯德、科赫等人的工作成果才推动了微生物发酵及工艺调控的推陈出新。

尽管如此，食品发酵与酿造仍然有许多难以解决的实际问题。例如，许多工程方面的研究经验还不足，还没有归纳为系统的理论，许多产品的发酵过程中的问题尚难以解决，很多问题有待研究探讨。

丝状真菌的发酵（霉菌、放线菌），由于没有完善的理论指导，因而还没有满意的设计和放大方法，而霉菌、放线菌又是发酵工业中占重要地位的菌类。

连续发酵的理论虽然研究很多，但许多生产实际问题仍然未能解决，由于菌种的突变、微生物的复杂性和多样性以及试验工艺条件的不稳定性和局限性等问题，除了酵母、啤酒、酒精、丙酮、丁醇、葡萄糖酸的发酵和活性淀粉的处理采用连续发酵外，大规模生产上极少采用。

达标自测

一、名词解释
1. 食品
2. 发酵工业

二、填空题
1. 因不同的人对食品关心的侧面不同或消费习惯不同，通常从_____、_____、_____等几方面来分类。
2. 食品所具有的特别性质或属性，有3个特性：_____、_____、_____。
3. 发酵产品类型包括_____、_____、_____、_____。

三、简答题
1. 传统食品加工与现代食品工业有何不同？
2. 说说食品发酵技术工业发展趋势？

学习情境 2:生产原料的制备

子情境 1:工业生产常用原料及特点

任务 1:理解生产原料的基本概念及组成

培养基是提供微生物生长繁殖和生物合成各种代谢产物所需要的按一定比例配制的多种营养物质的混合物。由于发酵工业生产包括菌种发芽生长、扩大菌体繁殖、发酵罐内的菌体生长和产物合成等几个培养过程。因此,培养目的不同,培养基的组成亦不同。一个完整的培养基配方组成包括组成成分、各组成成分的浓度和合适的pH。由于各种微生物的生理特性不同和产物性质不同,培养基配方组成往往是不同的。主要成分包括碳源,如葡萄糖、淀粉;氮源,如硫酸铵、玉米浆;无机盐和微量元素;前体和诱导物等。一个良好的培养基配方组成是经过较长时间的研究并经过一定时间的生产实践之后确认的,但并不是一成不变的,它也要随着生产菌种的不断改良、发酵工艺条件的不断改进以及发酵罐结构的不同而不断地改进、调整、趋于完善,以达到充分发挥菌种最大的生产潜力。

任务 2:掌握生产原料的主要成分及特点

在微生物产品的发酵生产和科研工作中,由于菌种不同、菌种的生长阶段不同以及发酵工艺条件的差异,所使用的培养基亦是不同的。培养基的原材料归纳起来有碳源、氮源、无机盐和微量元素、水、生长因子以及特殊用途的前体和诱导物等。

1.碳源

凡是用于构成微生物细胞和代谢产物中碳素来源的营养物质均称为碳源。微生物细胞中碳素含量相当高,一般占干物质的50%左右。它是工业发酵中使用的主要原材料之一。它既是构成菌体细胞和代谢产物的主要元素,又是提供微生物生命活动中所需能源的原料。生产中使用的碳源有碳水化合物(各种糖类)、脂肪、有机酸和醇、碳氢化合物等。由于各种微生物的生理特性不同,每一种微生物所能利用的碳源品种亦是不完全相同的。

(1) 糖类

工业发酵中常用的糖类可分为单糖、双糖、多糖、淀粉质类和糖蜜等,详见表 2-1。

葡萄糖是工业发酵最常用的单糖,它是由淀粉加工制备的,其产品有固体粉状葡萄糖、葡萄糖糖浆(含有少量的双糖)。它们被广泛用于抗生素、氨基酸、有机酸、多糖、黄原胶、甾类转化等发酵生产中。我国生产的葡萄糖分为药用和工业用两种。木糖和其他单糖,生产中应用得很少。

表 2-1　微生物发酵生产中使用的糖类

纯糖	天然原料
单糖:葡萄糖、木糖等 双糖:蔗糖、麦芽糖、乳糖等 多糖:蔗糖、糊精、纤维素等	糖蜜类:甘蔗甜蜜、甜菜甜蜜、水解葡萄糖 糖类:麦芽汁等 淀粉质类:山芋粉、马铃薯粉、玉米粉、燕麦粉、橡子粉、木薯粉等 其他:木材水解乳、乳清、酒精废醪、丙酮丁醇醪、柠檬酸废醪

工业发酵中使用的蔗糖和乳糖既有纯制产品,又有含此二种糖的糖蜜和乳清,麦芽糖多用其糖浆。它们主要用于抗生素、氨基酸、有机酸、酶类的发酵。生产中使用的糖蜜有甜菜废糖蜜和甘蔗废糖蜜。甜菜废糖蜜的质量随甜菜贮藏时间而变化。

玉米淀粉及其水解液是抗生素、氨基酸、核苷酸、酶制剂等发酵中常用的碳源。马铃薯、小麦、燕麦淀粉等用于有机酸、醇等生产中。淀粉呈小颗粒结构,难溶于水,在热水中淀粉颗粒膨胀成胶状物。20%浓度的不同品种的淀粉液的胶化温度是不同的,玉米淀粉胶化温度为 75℃,马铃薯淀粉为 65℃。当温度达到 120~130℃时,淀粉可完全液化(在酸性条件下)。胶化和液化淀粉可被微生物产生的胞外淀粉酶和糖化酶逐步分解成葡萄糖,而被菌体吸收利用。

易被菌体迅速利用的糖类(如葡萄糖)对许多产物合成有调节作用,应注意控制其浓度,或将其与被菌体缓慢利用的多糖组成混合碳源,这将有利于产物的形成。

(2) 脂肪

霉菌和放线菌还可以用油脂做碳源。一般来说,在培养基中糖类缺乏或发酵至某一阶段,菌体可以利用油脂来存活。常见的油脂主要指动、植物油,如豆油、玉米油、棉籽油和猪油等。在发酵过程中加入的油脂起消沫和补充碳源的双重作用。菌体利用油脂做碳源时耗氧量增加,因此必须充分供氧,否则易导致有机酸积累、发酵液的 pH 值降低。油脂在贮藏过程中易酸败,同时还可能增加过氧化物的含量,对微生物的代谢有毒副作用。使用时注意将油脂贮藏在低温条件下,贮藏时间不宜过长。

(3) 有机酸、醇

有机酸和醇主要有乳酸、柠檬酸、延胡索酸、低级脂肪酸、高级脂肪酸、氨基酸、甲醇、乙醇、甘油等,用于单细胞蛋白、氨基酸、维生素、麦角碱和某些抗生素的发酵生产中。如嗜甲烷棒状杆菌(Corynebacterium methanophilum)以甲醇做碳源生产单细胞蛋白(SCP),在分批发酵的最佳条件下,该菌的甲醇转化率达47.4%。再如用乳糖发酵短杆菌3790(Bacterium lactofermentum 3790)生产谷氨酸,以乙醇做碳源,其产量达78g/L,对乙醇的转化率为31%。乙醇在青霉素发酵中应用亦取得较好的效果。甘油是很好的碳源,常用于抗生素和甾类转化的发酵。山梨醇是生产维生素C的重要原材料。

有机酸盐可作为碳源,它氧化产生的能量能被菌体用于生长繁殖和代谢产物的合成,同时对发酵过程的发酵液pH起调节作用,发酵液的pH随有机酸盐的氧化而升高:

$$CH_3COONa + 2O_2 \rightarrow 2CO_2 + H_2O + NaOH$$

(4) 碳氢化合物

许多石油产品作为微生物发酵的主要原材料正在深入研究和推广之中。现有的研究结果表明,在单细胞蛋白、氨基酸、核苷酸、有机酸、维生素、酶类、糖类、某些抗生素发酵中应用,均获得了较好的效果。如用裂烃棒状菌RT的抗青霉素突变株生产谷氨酸,用正十六烷做碳源,在发酵液中加入一定浓度青霉素,发酵至100小时,谷氨酸产量达84g/L。正十四烷和正十六烷用于α-酮戊二酸生产、柠檬酸生产、维生素B_{12}生产均获得满意的结果。其中用正十四烷生产α-酮戊二酸的产率高于其他碳水化合物。常用的烷烃有甲烷、乙烷、丁烷、$C_{12} \sim C_{20}$的各种烷烃,其中正十六烷的效果最好。

2. 氮源

氮源是指构成微生物细胞和代谢产物中的氮素来源的营养物质。其主要功能是构成微生物细胞和含氮的代谢产物,当培养基中碳源不足时,可作为补充碳源。常用的氮源有无机氮源和有机氮源两大类,分别归纳在表2-2中。

表2-2 氮源的种类

无机氮源	有机氮源
铵盐:$(NH_4)_2SO_4$ 　　　NH_4Cl 　　　NH_4NO_3 　　　$(NH_4)_3PO_4$ 硝酸盐:$NaNO_3$ 　　　　KNO_3 　　　　NH_4NO_3	合成产物:尿素 天然原料: 　植物蛋白有黄豆饼粉、花生饼粉、棉籽饼粉、菜籽饼粉、玉米谷蛋白、豆酪蛋白、马铃薯蛋白等 　动物蛋白有鱼粉、蚕蛹粉、牛肉膏、蛋白胨、明胶等 　微生物蛋白有干酵母、酵母膏、菌丝粉等 　植物浆水有玉米浆、黄浆水、淀粉浆水等 　蒸馏废醪有谷氨酸发酵废醪等

(1) 无机氮源的特点

① 成分单一,质量较稳定。

② 易被菌体吸收利用。微生物吸收利用铵盐和硝酸盐的能力强,NH_4^+ 被细胞吸收后可直接被利用,因而硫酸铵等铵盐一般被称为速效氮源,而 NO_3^- 被吸收后需进一步还原成 NH_4^+ 后再被微生物利用。铵离子对多数产物合成有调节作用,应控制加入的浓度。

③ 改变培养液的 pH,以 $(NH_4)_2SO_4$ 等铵盐为氮源时,由于 NH_4^+ 被菌体吸收,会导致培养基 pH 下降,而以硝酸盐(如 $NaNO_3$)为氮源时,由于 NO_3^- 被菌体吸收利用,会导致培养基 pH 升高,因此,无机氮源具有改变培养液 pH 的作用,如:

$$(NH_4)_2SO_4 \rightarrow 2NH_3 + H_2SO_4$$

$$NaNO_3 + 4H_2 \rightarrow NH_3 + H_2O + NaOH$$

凡是代谢后能产生酸性物质的营养成分称为生理酸性物质,如硫酸铵。凡是代谢后能产生碱性物质的营养成分称为生理碱性物质,如硝酸钠、乙酸钠等。在培养基中加入适量的生理酸性物质和生理碱性物质,可以调节发酵液的 pH。

(2) 有机氮源的特点

① 成分比较复杂。有机氮源除含有丰富的蛋白质、肽类、游离的氨基酸以外,还含有少量的糖类、脂肪、无机盐和生长因子等。

② 被菌体利用的速度不同。玉米浆中的氮源物质主要以较易吸收的蛋白质降解产物形式存在,而降解产物特别是氨基酸可以通过转氨作用直接被机体利用,有利于菌体生长,为速效氮源;而黄豆饼粉和花生饼粉等中的氮主要以大分子蛋白质形式存在,需进一步降解成小分子的肽和氨基酸后才能被微生物吸收利用,其利用速度缓慢,有利于代谢产物的形成,为迟效氮源。在生产中,常控制速效氮源和迟效氮源的比例,以控制菌体生长期和代谢产物形成期的协调,达到提高产量的目的。

③ 微生物对氨基酸的利用有选择性。微生物在有机氮源的培养基中,可以直接利用游离氨基酸或其他有机化合物的碳架,合成用于构成细胞的蛋白质和其他细胞物质。微生物对氨基酸的利用是有选择性的,如缬氨酸既可用于红霉素链霉菌的生长,又可以氮源的形式参加红霉素的生物合成。在螺旋霉素发酵中,发酵培养基里加入 L-色氨酸可使螺旋霉素的产量显著提高,但 L-赖氨酸则完全抑制螺旋霉素的生物合成。另外,有机氮源中含有的某些氨基酸是菌体合成次级代谢产物的前体。如 α-氨基己二酸、半胱氨酸和缬氨酸是合成青霉素和头孢菌素的直接前体,玉米浆中含有的苯乙胺和苯丙氨酸有合成青霉素 G 的前体作用。色氨酸是合成硝吡咯菌素和麦角碱的前体。

④ 有机氮源还是引起发酵水平波动的主要因素。天然原料中的有机氮源由于产地不同,加工方法不同,其质量不稳定,常引起发酵水平波动,因此,在选择有机氮源时要注意品种、产地、加工方法、贮藏条件对产量的影响。注意它们与菌体生长和代谢产物生物合成的相关性。

生产中常用的有机氮源有黄豆(饼)粉、棉籽(饼)粉、麸质粉、蛋白胨、酵母粉、鱼粉等。国外将棉籽粉加工成低毒、质量稳定的 Pharmamedia 和 Proflo，国际上将一种优质玉米浆称为 Solulys L。在某些品种的生产中还使用蚕蛹粉、石油酵母、菌体蛋白等做氮源。

3. 无机盐和微量元素

工业发酵中应用的微生物在生长繁殖和产物合成中都需要无机盐和微量元素，如磷、硫、铁、镁、钙、锌、钴、钾、钠、锰、氯等。其中许多金属离子对微生物生理活性的作用与其浓度相关，低浓度时往往呈现刺激作用，高浓度时却表现出抑制作用。最适浓度要依据菌种的生理特性和发酵工艺条件来确定。

磷是构成菌体核酸、核蛋白等细胞物质的组成成分，是许多辅酶和高能磷酸键的成分，又是氧化磷酸化合反应的必需元素。作为缓冲系统可调节培养基 pH，磷酸盐既能促进菌体的基础代谢，又能影响许多代谢产物的生物合成。因此，磷酸盐是发酵生产中的一种限制性营养成分，如链霉素、四环素等的发酵生产中，产物的合成速率受到发酵液中磷酸盐浓度的调节。常用的磷酸盐有磷酸二氢钾、磷酸氢二钾及其钠盐。

硫是含硫氨基酸（半胱氨酸、甲硫氨酸等）、维生素的成分，含硫的谷胱甘肽可调节胞内氧化还原电位。硫也是某些产物的组成元素。硫元素占青霉素分子量的 9%，占头孢菌素 C 分子量的 15%。常加入化合物的形式为 Na_2SO_4、$Na_2S_2O_3$、$MgSO_4$ 和 $(NH_4)_2SO_4$。

铁是菌体的细胞色素、细胞色素氧化酶和过氧化物酶的组成元素，是菌体生命活动必需的元素之一。但在发酵培养基中铁离子的含量对多种代谢产物生物合成有较大的影响，如青霉素发酵中，发酵培养基中的铁离子（Fe^{2+}）浓度为 $6\mu g/ml$ 时，不影响青霉素的生物合成；当 Fe^{2+} 浓度达 $60\mu g/ml$ 时，青霉素产量下降 30%；当 Fe^{2+} 浓度达 $300\mu g/ml$ 时，产量下降 90%。在四环素、麦迪霉素等发酵中，高浓度 Fe^{2+} 都显示较强的抑制作用，抗生素产量显著下降。因此，铁制发酵罐在正式投产之前，需用稀硫酸铵或稀硫酸溶液预处理几次，再用未接种的培养基运转几批，进一步去除罐壁上铁离子，然后才能正式投入生产。常用化合物形式是 $FeSO_4$。

锌、镁、钴等是某些酶的辅酶或激活剂。微量的锌对青霉素发酵有促进作用，过量时呈现抑制作用。锌是链霉素发酵的必需元素，微量的锌能促进菌体生长和链霉素的生物合成。镁除能激活一些酶活性外，还能提高卡那霉素、新霉素、链霉素的产生菌对自身产物的耐受性。其机制是镁离子能促进结合于菌体上的抗生素向发酵液中的释放速度。钴是组成维生素 B_{12} 的元素之一，维生素 B_{12} 能促进微生物的一碳单位的代谢速度。许多产品生产时，培养基中都要加入一定量的钴（$0.1\sim10\mu g/ml$），有刺激产物合成的作用。如庆大霉素发酵培养基中加入一定量的氯化钴（$4\sim8\mu g/ml$），不仅能延长发酵周期，还能使抗生素的产量成倍增加。常用化合物形式是 $ZnSO_4$ 和 $CoCl_2$。

钠、钾、钙虽不是微生物细胞的构成成分，但仍是微生物代谢中不可缺少的无机元素。钠有维持细胞渗透压的功能,但含量高时对细胞生命活动有一定的影响。钾离子能影响细胞膜的透性。钙离子有调节细胞透性的作用,还能调节培养液中的磷酸盐含量。工业生产中应用的是轻质碳酸钙,它难溶于水,几乎呈中性,能调节发酵液的 pH 值,常用化合物形式为 $CaCl_2$、$CaCO_3$。

4. 水

水是菌体生长所必不可少的,它构成培养基的主要组成成分。水在细胞中的生理功能主要有:①起到溶剂与运输介质的作用,营养物质的吸收与代谢产物的分泌必须以水为介质才能完成;②参与细胞内一系列化学反应;③维持蛋白质、核酸等生物大分子稳定的天然构成;④因为水的比热高,是热的良好导体,能有效地吸收代谢过程中产生的热并及时地将热迅速散发出体外,进而有效地控制细胞内温度的变化;⑤保持充足的水分是细胞维持自身正常形态的重要因素;⑥微生物通过水合作用与脱水作用控制由多亚基组成的结构,如酶、微管、鞭毛及病毒颗粒的组装与解离。

菌体生长的环境中水的有效性常以水活度值 Aw 表示。纯水 Aw 为 1.00,溶液中溶质越多,Aw 越小,微生物一般在 Aw 为 0.60～0.99 的条件下生长。Aw 过低时,微生物生长的迟缓期延长,比生长速率和总生长量减少。生产中使用的水有深井水、自来水、地表水。水质要定期检测。

5. 前体物质和促进剂

随着原料转换,生产菌种不断更新,为了进一步大幅度提高发酵产率,在某些工业发酵过程中,发酵培养基除了碳源、氮源、无机盐、生长因子和水分等五大成分外,考虑到代谢控制方面,还需要添加某些有特殊功用的物质。这些物质加入到培养基中有助于调节产物的形成,而并不促进微生物的生长。例如,某些氨基酸、抗生素、核苷酸和酶制剂的发酵需要添加前体物质、促进剂、抑制剂及中间补料等。添加这些物质往往与菌种特性和生物合成产物的代谢控制有关,目的在于大幅度提高发酵产率、降低成本。

(1)前体物质

某些化合物加到发酵培养基中,能直接被微生物在生物合成过程结合到产物分子中去,而其自身的结构并没有多大变化,但产物的量却因加入前体物质而有较大的提高。有些氨基酸、核苷酸和抗生素发酵必须添加前体物质才能获得较高的产率。例如,丝氨酸、色氨酸、异亮氨酸及苏氨酸发酵时,培养基中分别添加各种氨基酸的前体物质如甘氨酸、吲哚、2-羟基-4-甲基硫代丁酸,α-氨基丁酸及高丝氨酸等,这样可避免氨基酸合成途径的反馈和抑制作用,从而获得较高的产率。目前应用添加前体物质的方法大规模发酵丝氨酸在日本已经实现,色氨酸和蛋氨酸的生产也可望工业化。又如 5′-核苷酸可以由糖在加有化学合成的腺嘌呤为前体情况下,用腺嘌呤或鸟嘌呤缺陷变异菌株直接发酵生成。此外,抗生素合成的前体物质更是抗生素分子的前身或其组成的一部分,它直接参与抗生素合成而自身无显著变化,在一定条件下前体物质可控制生产菌的合成方向和增加抗生素的产量。氨基酸发酵的前体物质如表 2-3 所示。

表 2-3 氨基酸发酵的前体物质

氨基酸	菌株	前体物质	产率%
丝氨酸	嗜甘油棒状杆菌	甘复酸	1.6
色氨酸	异常汉逊酵母	氨茴酸	0.8
色氨酸	麦角菌	吲哚	1.3
蛋氨酸	脱氮极毛杆菌	2-羟基-4-甲基硫代丁酸	1.1
异亮酸	黏质赛杆菌	a-氨基丁酸	0.8
异亮氨酸	阿氏棒状杆菌(Corymnamagasahi)	D-苏氨酸	1.5
苏氨酸	谷氨酸小球菌	高丝氨酸	2.0

在青霉素的生产过程中,人们发现加入玉米浆后,青霉素的单位提高,进一步研究发现单位增长的原因是玉米浆中含有苯乙胺。抗生素发酵常用前体物质如表 2-4 所示。苯乙酸、苯乙硫胺、丙酸均可以在生产过程中使用,但要注意这些前体加入过多对菌体会产生毒性。因此在发酵过程中,加入前体不但可使其青霉素 G 比例大为增加(占总青霉素量的 99% 以上),且使青霉素的产量有所提高(由于前体物质的存在,可使培养基中的硫酸盐的硫原子更多地结合到青霉素分子中去)。

前体物质的利用往往与菌种的特性和菌龄有关,如两种青霉素产生菌对苯乙酸的利用率不同,形成青霉素 G 的比例也不同,较老的菌丝对前体的利用较大。前体物质愈易被氧化的,用于构成青霉菌分子的比例就越少。

表 2-4 抗生素发酵常用的前体物质

抗生素	前体物质	抗生素	前体物质
青霉素 G 青霉素 O 青霉素 V 链霉素	苯乙酸或在发酵中能形成苯乙酸的物质,如乙基酰胺等 烯丙基-硫基乙酸 苯氧乙酸 肌醇、精氨酸、甲硫氨酸	金霉素 溴四环素 红霉素 灰黄霉素 放射菌素 C_3	氯化物 溴化物 丙酸、丙醇、丙酸盐、乙酸盐 氯化物 肌氨酸

一般说来,当前体物质是合成过程中的限制因素时,前体物质加入量越多,抗生素产量就越高(见表 2-5)。但前体物质的浓度越大,利用率越低。在抗生素发酵中大多数的前体物质对生产菌体有毒,故一次加入量不宜过大。为了避免前体物质浓度过大,一般采取间隙分批添加或连续滴加的方法加入。

表 2-5　不同浓度的前体物质对青霉素产量的影响

苯乙酸用量/%	青霉素产量/%	青霉素 G 的比例/%	苯乙酸用量/%	青霉素产量/%	青霉素 G 的比例/%
0.1	7750	57.5	0.3	9630	90.6
0.2	8515	73.0	0.4	9200	95.6

（2）促进剂和抑制剂

在氨基酸、抗生素和酶制剂发酵生产过程中，可以在发酵培养基中加入某些对发酵起一定促进作用的物质，称为促进剂或刺激剂。例如，在酶制剂发酵过程中，加入某些诱导物、表面活性剂及其他一些产酶促进剂，可以大大增加菌体的产酶量。

添加诱导物，对产诱导酶（如水解酶类）的微生物来说，可使原来很低的产酶量大幅度地提高，这在生产酶制剂新品种时尤其明显。一般的诱导物是相应酶的作用底物或一些底物类似物，这些物质可以"启动"微生物体内的产酶机构，如果没有这些物质，这种机构通常是没有活性的，产酶是受阻抑的。

在培养基中添加微量的促进剂可大大地增加某些微生物酶的产量。常用促进剂有各种表面活性剂（洗净剂、吐温 80、植酸等）、二乙胺四乙酸、大豆油抽提物、黄血盐、甲醇等。如栖土曲霉 3942 生产蛋白酶时，在发酵 2~8h 添加 0.1%LS 洗净剂（即脂肪酰胺磺酸钠），就可使蛋白酶产量提高 50%以上。添加培养基 0.02%~1%的植酸盐可显著地提高枯草杆菌、假单胞菌、酵母、曲霉等的产酶量。在 3536 葡萄糖氧化酶发酵时，加入金属螯合剂二乙胺四乙酸（EDTA）对酶的形成有显著影响，酶活力随二乙胺四乙酸用量而递增；又如添加大豆油抽提物，米曲霉蛋白酶可提高 187%的产量，脂肪酶可提高 150%的产量。在酶制剂发酵过程中添加促进剂能促进产量增加的原因，主要是改进了细胞的渗透性，同时增强了氧的传递速度，改善了菌体对氧的有效利用。

抗生素工业在发酵过程中加入某些促进剂或抑制剂（见表 2-6），常可促进抗生素的生物合成。在不同的情况下，不同的促进剂所起的作用也各不相同。有的可能起生长因素的作用，如加入微量植物刺激剂可促进某些放线菌的生长发育，缩短发酵周期或提高抗生素发酵单位；有的可推迟菌体的自溶，如巴比妥药物能增加链霉素产生菌的菌丝抗自溶能力（巴比妥主要对链霉素生成合成酶系统具有刺激作用）；有的是抑制了某些合成其他产物的途径而使之向所需产物的途径转化；有的是降低了生产菌的呼吸，使之有利于抗生素的合成，如四环素发酵中硫氰化苄，可降低菌在三羧酸循环中某些酶活力，而增强戊糖代谢，使之利于四环素的合成；有的可改变发酵液的物理性质，改善通气效果，如加入聚乙烯醇、聚丙烯酸钠、聚二乙胺等水溶性高分子化合物或加入某些表面活性剂后改善了通气效果，进而促进发酵单位提高；有的可与抗生素形成复盐，从而降低发酵液中抗生素的浓度和促进抗生素的合成，如在四环素发酵中加入 N、N-二苄基乙烯二胺（DBED）与四环素形成复盐，促使四环素向有利于合成的方向进行。

表 2-6 抗生素的抑制剂

抗生素	被抑制的产物	抑制剂
链霉素	甘露糖链霉素	甘露聚糖
去甲基链霉素	链霉素	乙硫氨酸
四环素	金霉素	溴化物、巯基苯并噻唑、硫脲
去甲基金霉素	金霉素	嘧啶、硫脲
头孢菌素 C	头孢霉素 N	磺胺化合物、乙硫氨酸
		L-蛋氨酸
利福霉素 B	其他利福霉素	巴比妥药物

氨基酸发酵易于发生的问题,一是谷氨酸发酵时噬菌体引起的异常发酵,由于噬菌体有宿主专一性,现在的措施是交替更换菌种或选用抗噬菌体菌株,但噬菌体也可以发生宿主范围突变,因此也有采用添加氯霉素、多聚磷酸盐、植酸等防止;二是赖氨酸发酵等营养缺陷型菌株易发生回复突变,现在发酵时已采用定时添加红霉素而解决。

在发酵过程中添加促进剂的用量极微,选择得好,效果较显著,但一般来说,促进剂的专一性较强,往往不能相互套用。

6.消沫剂

工业发酵中常用一些消沫剂消除发酵中产生的泡沫,防止逃液和染菌,保证生产的正常运转。常用的消沫剂有植物油脂、动物油脂和一些化学合成的高分子化合物。应用何种消沫剂,视生产菌种的生理特性和地域情况确定,有的国家主要用植物油脂如玉米油、豆油等做消沫剂,有的国家主要用动物油脂如鲸鱼油、猪油做消沫剂,有的国家采用高分子化合物作为消沫剂。

7.其他成分

微生物生长繁殖需要的生长因子如维生素等,在所使用的碳源和有机氮源中含有的数量已能满足绝大多数微生物代谢的需求,但某些微生物的培养基尚需加入某些微量生长因子,以满足其代谢的需要。发酵中有时为了促进菌体生长或产物合成,或抑制不需要的代谢产物的合成,需要向培养基中加入某种促进剂或抑制剂。如在四环素发酵培养基中,加入溴化钠和 M-促进剂(2-巯基苯并噻唑),能抑制金霉素(即氯四环素)的生物合成,同时增加四环素产量。

任务3：了解生化生产物质原料

1. 糖蜜原料

糖蜜是很好的发酵原料，用糖蜜原料发酵生产，可降低成本，节约能源，简化操作，便于实现高糖发酵工艺，有利于产品得率和转化率的提高。糖蜜原料中，有些成分不适用于发酵，所以在使用糖蜜原料时，可先进行处理，以满足不同发酵产品的需求。

（1）糖蜜原料的分类

生物发酵工业所用的糖蜜，主要是指制糖工业上的废糖蜜(waste molasses)，它是甘蔗糖厂或甜菜糖厂的一种副产品。糖蜜是一非结晶糖分，本身含有相当数量的发酵性糖，因此是生物工业大规模生产的良好原料。

根据来源不同，糖蜜分为甘蔗糖蜜(cane molasses)、甜菜糖蜜(beet molasses)和高级糖蜜(high test molasses)等。甘蔗糖蜜是以甘蔗为原料糖厂的一种副产品，它的产量为原料甘蔗的2.5%～3%，甘蔗糖蜜中含有30%～36%的蔗糖和20%转化糖。甜菜糖蜜是以甜菜为原料糖厂的一种副产品，它的产量占原料甜菜量的3%～4%，含蔗糖5%、转化糖1%。高级糖蜜是指甘蔗榨汁（糖浆）加入适量的硫酸或用酵母转化酶(invertase)处理，制成转化糖，该糖蜜由于提高了溶解度，可使糖浓度提高70%～85%。此外还有两种废糖蜜，一种是精制粗糖时，所分离出的糖蜜，称为粗糖蜜(raw sugar molasses)；另一种是葡萄糖工业上，不能再结晶葡萄糖的母液，称为葡萄糖蜜。

（2）糖蜜原料的性质和组成

糖蜜的外观是一种黏稠、黑褐色、呈半流动状的物体，pH值5.5左右，相对密度1.43。糖蜜的组成，因制糖原料的种植、贮藏及加工方法等条件的不同而有差异。其一般组成见表2-7。各种糖蜜中的糖类的组成也不相同。除含有发酵性的糖分外，还含有胶体物质、灰分、维生素、氨基酸。甘蔗糖蜜中的生物素较甜菜糖蜜中高。

表2-7 糖蜜的一般组成

种类/% 成分	甜菜糖蜜	甘蔗糖蜜	高级糖蜜
总固形物	78～85	78～85	86～92
总糖分	48～58	50～58	70～86
N	0.2～2.8	0.08～0.5	0.05～0.25
总灰分	4～8	3.5～7.5	1.8～3.6
K_2O	2.2～4.5	0.8～2.2	0.2～0.7
CaO	0.15～0.7	0.15～0.8	0.15～035
SiO_2	0.1～0.5	0.05～0.3	0.07～0.25
P_2O_5	0.02～0.01	0.009～0.07	0.03～0.22
MgO	0.01～0.1	0.25～0.8	0.12～0.25

（3）糖蜜的预处理

糖蜜的预处理，包括澄清和脱钙处理，对生物素缺陷型菌体生产来说（如谷氨酸），还应该进行脱生物素处理，一般所说的预处理是澄清处理和脱钙处理。

① 糖蜜澄清处理的目的

糖蜜中由于含有大量的灰分和胶体，不但影响菌体生长，也影响产品的纯度，特别是胶体的存在，致使发酵中产生大量的泡沫，影响发酵生产。因此，应进行适当的澄清处理。一般有加酸法、加热加酸法和添加絮凝剂澄清处理法几种。

② 谷氨酸发酵中糖蜜的预处理

目前，谷氨酸发酵中，使用生物素缺陷型菌株，发酵培养基中的生物素为 $5\mu g/L$ 左右，而糖蜜中特别是甘蔗糖蜜中的生物素含量为 $1\sim 10\mu g/g$，显然不适合谷氨酸的发酵。因此，在使用糖蜜原料发酵生产谷氨酸时，必须想方设法降低糖蜜中生物素的含量。一般有活性炭处理法、树脂法以吸附生物素；用化学药剂拮抗生物素或使用其他营养缺陷型菌株（如氨基酸缺陷型、甘油或油酸缺陷型、精氨酸缺陷型等菌株）。还可已通过改进生产工艺如添加青霉素，改变细胞的渗透性，即使培养基中生物素含量高，细胞膜仍成为谷氨酸向外渗透模式，因而不影响谷氨酸产量。

2.石油代粮发酵的原料

（1）石油代粮发酵的特点

微生物工业是用粮最多的产业，每生产 1t 酒精，耗粮 3t 左右；每生产 1t 有机酸耗粮 $3\sim 8t$。抗生素、酶制剂等用粮尤多，全世界微生物工业消耗的粮食是十分惊人的。随着微生物工业的日益发达，面临着原料供应不足的问题，迫切需要开辟新原料，如利用石油发酵。在目前，石油是地球上蕴藏量十分丰富的资源，因此石油代粮发酵有着重大的意义。能利用石油的微生物种类很多，分布很广，石油微生物几乎能利用所有的石油成分，或将其同化，形成菌体或某些产物。石油微生物作用的最大特点是能使化学上很稳定的正烷烃、环烷烃、芳香烃等化合物在常压下化学变化，所以石油发酵不需高温、高压、耐酸、耐腐蚀的设备。石油代粮发酵近几十年来已取得了重大的发展，国外石油蛋白已完成了试产和毒性试验，已正式投产。英国用石蜡为原料，美国用烃为原料，法国用柴油为原料，日本、苏联亦完成了研究，石油蛋白的收率为 $50\%\sim 80\%$。从研究微生物发酵石油发现几乎糖发酵的所有产物，都可由微生物发酵石油馏分得到。在日本以石油馏分或石油化工产品发酵和生产谷氨酸、赖氨酸、柠檬酸、α-酮戊二酸、反丁烯二酸等收率业已达到或超过糖质原料发酵的水平。某些氨基酸、氯霉素、灰黄霉素的发酵产率，也接近了投产水平。利用石油产品醋酸做谷氨酸发酵原料，已在日本全面生产。在我国除进行石油微生物脱蜡、石蜡制造酵母蛋白外，近年也开展了石油代粮发酵，正在进行谷氨酸、抗生素、酶制剂、柠檬酸、反丁烯二酸的石油发酵，还进行了维生素 B_2、甘露醇的石油发酵的研究。

石油发酵与糖质发酵不同，作为基质的烃类是不溶于水的。为了使菌体生长能力提高,有必要使发酵液成为极细的乳状液,发酵罐结构要考虑有利于乳化,添加表面活性剂促进乳化是一种有效途径。用烃类做基质需要的氧气量为碳水化合物做基质的几倍。以烃类做基质繁殖的时间长,生长速度也较慢,发酵时耗氧量多。用烃类做原料发酵时产生的热量比碳水化合物发酵时产生的热量要大得多(碳水化合物的燃烧热为 1.56×10^3 kJ/kg;烃类为 4.78×10^4 kJ/kg)。应当选育适应高温的菌种,这样可以部分地解决发酵热的问题。利用细菌进行石油发酵,产品分离也是较困难的。正是由于考虑到烃类发酵需氧量和烃类在水中的溶解度有限,因此需要设计适用于石油发酵的设备,石油发酵的生化工程,也需要相应跟上。石油代粮发酵除上述的特点外,作为石油代粮发酵的产物首先要求保证安全而且无毒性。

(2)石油代粮发酵原料的选择

石油代粮发酵所用原料,并非指原油,而是它的馏分,以正链烷烃、轻油、灯油用得较多。因微生物同化烃类时,链烃比环烃易同化,直链烃比支链烃易同化。在饱和直链烃中以 $C_{13\sim18}$ 最易同化,因此,C_9 以上的石蜡使用最普遍。此外,石油化工产品,如甲醇、乙醇、醋酸、乙二醇、丙二醇甚至反丁烯二酸等都可作为发酵原料。由于醋酸容易从石油裂解的乙烯来合成,且发酵工艺、设备条件几乎与糖质发酵无异,因此,首先用在谷氨酸、赖氨酸的发酵生产上。还有石油酵母菌体也可用作发酵生产维生素 B_2 和酶生产的碳源、氮源,这是一种间接的石油发酵。

一般认为微生物氧化正烷烃的途径,是经过单末端氧化与双末端氧化生成脂肪酸,然后用 β-氧化开裂成醋酸,再以乙酰辅酶 A 的形式进入三羧酸循环而累积有关的有机酸类。对烃类代谢途径与控制的进一步了解,将更有效地提高石油发酵的收率。

从原料选择的方面来看,究竟采用石油为原料,还是用石油制品为原料,不能即下定论,应因地制宜来选择。但在石油化工发展的基础上,鉴于目前的发酵设备及技术条件,似乎使用醋酸、乙醇等原料将会是一种有效的代粮资源。与其他碳源相比,不仅具有水溶性好、本身没有毒性,而且有较高的发酵率和转化率、控制方便等优点。

3.其他原料发酵

植物生物体(biomass)是地球上各类植物利用阳光的能量进行光合作用的产物。全世界植物生物体的年生成量高达 1.55×10^{11} t 干物质。这些生物体贮存的总能量是当前全世界能耗总量的 10 倍,因此,它是一种十分巨大的潜在能源。而且它会年复一年地生成,所以是一种再生资源,永远不会枯竭。

植物生物体主要组成是纤维素,为此,利用纤维素原料或其他工业原料来进行发酵生产是人类长期以来一直从事研究的课题。第一次世界大战期间,德国就研究成功纤维素酸水解生产酒精的工艺。近年来,纤维素和半纤维生产酒精的研究有了突破性的进展,纤维素和半纤维素已成为最有潜力的酒精生产原料。

目前用于发酵产品生产的纤维素原料可分为:农作物纤维下脚料、森林和木材加工工业下脚料、工厂纤维和半纤维素下脚料及城市生活纤维物质等四类。这些物质均可经过一定的处理用于发酵产品的生产。

子情境 2：影响原料质量的因素

在工业发酵过程中，常出现生产水平大幅度波动或菌体代谢异常等现象。产生这些现象的原因很多，如种子质量不稳定，发酵工艺条件控制得不严格，培养基质量变化等。引起培养基质量变化的因素也较多，如原材料品种和质量、培养基的配制工艺、灭菌操作等。

任务 1：原材料质量的影响

工业发酵中用于配制培养基的原材料品种较多，有化学成分单一的无机盐，有成分复杂、质量不太稳定的天然化合物，这些化合物的来源多样，有的是农牧业的副产品，有的是工业生产的副产物。由于它们的来源广、加工方法不同，制备出来的培养基质量是不稳定的。培养基中应用的各种原材料，不管用量多少，只要质量不符合生产要求的，都可能影响生产水平。

有机氮源的原材料质量是引起生产水平波动的主要因素之一。引起有机氮源质量变化的原因，主要是加工用的原材料品种、产地、加工方法和贮存条件。如抗生素发酵中常用的黄豆饼粉，我国东北产的大豆加工制备的黄豆饼粉质量较好，这主要是此种大豆中含硫氨基酸的含量较高，有的含量达 4.0% 以上。此外，黄豆饼粉质量还受到加工方法的影响，热榨黄豆饼粉和冷榨黄豆饼粉对发酵生产影响是不同的。生产中使用的棉籽饼粉是不含棉酚或含低量棉酚的氮源，是一种值得推广的有机氮源。

玉米浆是常用的有机氮源，对许多品种的发酵水平有显著影响。玉米浆是用亚硫酸浸泡玉米的水经过浓缩加工制成的，呈鲜黄至暗褐色，为不透明的絮状悬浮物。由于玉米产地不同、浸渍工艺不同（特别是浸渍时各种微生物的发酵作用），玉米浆质量是不同的。玉米浆中磷含量（一般在 0.11%～0.40%）对某些抗生素发酵影响亦很大。

配制培养基常用的蛋白胨有肉胨、血胨、骨胨、鱼胨、植物胨等。由于制备蛋白胨使用的原材料和加工方法的不同，每种蛋白胨中所含的氨基酸品种和含量、磷含量都有较大差异，质量难以控制。

生产中对有机氮源的品种和质量必须十分重视，在质量检测中，要监测各种有机氮源中的蛋白质、磷、脂肪和水分的含量，注意酸价变化。同时重视它们的贮藏温度和时间，保证不发生霉变和虫蛀。

碳源对发酵的影响虽不如氮源的影响显著，但由于质量的差异也能引起发酵水平的波动。采用不同的原料、产地、加工方法制备的淀粉、葡萄糖和乳糖等产品，其质量是不同的。如不同产地的乳糖，其中的含氮化合物不同，能引起灰黄霉素发酵水平的波动。又如生产中常用的固形葡萄糖和淀粉葡萄糖(淀粉水解液)中糖的种类和杂质含量是不同的。若用蛋白质含量(0.6%)高的淀粉制备葡萄糖的结晶母液做碳源时,常出现发酵前期泡沫增多,通气效果下降,导致异常发酵。酸法制备葡萄糖的结晶母液中含有 5-羟甲基糠醛等物质,它们对微生物代谢有毒副作用,其中含有的某些金属盐类也影响微生物的生长和产物的合成。

油脂的品种很多,用于工业发酵的有豆油、玉米油、米糠油和杂鱼油等。它们的质量差异较大,特别是杂鱼油的成分复杂。油脂贮藏的条件和时间常是影响其质量的因素,如果贮藏的温度高、时间长,就可能产生一些对微生物代谢有毒副作用的降解产物。

培养基中所使用的无机盐(如碳酸钙、磷酸盐)和前体物(如苯乙酸)等化学物质,其组成明确,有一定的质量规格,较易控制。但有的化学物质,由于杂质含量变化,对生产水平也有影响,如碳酸钙中的氧化钙含量高时,就显著影响培养基的 pH 值和磷酸盐的含量,对生产是不利的。

综上所述,各种原材料的质量都能影响培养基的质量。因此,在科研和工业生产中,为了稳定生产水平和提高产量和产品质量,对所采用的全部原材料的质量要按质量标准严格检测。在改换原材料品种时,必须先行小试,甚至中试,不符合质量标准或生产工艺要求的原材料不能随意用于生产。

任务 2:水质和灭菌的影响

水是构成培养基的主要原材料之一。水的质量对许多产品的生产有较大的影响。大生产中使用的水有深井水、自来水、地表水和蒸馏水。水中含有的无机离子和有机物的含量是不同的。

水中无机离子和其他杂质的含量与环境条件相关。深井水的水质因地质结构、井的深度、采水季节等的不同而异。地表水的水质与环境污染程度密切相关,同时受到季节的影响。所以,生产中对所采用的水的质量应定期检测,地表水应该经过适当的处理之后方可使用。

有的品种生产中,为了避免水质的影响,采用加入一定量的某些无机盐(如磷酸铵等)的蒸馏水配制孢子培养基。

工业发酵中,都采用饱和蒸汽灭菌方法杀灭培养基中的有机体。在灭菌过程中,注意保证蒸汽质量和蒸汽压力。培养基在高温高压条件下,其营养成分能产生降解或某些化学反应,蒸汽压力愈大或灭菌时间愈长,营养成分破坏得愈多,同时某些营养成分之间的化学反应愈强。这一系列作用均能使菌体需要的营养成分减少,同时产生某些对微生物代谢有毒副作用的物质,从而影响菌体的生长或某些代谢作用。

糖类在高温条件下易被破坏,特别是还原糖与氨基酸、肽类或蛋白质等有机氮源一起加热时,更容易产生化学反应,形成 5-羟甲基糠醛和棕色的类黑精。氨基酸在反应中起着催化作用,大大加速葡萄糖的降解反应速度。赖氨酸最容易与糖类产生化学反应,形成棕色物质。糖类还能与磷酸盐产生络合反应,形成棕色色素。上述的色素物质都是大分子化合物,轻者引起微生物代谢途径的改变,重者能影响菌体的生长繁殖。为了避免糖类与其他成分在灭菌过程中互相接触,在生产中,将糖与其他成分分别灭菌,既可减少糖类的损失,又可大大减少有色物质的形成,保证培养基的灭菌质量。如青霉素发酵,将发酵培养基中的糖类与其他成分分别灭菌,获得的青霉素比糖与其他成分混合一起灭菌的培养基的产量平均提高10%。这表明改进培养基的灭菌工艺,可以保证培养基的灭菌质量,有利于产生菌的生长和代谢产物的生物合成。

灭菌过程中,培养基中的无机盐之间也可能产生化学反应。磷酸盐、碳酸盐与某些钙、镁、铁等阳离子结合形成难溶性复合物而产生沉淀,使培养基中的可溶性无机磷浓度降低、碳酸盐的缓冲作用及钙离子的浓度降低。可加入螯合剂,常用的螯合剂为乙二胺四乙酸(EDTA),或可以将含钙、镁、铁等离子的成分与磷酸盐、碳酸盐分别进行灭菌,然后再混合,避免形成沉淀。

在配制培养基过程中,泡沫的存在对灭菌处理极为不利。因为泡沫中的空气形成隔热层,使泡沫中的微生物难以被杀死。所以,在培养基中加入消沫剂以减少泡沫的产生,或采取适当提高灭菌温度、延长灭菌时间等措施,以保证培养基的灭菌质量。

原材料的颗粒度也影响培养基灭菌质量,颗粒度太大,会产生培养基灭菌不透的现象。因此,工业生产上对原材料的颗粒度有要求。

任务3:pH值及其他影响因素

1.pH值的影响

培养基的pH值对微生物的生长和代谢产物的合成有较大的影响。在配制培养基时,为使培养基灭菌后的pH值适于菌体生长,有时在灭菌前用酸或碱予以调整。如果培养基的配比不合适,出现pH偏低或偏高,在灭菌过程中,有可能加速营养成分的破坏。因此,确定培养基pH时,应以改变营养物质的浓度比例,尤其是生理酸性物质或生理碱性物质的用量来调节培养基pH为主,用酸碱调节为辅。

另外,在培养基中还可加入pH缓冲剂,如K_2HPO_4和KH_2PO_4组成的混合物、$CaCO_3$等来进行调节。培养基中存在的一些天然的缓冲系统,如氨基酸、肽、蛋白质都属于两性物质,也可起到缓冲剂的作用。

2.其他影响因素

培养基的黏度对发酵水平有一定的影响。如果采用淀粉、黄豆饼粉、玉米粉、花生饼粉等物质配制的培养基,由于固形颗粒的存在,加上黏度的增加,都能影响其灭菌质量。另外,还对发酵参数控制和产品的分离精制都有影响。因此,培养基中固形成分液化,制成液体培养基,是保证培养基灭菌质量、提高生产水平的有效途径之一。

培养基的氧化—还原电位(Φ)也影响培养基的质量。微生物不同,对Φ值的要求不同,如好氧微生物的Φ值为+0.1,一般以0.3~0.4V为宜。培养基中加入氧化剂,可使Φ

值增加；培养基中加入抗坏血酸、硫化氢、半胱氨酸、谷胱甘肽、二硫苏糖醇等还原性物质，可使 Φ 值降低。根据发酵菌种的特性，控制培养基的 Φ 值在所需要的范围内。

一些人为因素，如投错料、计算错误等均可导致培养基质量下降，影响生产。

上述介绍的影响培养基质量的因素，也是要控制的因素。为了保证发酵过程中培养基的质量，应合理地控制原材料质量、灭菌质量、水的质量、pH 值、黏度等，并进行规范操作。

子情境 3：培养基原料灭菌方法及原理

任务 1：了解常规灭菌及消毒方法

灭菌是指利用物理或化学方法杀灭或除去物料及设备中一切有生命物质的过程。常用的灭菌方法大致有以下几种。

1. 化学试剂灭菌法

某些化学试剂能与微生物发生反应而具有杀菌作用。常用的化学试剂有甲醛、氯气（或次氯酸钠）、高锰酸钾、环氧乙烷、季铵盐等，但由于化学试剂也会与培养基中的一些成分作用，且加入培养基后易残留在培养基内，所以不用于培养基的灭菌。表 2-8 列出了常用化学消毒剂及其使用方法。

2. 电磁波、射线灭菌法

利用高能电磁波、紫外线或放射性物质产生的高能粒子可以起到灭菌的作用。电磁波的波长与杀菌作用的关系如图 2-1 所示。由图可见波长为 $(2.1\sim3.1)\times10^{-7}$ m 的紫外线有杀死微生物的能力，但紫外线的穿透能力低，所以仅适用于表面消毒和空气的消毒。除紫外线外，也可利用 $(0.06\sim1.4)\times10^{-10}$ m 的 X 射线或由 ^{60}Co 产生的 γ 射线进行灭菌。

3. 干热灭菌法

常用的干热灭菌条件为在 160℃下保温 1h。进行干热灭菌时，微生物主要是由于微生物体内蛋白质发生氧化作用而死亡。实际应用时，对一些要求保持干燥的实验器具和材料可以采用干热灭菌法。

表 2-8 常用化学消毒剂及其使用方法

消毒剂	用途	常用浓度	
1.氧化剂 高锰酸钾 漂白粉	皮肤消毒 发酵工厂环境消毒	0.10%~0.25% 2%~5%	环境消毒可直接用粉体
2.醇类 乙醇	皮肤及器物的消毒	70%~75%	器物消毒浸泡 30min
3.酚类 石碳酸 来苏尔	浸泡衣物、擦拭房间桌面、喷雾消毒 皮肤、桌面、器械消毒	1%~5% 3%~5%	
4.甲醛	空气消毒	1%~2%（10~15ml/m^3）	加热熏蒸 4h
5.胺盐新洁而灭	皮肤、器械、环境消毒	0.1%~0.25%	浸泡 30min

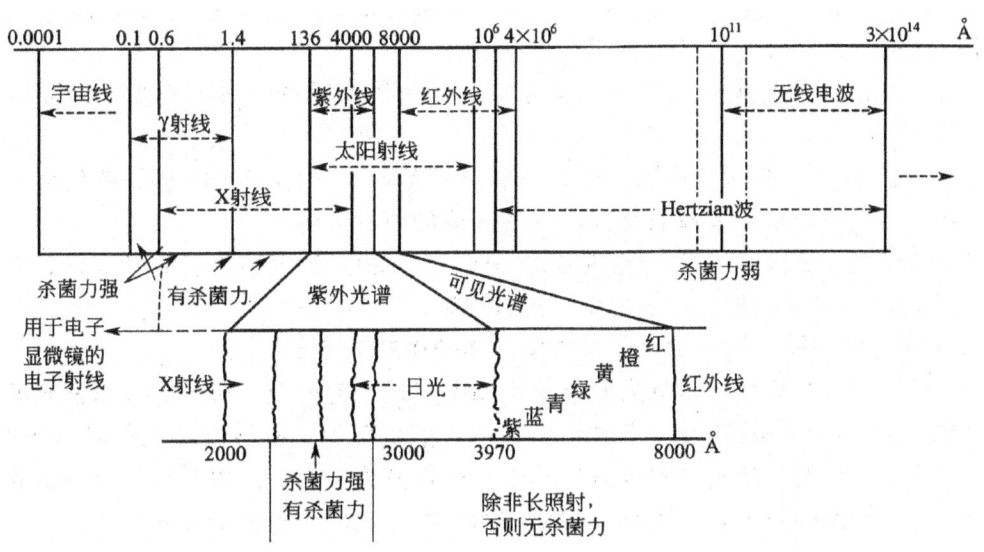

图 2-1 电磁波的波长和杀菌作用的关系

4.湿热灭菌法

利用饱和蒸汽进行灭菌的方法称为湿热灭菌法。由于蒸汽具有很强的穿透能力，而且在冷凝时会放出大量的冷凝热，很容易使蛋白质凝固而杀死各种微生物。从灭菌的效果来看，干热灭菌不如湿热灭菌有效，温度升高 10℃时，灭菌速度常数仅增加 2~3

倍,而湿热灭菌对耐热芽孢的灭菌速度常数增加的倍数可达到8～10倍,对营养细胞则更高。同时,蒸汽的来源方便,价格低廉,灭菌效果可靠,是目前最为基本的灭菌方法。一般的湿热灭菌条件为:121℃,30min。

5. 过滤除菌法

利用过滤方法阻留微生物,也可达到除菌的目的,这就是过滤灭菌法。此法仅适用于澄清液体和气体的除菌。工业上常用过滤法大量制备无菌空气,供好气微生物的培养过程使用。

6. 火焰灭菌法

利用火焰直接杀死微生物的灭菌法称为火焰灭菌法。该方法简单,灭菌彻底,但适用范围有限,仅适用于接种针、玻璃棒、三角瓶口等的灭菌。表2-9列出了各种灭菌方法的特点及适用范围。

表2-9 各种灭菌方法的特点及适用范围

灭菌方法	原理及条件	特点	适用范围
火焰灭菌法	利用火焰直接把微生物杀死	方法简单、灭菌彻底,但适用范围有限	适用于接种针、玻璃棒、试管口、三角瓶口、接种管口等的灭菌
干热灭菌法	利用热空气将微生物体内的蛋白质氧化进行灭菌	灭菌后物料可保持干燥,方法简单,但灭菌效果不如湿热灭菌	适用于金属或玻璃器皿的灭菌
湿热灭菌法	利用高温蒸汽将物料的温度升高使微生物体内的蛋白质变性进行灭菌	蒸汽来源容易、潜热大、穿透力强、灭菌效果好、操作费用低、具有经济和快速的特点	广泛应用于生产设备及培养基的灭菌
射线灭菌法	用射线穿透微生物细胞进行灭菌	使用方便,但穿透能力较差,适用范围有限	一般只用于无菌室、无菌箱、摇瓶间和器皿表面的消毒
化学试剂灭菌法	利用化学试剂对微生物的氧化作用或损伤细胞等进行灭菌	使用方法较广,可用于无法用加热方法进行灭菌的物品	常用于环境空气的灭菌及一些表面的灭菌
过滤除菌法	利用过滤介质将微生物菌体细胞过滤进行除菌	不改变物性而达到灭菌目的,设备要求高	常用于生产中空气的净化除菌,少数用于容易被热破坏的培养基的灭菌

任务2：了解衡量热灭菌指标

在发酵工业中，对培养基和发酵设备的灭菌，广泛使用湿热灭菌法。工厂里，蒸汽比较容易获得，控制操作条件方便，是一种简单而又价廉、有效的灭菌方法。用湿热灭菌的方法处理培养基，其加热温度和受热时间与灭菌程度和营养成分的破坏都有关系。营养成分的减少将影响菌种的培养和产物的生成，所以灭菌程度和营养成分的破坏成为灭菌工作中的主要矛盾，恰当掌握加热温度和受热时间是灭菌工作的关键。

1.衡量热灭菌指标

培养基灭菌最基本的要求是杀死培养基中混杂的微生物，再接入纯菌以达到纯种培养的目的。在利用灭菌蒸汽的过程中，由于蒸汽冷凝时会释放出大量的潜热，并具有强大的穿透能力，在高温及存在水分的条件下，微生物细胞内的蛋白质极易变性或凝固而引起微生物的死亡，故湿热灭菌法在培养基灭菌中具有经济和快速的特点。

衡量热灭菌的指标很多，最常用的是"热死时间"，即在规定温度下杀死一定比例的微生物所需要的时间。杀死微生物的极限温度称为致死温度，在此温度下，杀死全部微生物所需要的时间称为致死时间。在致死温度以上，温度越高，致死时间就越短。一些细菌、芽孢菌等微生物细胞和孢子，对热的抵抗力不同，因此它们的致死温度和时间也有差别，见表2-10和表2-11。微生物对热的抵抗力常用"热阻"表示。热阻是指微生物在某一特定条件（主要是温度和加热方式）下的致死时间。相对热阻是指微生物在某一特定条件下的致死时间与另一微生物在相同条件下的致死时间的比值。表2-12列出了某些微生物的相对热阻。

表2-10 几种细菌的致死温度及时间

细菌种类	致死温度及时间
维氏硝化杆菌	50℃,5min
白喉棒状杆菌	50℃,10min
普通变形杆菌	55℃,60min
黏质赛氏杆菌	55℃,60min
肺炎球菌	56℃,5~7min
伤寒沙门氏杆菌	58℃,30min
大肠杆菌	60℃,10min
嗜热乳杆菌	71℃,30min

表 2-11　几种植物病原细菌的致死温度

细菌名称	致死温度℃
大豆叶斑病假单胞菌	48~49
软腐病欧氏杆菌	48~51
棉角斑黄杆菌	50~1
甘蓝墨腐黄杆菌	51
根癌病土壤杆菌	53

表 2-12　某些微生物的相对热阻及其对一些灭菌剂的相对抵抗力（与大肠杆菌相比较）

灭菌方式	大肠杆菌	霉菌孢子	细菌芽孢	嗜菌体或病毒
干热灭菌	1	2~10	1000	1
湿热灭菌	1	2~10	3×10^6	1~5
苯酚	1	1~2	1×10^9	30
甲醛	1	2~10	250	2
紫外线	1	5~100	2~5	5~10

由表 2-12 可知，芽孢或孢子的热阻要比生长期营养细胞的热阻大得多，这是由于芽孢或孢子内吡啶二羧酸含量对热阻的增加有关。另外，芽孢或孢子中蛋白质含水量较营养细胞低（特别是游离水分少），也是芽孢耐热强的一个原因。图 2-2 和图 2-3 分别为大肠杆菌营养细胞和 FS7954 芽孢杆菌的芽孢在不同温度下的死亡情况。

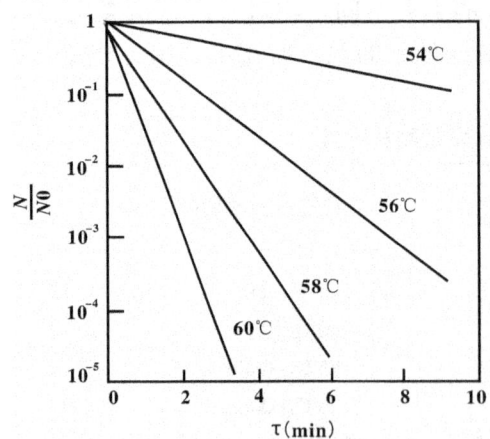

图 2-2　大肠杆菌在不同温度下的死亡曲线

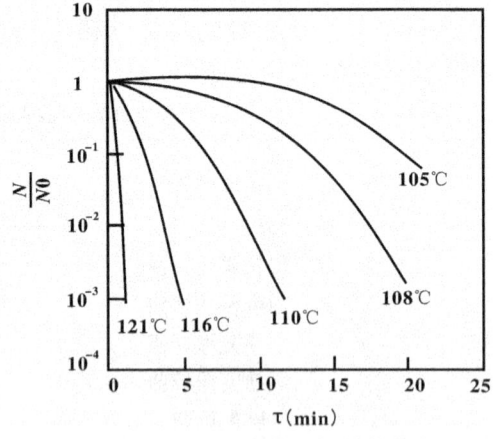

图 2-3　嗜热脂肪芽孢杆菌芽孢在不同温度下的死亡曲线

2. 微生物的热死规律——对数残留定律

微生物热死是指微生物受热失活直到死亡。微生物受热死亡主要是由于微生物细胞内酶蛋白受热凝固，丧失活力所致。在一定温度下，微生物受热后，其死活细胞个数的变化如化学反应的浓度变化一样，遵循分子反应速率理论。在微生物受热失活的过程中,微生物不断被杀死,活菌数不断被减少。因此,微生物热死速率可以用分子反应速率来表示,即微生物个数减少的速度与任一瞬间残存的菌数成正比。

$$\frac{N}{dt}=-kN \tag{2.1}$$

式中 N——培养基中残留活菌数,个;

　　t——受热时间,mn;

　　k——反应速率常数,也可称作死亡速率常数,min^{-1}。

反应速率常数 k 随微生物的种类和加热温度而变化。从 $0 \to t$,$No \to N_t$,积分上式得:

$$\int_{N_0}^{N_t}(\frac{dN}{N})=-k\int_0^t dt \tag{2.2}$$

$$N_t=N_0 e^{-kt} \tag{2.3}$$

$$t=\frac{1}{k}\ln\frac{N_0}{N_t} \text{ 或 } t=\frac{2.303}{k}\lg\frac{N_0}{N_t} \tag{2.4}$$

式中 N_0——开始灭菌时原菌数,个;

　　N_t——经时间 t 后残留菌数,个。

式(2.4)即表示对数残留定律,可以根据残留菌数 N 的要求用上式计算灭菌时间 t。将存活率 N_t/N_0 对时间 t 在半对数坐标上绘图,可以得到一条直线,其斜率的绝对值为比死亡速率 k。灭菌时间有时也采用 1/10 衰减时间 t' 表示,即活菌数在受热过程中减少到原菌数的 1/10 时所需的时间。从式(2.3)得(2.5)

$$\frac{N_t}{N_0}=\frac{1}{10}=e^{-kt} \tag{2.5}$$

$$t'=\frac{2.303}{k} \tag{2.5}$$

随时间的延长,加热灭菌后的残存菌数呈对数减少,且温度越高,死亡越快。通常必要的灭菌条件是 110~130℃,5~20min。芽孢对热耐受力强,为此需要更高的温度并维持更长的时间。对细菌芽孢来说,并不始终符合对数残留规律,特别是在受热后很短的时间内,培养液中油脂、糖类及一定浓度的蛋白质会增加微生物的耐热性;高浓度盐类、色素能削减其耐热性。随着灭菌条件的加强,培养基成分的热变质加速,特别是维生素。因此培养液灭菌一般都采用高温短时间加热的方式,这样可以达到彻底灭菌和把营养成分的破坏减少到最低限度的目的。

从式(2.4)可见,灭菌时间取决于污染的程度(N_0),灭菌的程度(残留菌数 N_t)和 k 值。在培养基中有各种各样的微生物,不可能逐一加以考虑。如果将全部微生物作为耐热的细菌芽孢来考虑计算灭菌时间和温度,就得延长加热时间和提高灭菌温度。因此,一般只考虑芽孢细菌和细菌的芽孢之和作为计算依据较为合理。另一个问题就是灭菌的程度,即残留菌数,如果要达到彻底灭菌,即 $N_t = 0$,则 t 为 ∞,这在实际操作中是不可能的。因此,在设计时常采用 N_t =0.001(也就是说 1000 次灭菌中有一次失败的机会)。

式(2.1)中的反应速率常数 k 是微生物耐热性的一种特征,它随微生物的种类和灭菌温度而异。在相同的温度下,k 值愈小,则此微生物愈耐热。细菌芽孢的 k 值比营养细胞小得多,即细菌芽孢耐热性比营养细胞大。同一种微生物在不同的灭菌温度下,k 值不同,灭菌温度愈低,k 值愈小;温度愈高,k 值愈大。如硬脂嗜热芽孢杆菌FS1518在 104℃,k 值为 0.0342min^{-1},121℃时 k 值为 0.77min^{-1},131℃时 k 值为 15min^{-1}。因此,提高灭菌温度,k 值增大,灭菌时间显著缩短。某些细菌芽孢在 121℃时的 k 值见表 2-13。

表 2-13　121℃某些芽孢细菌的 K 值

细胞名称	k 值/min^{-1}	细胞名称	k 值/min^{-1}
枯草芽孢杆菌	3.8~2.6	硬脂嗜热芽孢杆菌 FS617	2.9
硬脂嗜热芽孢杆菌 FS1518	0.77	产气梭状芽孢杆菌 PA3678	1.8

任务 3:掌握灭菌温度和时间的选择

当培养基被加热灭菌时,常会出现这样的矛盾:加热时,微生物固然会被杀死,但培养基中的有用成分也会随之遭到破坏。那么有何良策可以既达到灭菌要求,同时又不破坏或尽可能少地破坏培养基中的有用成分呢?

实践证明,在高压加热的情况下,培养基中的氨基酸和维生素极易被破坏,如在 121℃,仅 20min,就有 59%的赖氨酸和精氨酸及其他碱性氨基酸被破坏,蛋氨酸和色氨酸也有相当数量被破坏。因此,必须选择一个既能满足灭菌需要,又可使培养基的破坏尽可能减少的灭菌工艺条件。

即随着温度的上升,微生物的死亡速率常数增加倍数要大于培养基成分的破坏速率的增加倍数。也就是说,当灭菌温度上升时,微生物杀死速率的提高要超过培养基成分的破坏速率的增加。据测定,每升高 10℃时一般化学反应的反应速率的增加倍数是 1.5~2.0,而杀死芽孢为 5~10,杀死微生物细胞为 35℃左右。

分析可知,在热灭菌过程中,同时会发生微生物死亡和培养基破坏这两种过程,且这两种过程的进行速度都随温度的升高而加速,但微生物的死亡速率随温度的升高更为显著。因此,可选择合适的灭菌温度和时间来调和二者之间的矛盾。

一个事例为,灭菌要达到杀死 99.99%的细菌芽孢,有两种方法可以采用,一种是 118℃灭菌 15min,另一种是 128℃灭菌 5min。而培养基中 B 族维生素的保留值在前一种方式为 90%,后一种方式为 95%。由此可见,在高温下灭菌,时间是一个非常重要的因素，图 2-4 和表 2-14 分别表示杀死细菌芽孢与保留 B 族维生素的时间与温度关系以及在不降低规定的灭菌前提下（$N/No = 10^{-3}$），灭菌温度、时间和营养成分破坏量的关系。

生产实践也证明，灭菌温度较高而时间较短比温度较低而时间较长要好。例如，在 140℃下灭菌，灭菌时间为 0.177min，维生素 B_1 的损失为 3.95%；若灭菌温度升至 150℃，灭菌时间可缩短为 0.025min，这时，维生素 B_1 的损失可减至 1.0%。另一方面，灭菌温度的高低、时间的长短会直接影响到培养基的质量，进而影响到培养过程的水平。

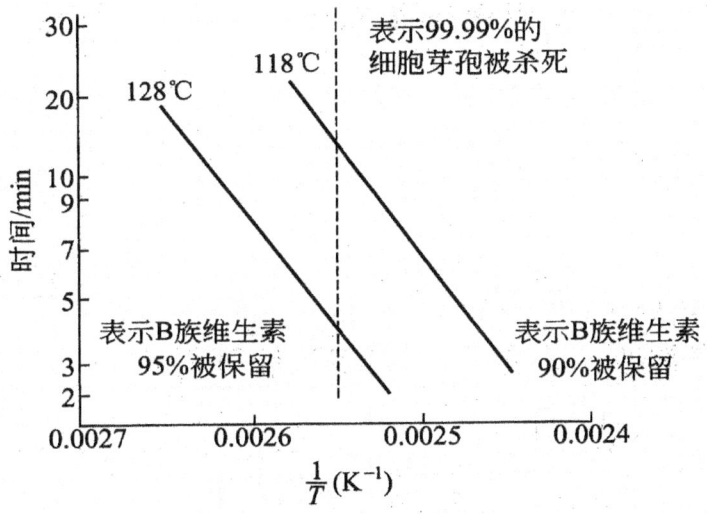

图 2-4　杀死细胞芽孢及保留 B 族维生素的时间与温度的关系

表 2-14　灭菌温度、时间与营养成分破坏量的关系（$N/N_0 = 10^{-3}$）

灭菌温度℃	灭菌时间（分）	营养成分破坏量%
100	400	99.3
110	36	67.0
115	14	50.0
120	4	27.0
130	0.5	8.0
145	0.08	2.0
150	0.01	1.0

由此可见，若要减少营养成分的破坏，可升高温度灭菌。

据此，可以在灭菌时选择较高的温度、较短的时间，这样便既可达到需要的灭菌程度，同时又可减少营养物质的损失。在工业培养过程中，最常用的灭菌条件是 120℃，20～30min。

子情境 4：培养基原料湿热灭菌工艺

任务 1：原料间歇灭菌过程温度的变化及操作

1. 培养基间歇灭菌

培养基的间歇灭菌，即实消，就是将配制好的培养基放在发酵罐或其他装置中，通入蒸汽将培养基和所用设备一起进行加热灭菌的过程，通常也称为实罐灭菌。

间歇灭菌过程包括升温、保温和冷却等三个阶段，图 2-5 为培养基间歇灭菌过程中的温度变化情况。

一般来说，完成整个灭菌周期需时 3～5h，其中各阶段的灭菌贡献大致为：升温阶段占用整个灭菌时间的 20%，保温阶段占用整个灭菌时间的 75%，而降温阶段只占整个灭菌时间的 5%。

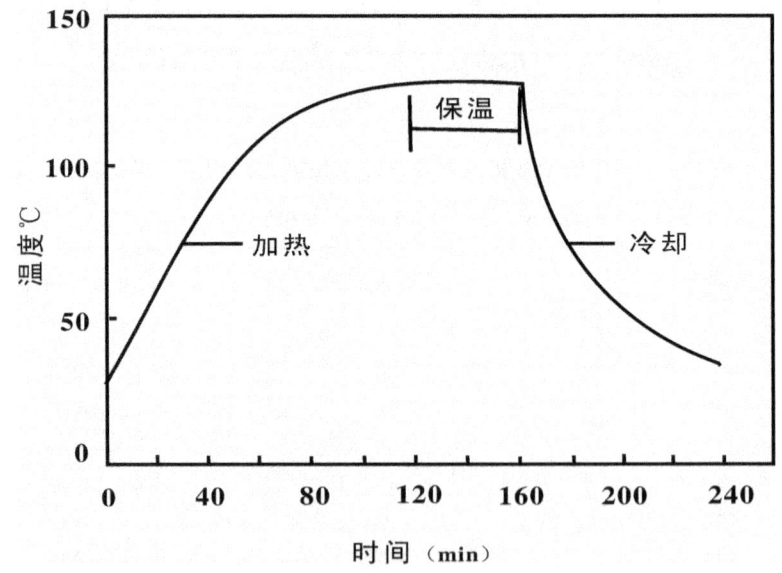

图 2-5　培养基间歇灭菌过程中的温度变化情况

由此可见，灭菌过程中加热和保温阶段的灭菌作用是主要的，而冷却阶段的灭菌作用是次要的，一般很小，可以忽略不计。此外，还应指出的是，应当避免过长时间的加热阶段，因为加热时间过长，不仅会破坏营养物质，而且也有可能引起培养液中某些有害物质的生成，从而影响培养过程的顺利进行。

在实际生产中，也可能遇到所供蒸汽不足、温度不够高的情况，这时可以适当延长灭菌时间。生产上甚至有用 100℃ 蒸煮而达到彻底灭菌的实例。如要做固体曲而没有高温蒸汽时,可将原料用100℃蒸汽蒸30min,杀死其中的营养细胞,但孢子与细菌的芽孢没有被杀死。将蒸过的原料置于室温下过夜,未被杀死的孢子便发芽生长,芽孢发育成营养细胞,再蒸30min便可杀死。如此连续反复进行2～3次,亦可达到彻底灭菌的目的。

2.间歇灭菌的操作

间歇灭菌是在所用的发酵罐或其他培养装置中进行的,它是在配制罐中配好培养基后,通过专用管道输入发酵罐等培养设备中,然后开始灭菌。如图2-6在进行培养基的间歇灭菌之前,通常先将发酵罐等培养装置的分空气过滤器进行灭菌,并且用空气将分过滤器吹干。开始灭菌时,应先放去夹套或蛇管中的冷水,开启排气管阀,通过空气管向发酵罐内的培养基通入蒸汽进行加热,同时,也可在夹套内通蒸汽进行间接加热。当培养基温度升到70℃左右时,从取样管和放料管向罐内通入蒸汽进一步加热,当温度升至120℃,罐压为$1×10^5$Pa(表压)时,打开接种、补料、消泡剂、酸、碱等管道阀门进行排汽,并调节好各进汽和排汽阀门的排汽量,使罐压和温度保持在一定水平上进行保温。当然在保温过程中,应注意凡在培养基液面下的各种进口管道都应通入蒸汽,而在液面以上的其余各管道则应排放蒸汽,这样才能不留死角,从而保证灭菌彻底。保温结束后,依次关闭各排汽、进汽阀门,待罐内压力低于空气压力

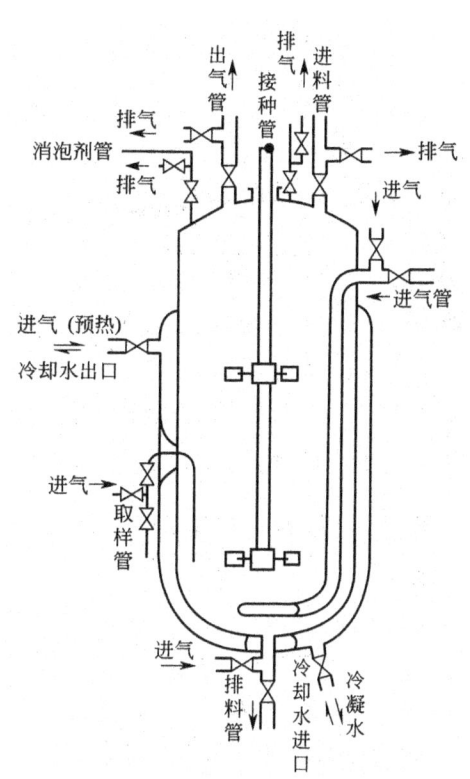

图2-6 间歇灭菌设备示意图

后,向罐内通入无菌空气,在夹套或蛇管中通冷水降温,使培养基的温度降到所需的温度,进行下一步的发酵和培养。

由于培养基的间歇灭菌不需要专门的灭菌设备,投资少,对设备要求简单,对蒸汽的要求也比较低,且灭菌效果可靠,因此间歇灭菌是中小型生产工厂经常采用的一种培养基灭菌方法。

任务2:原料连续灭菌过程温度的变化及工艺

1.培养基的连续灭菌

培养基的连续灭菌,即连消。就是将配制好的培养基在向发酵罐等培养装置输送

的同时进行加热、保温和冷却而进行灭菌。图 2-7 为连续灭菌过程中温度的变化情况。由图可以看出,连续灭菌时,培养基可在短时间内加热到保温温度,并且能很快地被冷却,因此可在比间歇灭菌更高的温度下进行灭菌,而由于灭菌温度很高,保温时间就相应地可以很短,极有利于减少培养基中的营养物质的破坏。

2. 连续灭菌的基本流程

培养基连续灭菌的基本流程如图 2-8 所示。连续灭菌的基本设备一般包括:①配料预热罐,将配制好的料液预热到 60～70℃,以避免连续灭菌时由于料液与蒸汽温度相差过大而产生水汽撞击声;②连消塔,连消塔的作用主要是使高温蒸汽与料液迅速接触得好,并使料液的温度很快升高到灭菌温度(126～132℃);③维持罐,连消塔加热的时间很短,光靠这段时间的灭菌是不够的,维持罐的作用是使料液在灭菌温度下保持 5～7min,以达到灭菌的目的;④冷却管,从维持罐出来的料液要经过冷却排管进行冷却,生产上一般采用冷水喷淋冷却,冷却到 40～50℃后,输送到预先已经灭菌过的罐内。

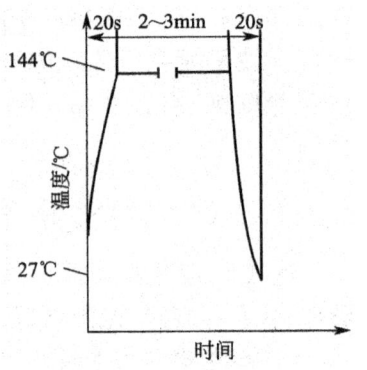

图 2-7 培养基连续灭菌过程中温度的变化情况

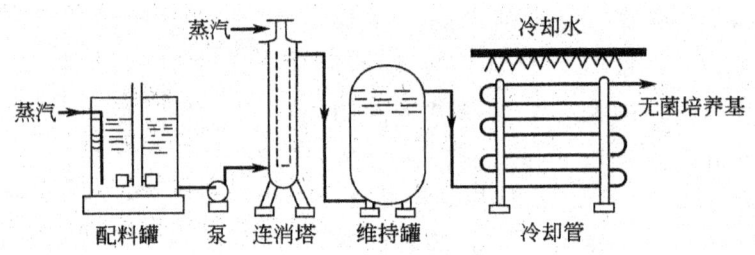

图 2-8 培养基连续灭菌流程图

除了上述的基本连续灭菌流程之外,实际生产中还有其他两种流程如图 2-9 和图 2-10 所示。

图 2-9 为喷射加热连续灭菌流程,流程中采用了蒸汽喷射器,它使培养液与高温蒸汽直接接触,从而在短时间内可将培养液急速升温至预定的灭菌温度,然后在该温度下维持一段时间灭菌,灭菌后的培养基通过一膨胀阀进入真空冷却器急速冷却,从图中可以看出,由于该流程中培养基受热时间短,营养物质的损失也就不很严重,同时该流程保证了培养基物料先进先出,避免了过热或灭菌不彻底等现象。

图 2-10 为薄板换热器连续灭菌流程,流程中采用了薄板换热器作为培养液的加热和冷却器,蒸汽在薄板换热器的加热段使培养液的温度升高,经维持段保温一定时间后,培养基在薄板换热器的冷却段进行冷却,从而使培养基的预热、加热灭菌及冷却过程可在同一设备内完成。该流程的加热和冷却时间比喷射加热连续灭菌流程要长些,但由于在培养基的预热过程同时也起到了灭菌后培养基的冷却,因而节约了蒸汽和冷

却水的用量。

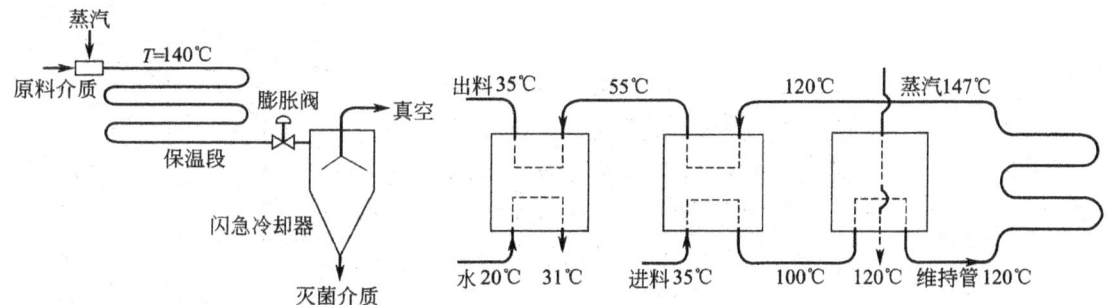

图 2-9 喷射加热连续灭菌流程图　　2-10 薄板换热器连续灭菌流程

培养基连续灭菌的优点是灭菌的温度较高,灭菌时间较短,培养基的营养成分受破坏的程度较低,从而保证了培养基的质量,同时由于连续灭菌过程不在发酵罐等设备中进行,提高了发酵罐等设备的利用率。当然与间歇灭菌过程相比,连续灭菌过程的不足之处是过程所需的设备较多,操作较为麻烦,染菌机会也相应较多。

培养基采用连续灭菌时,加热器、维持罐(管)和冷却器以及发酵罐等都应先进行灭菌,然后才能进行培养基的连续灭菌。同时组成培养基的耐热性物质和不耐热性物质可在不同温度下分开灭菌,以减少物质的受热破坏程度,也可将碳源与氮源分开灭菌,以免醛基与氨基发生反应,防止有害物质的生成。

3.间歇灭菌与连续灭菌的比较

间歇灭菌或连续灭菌都有各自的优点和缺点,现比较如下。

由表 2-15、表 2-16 可见,无论在理论上或者在实践上,与间歇灭菌过程相比,连续灭菌的优点十分明显。因此,连续灭菌越来越多地被用于培养基的灭菌。

表 2-15 间歇灭菌与连续灭菌的比较

灭菌方式	优点	缺点
连续灭菌	1. 灭菌温度高,可减少培养基中营养物质的损失 2. 操作条件恒定,灭菌质量稳定 3. 易于实现管道化和自控操作 4. 避免了反复地加热和冷却,提高了热的利用率 5. 发酵设备利用率高	1. 对设备的要求高,需另外设置加热、冷却装置 2. 操作较麻烦 3. 染菌的机会较多 4. 不适合于含大量固体物料的灭菌 5. 对蒸汽的要求高

续表

灭菌方式	优点	缺点
间歇灭菌	1. 设备要求低，不需另外设置加热、冷却装置 2. 操作要求低，适于手动操作 3. 适合于小批量生产规模 4. 适合于含有大量固体物质的培养基的灭菌	1. 培养基的营养物质损失较多，灭菌后培养基的质量下降 2. 需进行反复的加热和冷却。能耗较高 3. 不适合于大规模生产过程的灭菌 4. 发酵罐的利用率较低

表 2-16 间歇灭菌与连续灭菌对发酵产物的收率的影响

			灭菌过程的类型和条件				产物收率
葡萄糖%	玉米浆(%)	动物浸膏%)	类型	灭菌温度及时间		pH	维生素 B_{12} (μ/ml)
2.0	1.9	0.8	间歇	121℃	45min	6.5	5.0
2.1	1.9	1.0	间歇	121℃	25min	4.4	88
2.0	1.9	0.9	连续	135℃	5min	6.5	360
2.0	1.9	1.0	连续	135℃	5min	4.4	656
酒糟水(%)	大豆浸膏(%)						维生素 B_{12} (μ/ml)
4	—		间歇	121℃	120min	4.8	0.1
4	—		连续	163℃	13min	4.8	1.2
2	2		间歇	121℃	90min	5.7	1.3
2	2		连续	163℃	13min	5.7	2.0

任务 3：灭菌时间的计算

如果不计升温阶段所杀灭的菌数，把培养基中所有的菌均看作是在保温阶段(灭菌温度)被杀灭，这样可以简单地利用式(2.6)，粗略地求得灭菌所需的时间。

【例 2-1】有一发酵罐内装 40m³ 培养基，在 121℃温度下进行实罐灭菌。原污染程度为每 1mL 有 2×10^5 个耐热细菌芽孢，121℃时灭菌速度常数为 1.8min^{-1}。求灭菌失败概率为 0.001 时所需要的灭菌时间。

解　$N_0 = 40 \times 10^6 \times 2 \times 10^5 = 8 \times 10^{12}$（个）

$$N_t = 0.001 \text{（个）}, k = 1.8 \text{（min}^{-1}\text{）}$$

灭菌时间：

$$\theta = \frac{2.303}{k} \lg \frac{c_0}{c_s} \tag{2.7}$$

式中　c_0——单位体积培养基灭菌前的含菌数，个/mL；

c_s——单位体积培养基灭菌后的含菌数，个/mL。

【例2-2】若将例2-1中的培养基采用连续灭菌，灭菌温度为131℃，此温度下灭菌速率常数为15min^{-1}，求灭菌所需的维持时间。

$$c_0 = 2 \times 10^5 \text{（个/mL）}$$

$$c_s = \frac{1}{40 \times 10^6 \times 10^3} = 2 \times 10^{-11} \text{（个/mL）}$$

$$\theta = \frac{2.303}{15} \lg \frac{2 \times 10^5}{2.5 \times 10^{-11}} = 0.15 \times 15.8 = 2.37 \text{（min）}$$

子情境5：原料带菌及其防治

任务1：发酵生产进行灭菌操作的重要性

发酵工业自从采用纯种培养以后，产物的产量和质量都有了很大的提高，同时对防止染菌的要求也更高了。目前的各种培养过程往往都要求在没有杂菌污染的条件下进行，由于培养过程中通常含有比较丰富的营养物质，且培养基中常常带有各种微生物，因此很容易受到杂菌的污染，进而会产生各种不良的后果：

① 由于杂菌的污染，使生物反应中的基质或产物因杂菌的消耗而损失，造成生产能力的下降；

② 由于杂菌所产生的一些代谢产物，或在染菌后改变了培养液的某些理化性质，使产物的提取和分离变得困难，造成收率降低或使产品的质量下降；

③ 杂菌会大量繁殖，会改变反应介质的pH值，从而使生物反应发生异常变化；

④ 杂菌可能会分解产物，从而使生产过程失败；

⑤ 发生噬菌体污染，微生物细胞被裂解，而使生产失败；等等。

由此可见，培养基灭菌是否彻底直接关系到生产过程的成败，轻则导致所需要的产品产量锐减，质量下降，后处理困难，重则使全部培养液变质，导致成吨的培养基报废，造成经济上的严重损失，这一点对大规模的生产过程更为突出。所以，为了保证培养过程的正常进行,防止染菌的发生,对大部分微生物的培养,包括实验室操作和工业生产,均需要进行严格的灭菌。工业上,培养基、发酵设备一般都采用蒸汽灭菌,而对空气则采用过滤的方法除菌。

任务 2:生产原料染菌及防治

一般认为,稀薄的培养基比较容易灭菌彻底,而淀粉质原料,在升温过快或混合不均匀时容易结块,使团块中心部位"夹生",蒸汽不易进入其内将杂菌杀死,但在发酵过程中这些团块会散开,而造成染菌同样由于培养基中诸如麸皮、黄豆饼一类的固形物含量较多,在投料时溅到罐壁或罐内的各种支架上,容易形成堆积,这些堆积物在灭菌过程中由于传热较慢,一些杂菌也不易被杀灭,一旦灭菌操作完成后,通过冷却、搅拌、接种等操作,含有杂菌的堆积物将重新返回培养液中造成染菌。通常对于淀粉质培养基的灭菌采用实罐灭菌较好,一般在升温前先通过搅拌混合均匀,并加入一定量的淀粉酶进行液化;有大颗粒存在时应先经过筛除去,再行灭菌;对于麸皮、黄豆饼一类的固形物含量较多的培养基,采用罐外预先配料,再转至发酵罐内进行实罐灭菌较为有效。针对以上原因,生产上常采用以下检查或预防措施。

① 购进原料应干燥,仓储原料应保持干燥。
② 制备培养基时,粉碎原料先用冷水浸润,调浆罐搅拌要充分,防止结块。
③ 粉碎原料颗粒应足够小,大颗粒会影响杀菌效果。
④ 假如生产原料被孢子严重污染,制成培养基后,可在 30℃保温数小时,待孢子发芽后再行杀菌。

任务 3:影响原料灭菌的因素

灭菌是一个复杂的过程,它包括热量传递以及微生物细胞内的一系列生化、生理变化过程,受到多种因素的影响。影响灭菌的因素主要有以下几种。

1.培养基成分

培养基中脂肪、糖分和蛋白质的含量越高,微生物的热死亡速率就越慢,这是因为在热死温度下,脂肪、糖分和蛋白质等有机物质在微生物细胞外面形成一层薄膜,该薄膜能有效保护微生物细胞抵抗不良环境,所以灭菌温度相应要高些。相反高浓度的盐类、色素等的存在则会削弱微生物细胞的耐热性,故一般较易灭菌。

2.培养基的物理状态

实践证明,培养基的物理状态对灭菌具有极大的影响,固体培养基的灭菌时间要比液体培养基的灭菌时间长,假如 100℃时液体培养基的灭菌时间为 1h,而固体培养基则需要 2~3h 才能达到同样的灭菌效果。其原因在于液体培养基灭菌时,热的传递除了传导外,还有对流作用,固体培养基则只有传导作用而没有对流作用,况且液体培养基中水的传热系数要比有机固体物质大得多。实际中,对于含有直径小于1mm的颗粒培养基,可不必考虑颗粒对灭菌的影响,但对于含有少量大颗粒及粗纤维的培养基的灭菌,则要适当提高温度,且在不影响培养基质量的条件下,采用粗过滤的方法预先处理,以防止培养基结块而造成灭菌的不彻底。

3. 培养基的pH值

培养基的pH值愈低,灭菌所需的时间就愈短。培养基的pH值与灭菌时间的关系可见表2-17。

表2-17 培养基的pH值与灭菌时间的关系

温度(℃)	孢子数(个/ml)	灭菌时间(min)				
		pH6.1	pH5.3	pH5.0	pH4.7	pH4.5
120	10000	8	7	5	3	3
115	10000	25	25	12	13	13
110	10000	70	65	35	30	24
100	10000	340	720	180	150	150

4. 培养基中的微生物数量

培养基中微生物数量越多,达到要求灭菌效果所需的灭菌时间也越长,表2-18所示为培养基中不同数量的微生物孢子在105℃下灭菌所需的时间。

表2-18 培养基中微生物孢子数目对灭菌时间的影响

培养基中微生物孢子数(个/ml)	9	9×10^2	9×10^4	9×10^6	9×10^8
105℃时灭菌所需时间(分)	2	14	20	36	48

因此,在实际生产中,不宜采用严重霉腐的原料和腐败的水质,因为这类原料中不但有效成分少,而且微生物数量多,彻底灭菌比较困难。

5. 微生物细胞中的水含量

微生物湿热死亡的原因主要是由于菌体蛋白质的凝固失活,而蛋白质凝固的温度与水分有密切的关系。表2-19为卵蛋白凝固时水分与温度的关系。

由表可知,在一定范围内,微生物细胞含水分越多,则蛋白质的凝固温度越低,也就越容易受热凝固而丧失生命活力。

表 2-19 卵蛋白凝固时水分与温度的关系

水分(%)	凝固温度(℃)
50	56
25	74～80
18	80～90
6	145
0	160～170

6. 微生物细胞菌龄

微生物细胞菌龄不同对高温的抵抗能力也不同,年老细胞对不良环境的抵抗力要比年轻细胞强,这与细胞中蛋白质的含水量有关,年老细胞中水分含量低,年轻细胞中含水量高,因此,年轻细胞容易被杀死。

7. 微生物的耐热性

各种微生物对热的抵抗力是不同的,细菌的营养体、酵母、霉菌的菌丝体对热较为敏感,而放线菌、酵母、霉菌孢子比营养细胞的抗热性要强,细菌芽孢的抗热性就更强。一般讲,无芽孢的细菌或霉菌孢子在 100℃以下加热 3～5min 都可被杀死,但是有些细菌芽孢的热阻较大,100℃,30min 仍未被杀死,所以灭菌的彻底与否应以杀死细菌芽孢为标准。

8. 空气排除情况

蒸汽灭菌过程中,温度的控制是通过控制罐内的蒸汽压力来实现的。压力表所显示的压力应与罐内蒸汽压力相对应,即压力表的压力所对应的温度应是罐内的实际温度。但是如果罐内空气排除不完全,压力表所显示的压力就不单是罐内蒸汽压力,还包括了空气分压,因此,此时罐内的实际温度就低于压力表显示压力所对应的温度,以致造成灭菌温度不够而灭菌不彻底的情况,如表 2-20 所示。

表 2-20 蒸汽压力与温度的关系

蒸汽压力(atm)	相应的温度(℃)	空气完全驱除程序	罐内实际温度(℃)
0.1	107.7	完全驱除	121.6
0.7	115.5	驱除 2/3	115.0
1.0	121.6	驱除 1/2	112.0
1.3	126.6	驱除 1/3	109.0
1.5	130.5	全未驱除	100.0

9. 搅拌

在整个灭菌过程中,必须保持培养基在罐内始终均匀地充分翻动,使培养基不致因翻动不均匀而造成局部过热,从而过多地破坏营养物质或造成局部(亦称死角)温度过低而杀菌不透等,要保证培养基翻动良好,除了搅拌外,还必须正确控制进、排汽阀门,在保持一定的温度和罐压的情况下,使培养基得到充分的翻动,是灭菌的要点之一。

10. 泡沫

在培养基的灭菌过程中,培养基中发生的泡沫对灭菌极为不利,要注意防止培养基出现泡沫,因为泡沫中的空气形成隔层,使热量难以传递,使热量难以渗透进去,不易达到微生物的致死温度,从而导致灭菌不彻底。泡沫的形成主要是由于进汽、排汽不均衡而致。如果在灭菌过程中突然减少进汽或加大排汽,则立即会出现大量泡沫,对极易发泡的培养基应加消泡剂以减少泡沫量。

达标自测

一、名词解释
1. 前体
2. 实罐灭菌
3. 连续灭菌
4. 相对热阻
5. 抑制剂

二、填空题
1. 工程上，在进行灭菌的设计时，常认为 $N/N_0=0.001$，即在_____次灭菌中，允许有一次失败。
2. 在微生物发酵过程中，普遍以_____作为碳源。使用最广的碳水化合物是_____，也可使用来自其他谷物、马铃薯、木薯的淀粉，淀粉可用稀酸和酶快速水解。
3. 芽孢或孢子的热阻要比生长期营养细胞的热阻大得多，这是由于芽孢或孢子内_____含量对热阻的增加有关。另外，芽孢子中蛋白质含_____较营养细胞低，也是芽孢耐热强的一个原因。
4. 培养液中_____、_____及一定浓度的蛋白质会增加微生物的耐热性；_____、_____能削减其耐热性。
5. 同一种微生物在不同的灭菌温度下，k 值不同，灭菌温度愈低，k 值_____；温度愈_____，k 值愈大。

三、判断题
1. 培养液中油脂、糖类及一定浓度的蛋白质会增加微生物的耐热性；高浓度盐类、色素能削减其耐热性。（　　）
2. 同一种微生物在不同的灭菌温度下，k 值不同，灭菌温度愈低，k 值愈小；温度愈高，k 值愈大。（　　）
3. 湿热灭菌原理是由于蒸汽具有很强的穿透能力，而且在冷凝时会放出大量的冷凝热，很容易使蛋白质凝固而杀死各种微生物。（　　）
4. 中间代谢产物一般不分泌到微生物体外，而只有当微生物细胞生物合成受阻或外源碳源浓度较高的情况下，才会有大量的积累和外流。不少中间代谢产物也是重要的食品和化工原料。（　　）
5. 液体培养基比固体培养基更易灭菌。（　　）
6. 微生物含水量越多，灭菌时间就得越长。（　　）
7. 年轻细胞比年老细胞更易杀死。（　　）
8. 在灭菌过程中，充分搅拌更有利于灭菌。（　　）
9. 若进气温度为 60~70℃，那么当 $P_2/P_1=6$ 时，经压缩机压缩后的空气温度将升高

至200度以上。（　　）

10. 培养基的pH值越低，灭菌所需的时间就愈长。（　　）

11. 灭菌的彻底与否应以杀死营养细胞为准，而不是杀死细菌孢为标准。（　　）

12. 微生物细胞的热阻大小顺序分别为：营养细胞＜芽孢＜病毒或孢子。（　　）

13. 在热灭菌过程中，同时会发生微生物死亡和培养基破坏这两种过程，且这两种过程的进行速度都随温度的升高而加速，但培养基的破坏随温度的升高更为显著。
（　　）

14. 灭菌要达到杀死99.99%的细菌芽孢，有两种方法可以采用，一种是118灭菌15min，另一种是128灭菌5min。其中前一种方法更好。（　　）

四、简答题

1. 在灭菌过程中，为什么要排除罐内空气？
2. 在实际生产中，如果遇到所供蒸汽不足，如何用100℃蒸煮而达到彻底灭菌？
3. 工业生产上所用的微生物都能利用无机或有机氮源，请分别举出3种代表性物质。
4. 消毒与灭菌的区别？
5. 什么叫抑制剂？举例说明。
6. 在121℃下，枯草杆菌FS5239的死亡速率为$0.050s^{-1}$，梭状杆菌PA3679的死亡速率为$0.030s^{-1}$，嗜热脂肪芽孢杆菌FS1518和FS617的比死亡速率分别为$0.013s^{-1}$和$0.048s^{-1}$，请列出上述微生物在121℃热灭菌时的受热死亡容易程度。

五、分析题

1. 灭菌要达到杀死99.99%的细菌芽孢，有两种方法可以采用，一种是118灭菌15min，另一种是128灭菌5min。哪一种方法好？为什么？
2. 请分析培养基间歇灭菌过程和连续灭菌过程的温度变化情况（图示），写出间歇灭菌过程中的各阶段对灭菌的贡献。

六、计算题

1. 有一发酵罐内装$40m^3$培养基，在121℃温度下进行实罐灭菌。原污染程度为每1mL有$2×10^5$个耐热细菌芽孢，121℃时灭菌速度常数为$1.8min^{-1}$。求灭菌失败概率为0.001时所需要的灭菌时间。

2. 有一发酵罐，内装有$40m^3$的培养基，在121℃的温度下进行实罐灭菌。设每毫升培养基中含有耐热菌的芽孢$2×10^7$个，121℃时的灭菌速度常数为$0.0287s^{-1}$。试求当灭菌失败概率为0.001时所需的灭菌时间。

学习情境 3：工业生产菌种

子情景 1：工业生产常用菌种及特点

微生物的资源非常丰富，广泛分布于土壤、水和空气中，尤以土壤中最多。有的微生物从自然界中分离出来就能被利用，有的需要对分离到的野生菌株进行人工诱变，得到突变株才能被利用。当前发酵工业所用的菌种总趋势是从野生菌转向变异菌，自然选育转向代谢育种，从诱发基因突变转向基因重组的定向育种。由于发酵工程本身的发展以及遗传工程的介入，藻类、病毒等也正在逐步地变为工业生产用的微生物。尽管如此，目前人们对微生物的认识还是十分不够的。已经初步研究的不超过自然界微生物总量的10%。微生物的代谢产物据统计已超过1300多种，而大规模生产的不超过100多种；微生物酶有近千种，而工业利用的不过四五十种。可见其潜力是很大的。

微生物的特点是种类多，分布广；生长迅速，繁殖速度快；代谢能力强；适应性强，容易培养。工业生产中，也可根据微生物的特点选择适宜的微生物。

任务 1：工业生产常用的微生物

1. 细菌

细菌(bacteria)是自然界分布最广、数量最多的一类微生物，属单细胞原核生物，以较典型的二分分裂方式繁殖。细胞生长时，环状 DNA 染色体复制，细胞内的蛋白质等组分同时增加一倍，然后在细胞中部产生一横段间隔，染色体分开，继而间隔分裂形成两个相同的子细胞。如间隔不完全分裂就形成链状细胞。

工业生产常用的细菌有：枯草芽孢杆菌、醋酸杆菌、棒状杆菌、短杆菌等。用于生产淀粉酶、乳酸、醋酸、氨基酸和肌苷酸等等，见表 3-1。

2. 酵母菌

酵母菌(yeast)为单细胞真核生物,在自然界中普遍存在,主要分布于含糖较多的酸性环境中,如水果、蔬菜、花蜜和植物叶子上,以及果园土壤中。石油酵母较多地分布在油田周围的土壤中。酵母菌多为腐生,常以单个细胞存在,以发芽形式进行繁殖,母细胞体积长到一定程度时就开始发芽。芽长大的同时母细胞缩小,在母子细胞间形成隔膜,最后形成同样大小的母细胞,如果子芽不与母细胞脱离就形成链状细胞,称为假菌丝。在发酵生产旺期,常出现假菌丝。

工业上用的酵母菌有:啤酒酵母、假丝酵母、类酵母等,见表3-2。分别用于酿酒、制造面包、生产脂肪酶(lipase)以及生产可食用、药用和饲料用酵母菌体蛋白等。

3. 霉菌

霉菌(mould)不是一个分类学上的名词。凡生长在营养基质上形成绒毛状、网状或絮状菌丝的真菌统称为霉菌。霉菌在自然界分布很广,大量存在于土壤、空气、水和生物体内外等处。它喜欢偏酸性环境,大多数为好氧性,多腐生,少数寄生。霉菌的繁殖能力很强,它以无性孢子和有性孢子进行繁殖,多以无性孢子繁殖为主。其生长方式是菌丝末端的伸长和顶端分支,彼此交错呈网状。菌丝的长度既受遗传性的控制,又受环境的影响,其分支数量取决于环境条件。菌丝或呈分散生长,或呈菌丝团状生长。

表 3-1　工业常用细菌产物及其用途

微生物类别	微生物名称	产物	用途
细菌	短杆菌	味精、谷氨酸	食用、医药
		肌苷酸	
	枯草杆菌	淀粉酶	酒精浓醪(lao)发酵、啤酒酿造、葡萄糖制造、糊精制造、糖浆制造、纺织品退浆、铜版纸加工、洗衣业、香料加工(除去淀粉)
		蛋白酶	皮革脱毛柔化、胶卷回收银、丝绸脱胶、酱油、水解蛋白、饲料、明胶制造、洗衣业
	梭状杆菌	丙酮、丁醇	工业有机溶剂
	巨大芽孢杆菌	葡萄糖异构酶	由葡萄糖制造果糖
	大肠杆菌	酰胺酶	制造新型青霉素
	节杆菌	强的松	医药
	蜡状芽孢杆菌	青霉素酶	青霉素的检定、抵抗青霉素敏感症

表 3-2　工业上常用酵母菌产物及其用途

微生物类别	微生物名称	产物	用途
酵母菌	酒精酵母	酒精	工业、医药
	酵母	甘油	医药、军工
	假丝酵母	石油及蛋白	工业造低凝固点石油及酵母菌体蛋白
		环烷酸	工业
	啤酒酵母	细胞色素丙	医药
		辅酶甲	
		酵母片	
		凝血质	
	类酵母	脂肪酶	医药、纺织脱蜡、洗衣业
	阿氏假囊酵母	核黄素	医药
	脆壁酵母	乳糖酶	食品工业

工业上常用的霉菌有：藻状菌纲的根霉、毛霉、犁头霉，子囊菌纲的红曲霉，半知菌类的曲霉、青霉等，见表 3-3。它们可用于生产多种酶制剂、抗生素、有机酸及甾体激素(steriodhor-mone)等。

表 3-3　工业常用霉菌产物及其用途

微生物类别	微生物名称	产物	用途
霉菌	黑曲霉	柠檬酸	工业、食用、医药
		柚甙酶	橘柑罐头脱除苦味
		酸性蛋白酶	啤酒防浊剂、消化剂、饲料
		单宁酶	分解单宁、制造没食子酸、酶的精制
		糖化酶	酒精发酵工业
	栖土曲霉	蛋白酶	酒精发酵工业

续表

微生物类别	微生物名称	产物	用途
霉素	根霉	根霉糖化酶	葡萄糖制造、酒精厂糖化用
		甾体激素	医药
	土曲霉	甲义丁二酸	工业
	赤霉菌	赤霉菌	农业、植物生长激素
	梨头霉	甾体激素	医药
	青霉菌	青霉素	医药
		葡萄糖氧化酶	蛋白除去葡萄糖、脱氧、食品罐头贮存、医药
	灰黄霉菌	灰黄霉素	医药
	木霉菌	纤维素酶	淀粉和食品加工、饲料
	黄曲霉菌	淀粉酶	医药、工业
	红曲霉	红曲霉糖化酶	葡萄糖制造、酒精厂糖化用

4. 放线菌

放线菌(actinomycetes)因菌落呈放线状而得名。它是一个原核生物类群,分布很广,尤其在含有机质丰富的微碱性土壤中较广。大多腐生,少数寄生。放线菌主要以无性孢子进行繁殖,也可借菌丝片段进行繁殖。后一种繁殖方式见于液体沉没培养中,其生长方式是菌丝末端伸长和分支,彼此交错成网状结构,成为菌丝体。菌丝长度既受遗传性的控制,又与环境相关。在液体沉没培养中由于搅拌器的剪应力作用,常常形成短的分支旺的菌丝体,或呈分散生长,或呈菌丝团状生长。它的最大经济价值在于能产生多种抗生素(antibiotic)。从微生物中发现的抗生素,有60%以上是放线菌产生的,如链霉素、红霉素、金霉素、庆大霉素等。常用的放线菌主要来自以下几个属:链霉菌属、小单孢菌属和诺卡菌属等,如表3-4。

表 3-4 工业上常用放线菌产物及其用途

微生物类别	微生物名称	产物	用途
放线菌	各类放线菌	链霉素	医药
		氯霉素	

续表

微生物类别	微生物名称	产物	用途
放线菌	各类放线菌	土霉素	医药
		金霉素	
		红霉素	
		新生霉素	
		卡那霉素	
	小单孢菌	庆大霉素	医药
	灰色放线菌	蛋白酶	医药
	球孢放线菌	甾体激素	医药

5. 担子菌

所谓担子菌(basidiomycetes)就是人们通常所说的菇类(mushroom)微生物。担子菌资源的利用正引起人们的重视，如多糖、橡胶物质和抗癌药物的开发。近几年来，日本、美国一些科学家对香菇的抗癌作用进行了深入的研究，发现香菇中 1,2-β-葡萄糖苷酶及两种糖类物质具有抗癌作用。

6. 藻类

藻类(alga)是自然界分布极广的一类自养微生物资源，许多国家已把它用作人类保健食品和饲料。培养螺旋藻，按干重计算每公顷($1ha=10^4 m^2$)可收获 60t，而种植大豆每公顷才可收获 4t；从蛋白质产率来看，螺旋藻是大豆的 28 倍。培养珊列藻，从蛋白质产率计算，每公顷珊列藻所得蛋白质是小麦的 20~35 倍。此外，还可通过藻类将 CO_2 转变为石油，培养单胞藻或其他藻类而获得的石油，可占细胞干重的 5%~50%，合成的油与重油相同，加工后可转变为汽油、煤油和其他产品。有的国家已建立培植单胞藻的农场，每年每公顷地培植的单胞藻按 5%干物质为碳水化合物（石油）计算，可得 60t 石油燃料。此项技术的应用，还可减轻因工业生产而大量排放 CO_2 造成的温室效应。国外还有从"藻类农场"获取氢能的报道，大量培养藻类，利用其光合放氢来获取氢能。

任务 2：工业生产对菌种的要求

目前，随着微生物工业原料的转换和新产品的不断出现，势必要求开拓出更多的新品种。尽管微生物工业用的菌种多种多样，但作为大规模生产，对菌种则有下列要求。

① 原料廉价、生长迅速、目的产物产量高。
② 易于控制培养条件,酶活性高,发酵周期较短。
③ 抗杂菌和噬菌体的能力强。
④ 菌种遗传性能稳定,不易变异和退化,不产生任何有害的生物活性物质和毒素,保证安全生产。

子情景2:菌种的选育与改良

用发酵法生产产品,首先要有一个良好的菌种,因此必须进行菌种选育工作。菌种选育工作大幅度提高了微生物发酵的产量,促进了微生物发酵工业的迅速发展。通过菌种选育,抗生素、氨基酸、维生素、药用酶等产物的发酵产量提高了几十倍、几百倍,甚至几千倍。菌种选育在提高产品质量、增加品种、改善工艺条件和产生菌的遗传学研究等方面也发挥了重大作用。菌种选育的目的是改良菌种的特性,使其符合工业生产的要求。

菌种选育包括自然选育和诱变选育。在生产过程中,不经过人工诱变处理,根据菌种的自发突变而进行菌种筛选的过程,叫作自然选育或自然分离。野生菌株生产能力低,往往不能满足工业上的需要。因为在正常生理条件下,微生物依靠其代谢调节系统,趋向于快速生长和繁殖。但是,发酵工业生产,需要培养微生物使之积累大量的代谢产物。为此,采用种种措施来打破菌的正常代谢,对菌进行调节控制,从而大量积累我们所需要的代谢产物。例如:青霉素的原始生产菌种产生黄色色素,使成品带黄色,经过菌种选育,产生菌不再分泌黄色色素;土霉素产生菌在培养过程中产生大量泡沫,经诱变处理后改变了遗传特性,发酵泡沫减少,可节省大量消泡剂并增加培养液的装量;红霉素等品种发酵遇有噬菌体侵袭时,发酵产量大幅度下降,甚至被迫停产,菌种经诱变处理获得抗噬菌体的特性,就可保证发酵生产的正常进行。

任务1:自然选育

自然选育包括从自然界分离获得菌株和根据菌种的自发突变进行筛选而获得菌种。

1.从自然界分离获得菌株

从自然界分离新菌种一般包括采样、增殖培养、纯种分离和性能测定等几个步骤。菌种分离的程序如图3-1所示。

(1)采样

采样地点的确定要根据筛选的目的、微生物的分布概况及菌种的主要特征与外界环境关系等,进行综合、具体的分析来决定。如果预先不了解某种生产菌的具体来源,一般可从土壤中分离。

采样的方法多是在选好地点后,用小铲去除表土,取离地面5~15cm处的土壤几十克,盛入预先消毒好的牛皮纸袋或塑料袋中,扎好,记录采样时间、地点、环境情况等,以备考查。一般土壤中芽孢杆菌、放线菌和霉菌的孢子忍耐不良环境的能力较强,不太容易死亡。但是,由于采样后的环境条件与天然条件有着不同程度的差异,一般应尽快分离。对于酵母类或霉菌类微生物,由于它们对碳水化合物的需要量比较多,一般又喜欢偏酸性环境,所以酵母类、霉菌类在植物花朵、瓜果种子及腐殖质含量高的土壤等上面比较多。

(2) 增殖培养

收集到的样品,如含目标菌株较多,可直接进行分离。如果样品含目

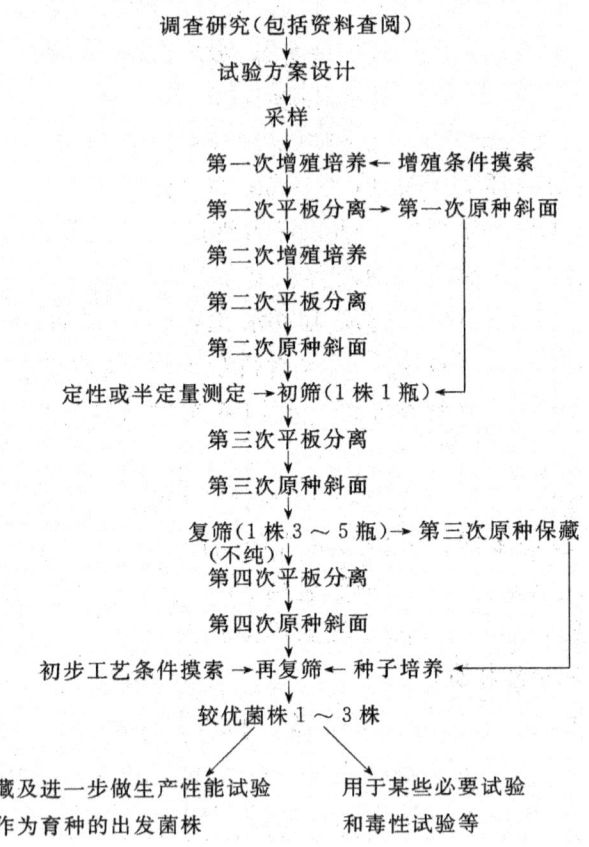

图 3-1 菌种分离的过程

标菌种很少,就要设法增加该菌的数量,进行增殖(富集)培养。所谓增殖培养就是给混合菌群提供一些有利于所需菌株生长或不利于其他菌型生长的条件,以促使目标菌株大量繁殖,从而有利于分离它们。例如:筛选纤维素酶产生菌时,以纤维素作为唯一碳源进行增殖培养,使得不能分解纤维素的菌不能生长;筛选脂肪酶产生菌时,以植物油作为唯一碳源进行增殖培养,能更快更准确地将脂肪酶生产菌分离出来。除碳源外,微生物对氮源、维生素及金属离子的要求也是不同的,适当地控制这些营养条件对提高分离效果是有好处的。另外,控制增殖培养基的pH值,有利于排除不需要的、对酸碱敏感的微生物;添加一些专一性的抑制剂,可提高分离效率。例如:在分离放线菌时,可先在土壤样品悬液中加10%的酚数滴,以抑制霉菌和细菌的生长;适当控制增殖培养的温度,也是提高分离效率的一条好途径。

(3) 纯种分离

菌种通过增殖培养还不能得到微生物的纯种,因为生产菌在自然条件下通常是与各种菌混杂在一起的,所以有必要进行分离纯化,才能获得纯种。纯种分离方法常选用单菌落分离法。把菌种制备成单孢子或单细胞悬浮液,经过适当的稀释后,在琼脂平板上进行画线分离。画线法是将含菌样品在固体培养基表面作有规则的画线(有扇形画

线法、方格画线法及平行画线法等),菌样经过多次从点到线的稀释,最后经培养得到单菌落。也可以采用稀释法,该法是通过不断的稀释,使被分离的样品分散到最低限度,然后吸取一定量注入平板,使每一微生物都远离其他微生物而单独生长成为菌落,从而得到纯种。画线法简单且较快,稀释法在培养基上分离的菌落单一均匀,获得纯种的概率大,特别适宜于分离具有蔓延性的微生物。采用单菌落分离法有时会夹杂一些由两个或多个孢子所生长的菌落,另外不同孢子的芽管间发生吻合,也可形成异核菌落。要克服这些缺点,就要特别重视单孢子悬浮液的制备方法。为使单孢子悬浮液有良好的分散度,力求去除菌丝断片或粘接在一起的成串的孢子,可采用如下方法制备单孢子悬浮液:①对于细菌,因其在固体斜面培养基上常粘在一起,故要求转种到新鲜肉汤液体中进行培养,以取得分散且生长活跃的菌体;②对放线菌和霉菌的孢子,采用玻璃珠或石英砂振荡打散孢子后,用滤纸或棉花过滤;对某些黏性大的孢子,常加入 0.05% 的分散剂(如 Tween80)以获得分散的单个孢子。

为了提高筛选工作效率,在纯种分离时,培养条件对筛选结果影响也很大,可通过控制营养成分、调节培养基 pH 值、添加抑制剂、改变培养温度和通气条件及热处理等来提高筛选效率。平板分离后挑选单个菌落进行生产能力测定,从中选出优良的菌株。

(4)生产性能的测定

由于纯种分离后,得到的菌株数量非常大,如果对每一菌株都做全面或精确的性能测定,工作量十分巨大,而且是不必要的。一般采用两步法,即初筛和复筛,经过多次重复筛选,直到获得 1~3 株较好的菌株,供发酵条件的摸索和生产试验,进而作为育种的出发菌株。这种直接从自然界分离得到的菌株称为野生型菌株,以区别于用人工育种方法得到的变异菌株。

2.从自发突变体中获得菌株

目前,发酵工业中使用的生产菌种,几乎都是经过人工诱变处理后获得的突变株。这些突变株是以大量生成某种代谢产物(发酵产物)为目的筛选出来的,因而它们属于代谢调节失控的菌株。微生物的代谢调节系统趋向于最有效地利用环境中的营养物质,优先进行生长和繁殖,而生产菌种常常是打破了原有的代谢调节系统的突变株,因此常常表现出生命力比野生菌株弱的特点。此外,生产菌种是经人工诱变处理而筛选获得的突变株,遗传特性往往不够稳定,容易继续发生变异,使得生产菌株呈现出自然变异的特性,如果不及时进行自然选育,通常会导致菌种性能变化,使发酵产量降低,但也有变异使菌种获得优良性能的情况。

任务 2:诱变育种

按上述方法筛选出来的菌种,往往还不完全符合工业生产的要求,如产量低、副产物多、生长周期长等。因而不能仅停留在"选"种上,还要进行"育"种。

可遗传的特性变化称为变异,又称突变,是微生物产生变种的根源,同时也是育种的基础。根据突变发生的原因，可分为自然突变和诱发突变。自然突变是指在自然条件下出现的基因突变，而诱发突变是指用各种物理和化学等因素人为地使诱变对象细胞内的遗传物质发生变化。人工诱变能提高突变频率和扩大变异谱，但它的缺点是缺乏定向性。如果筛选方法得当，也有可能定向地获得好的变异株。

诱变育种的主要环节（如图 3-2）是：①以合适的诱变剂处理大量而均匀分散的微生物细胞悬浮液（细胞或孢子），在引起绝大多数细胞致死的同时，使存活个体中 DNA 结构变异频率大幅度提高；②用合适的方法淘汰负效应变异株，选出极少数性能较优良的正变异株，以达到培育优良菌株的目的。

诱变育种不仅可以提高菌株的生产能力，而且还可以改进产品的质量，扩大品种，简化工艺，从方法来讲，它具有速度快、收效显著和方法简便等优点，因此，在科学实验和生产上都得到了广泛应用。目前应用于工业

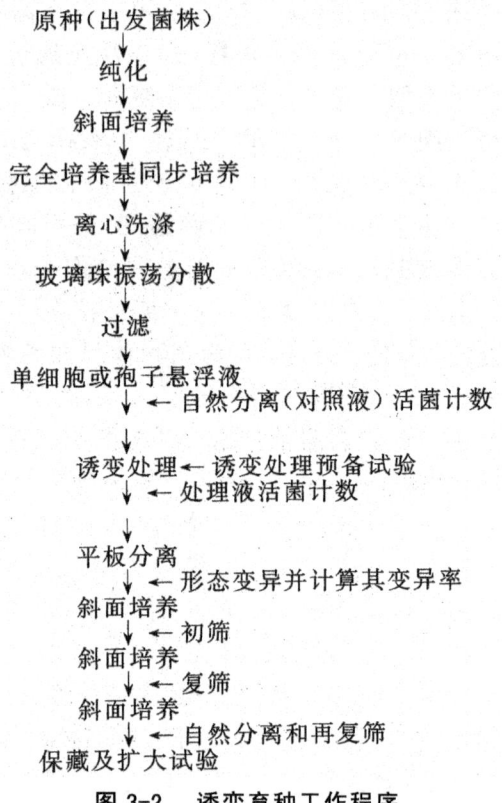

图 3-2　诱变育种工作程序

化的生产菌几乎毫无例外地都是经过诱变的改良菌种。但诱变育种缺乏定向性，且工作量大，有的诱变因素对某些菌种的作用不明显，同时对高产菌株进一步提高产量仍较困难。

1. 出发菌株的选择

工业上用来诱发变异的菌株，称为出发菌株。在许多情况下，微生物的遗传物质具有抗诱变性，这类遗传性质稳定的菌株用来生产是有益的，但作为诱变育种的材料是不适宜的。诱变出发菌株应对诱变剂敏感性大，变异幅度广泛。出发菌株通常有三种：①从自然界分离得到的野生型菌株；②通过生产选育，即由自发突变经筛选得到的菌株；③已经诱变过的菌株，这类菌株作为出发菌株较为复杂。一般认为诱变获得的高产菌株，再诱变易产生负突变，再度提高产量比较困难。因此常采用连续诱变的方法，在每次诱变之后选出 3~5 株较好的菌株继续诱变。如果遇到高产菌株再诱变进一步提高产量效果不佳时，可以先行杂交，再作为诱变的出发菌株，这样有可能收到比较好的效果。

2. 菌悬液的制备

一般采用生理状态一致（用选择法或诱导法使微生物同步生长）的单细胞或孢子进

行诱变处理,这样不但能均匀地接触诱变剂,还可减少分离现象的发生。处理前,细胞尽可能达到同步生长状态,细胞悬液经玻璃珠振荡打散,并用脱脂棉或滤纸过滤,以达到单细胞状态。

一般处理细菌的营养细胞,采用生长旺盛的对数期,其变异率较高且重现性好。霉菌的菌株一般是多核的,因此对霉菌都用孢子悬浮液进行诱变,对放线菌一般也如此。但孢子生理活性处于休眠状态,诱变时不及营养细胞好,因此最好采用刚刚成熟时的孢子,其变异率高。或在处理前将孢子培养数小时,使其脱离静止状态,则诱变率也会增加。

一般处理真菌的孢子或酵母时,其菌悬液的浓度大约为 10^6 个/ml,细菌和放线菌的孢子的浓度大约为 10^8 个/ml。

3. 前培养

诱变处理前,将细胞在添加嘌呤、嘧啶等碱基或酵母膏的培养基中培养 20~60min,再进行诱变处理,则变异率可大幅度提高。

4. 诱变剂

能诱发基因突变并使突变率提高到超过自然突变水平的物理、化学因子都称为诱变剂,可分为物理诱变剂和化学诱变剂两大类。

物理诱变剂主要为各种射线,如紫外线、X-射线、γ-射线、α-射线、β-射线和超声波等。其中以紫外线应用最广。紫外作用光谱正好与细胞内的核酸的吸收光谱相一致,因此在紫外光的作用下能使 DNA 链断裂、DNA 分子内和分子间发生交联,从而导致菌体的遗传形状发生改变。

化学诱变剂的种类较多,常用的如甲基磺酸乙酯(EMS)、亚硝基胍、亚硝酸、氮芥等,如表 3-5。它们作用于微生物细胞后,能够特异地与某些基团起作用,即引起物质的原发损伤和细胞代谢方式的改变,失去亲株原有的特性,并建立起新的表型(所谓"表型"指生物个体能够观察到的特殊性状)。

表 3-5 各种化学诱变剂常用的浓度、处理时间等参考资料

诱变剂	诱变剂的浓度	处理时间	缓冲剂	中止反应方法
亚硝酸(HNO_2)	0.01~0.1mol/l	5~10min	pH4.5,1mol/l 醋酸缓冲剂	pH8.6,0.07mol/l 磷酸二氢钠
硫酸二乙酯(DES)	0.5%~1%(体积分数)	10~30min 孢子 18~24h	pH7.0,0.1mol/l 磷酸缓冲剂	硫代硫酸钠或大量稀释
甲基硫酸乙酯(EMS)	0.05~0.5mol/l	10~60min 孢子 3~6h	pH7.0,0.1mol/l 磷酸缓冲剂	硫代硫酸钠或大量稀释

续表

诱变剂	诱变剂的浓度	处理时间	缓冲剂	中止反应方法
亚硝基胍(NTG)	0.1～1.0mg/ml 孢子 3mg/ml	15～60min 90～120min	pH7.0,0.1mol/l 磷酸缓冲剂或 Tris 缓冲剂	大量稀释
亚硝基甲基脲(NMU)	0.1～1.0mg/ml	15～90min	pH6.0～7.0,0.1mol/l 磷酸缓冲剂或 Tris 缓冲剂	大量稀释
氮芥	0.1～1.0mg/ml	5～10min	$NaHCO_3$	甘氨酸或大量稀释
乙烯亚胺	1:1000～1:10000	30～60min		硫代硫酸钠或大量稀释
羟胺($NH_2OH \cdot HCl$)	0.1%～0.5%(体积分数)	数小时或生长过程中诱变		大量稀释
氯化锂(LiCl)	0.3%～0.5%(体积分数)	加入培养基中,在生长过程中诱变		大量稀释
秋水仙碱($C_{22}H_{25}NO_6$)	0.01%～0.2%(体积分数)	加入培养基中,在生长过程中诱变		大量稀释

5.变异菌株的分离和筛选

通过诱变处理,在微生物群体中会出现各种突变型的个体,但其中多数是负变体。为在短时间内获得好的效果,应采用效率较高的筛选方案或筛选方法。

实际工作中,一般分初筛和复筛两阶段进行,前者以量为主,后者以质为主。

(1)初筛方法的简化

根据形态变异淘汰低产菌株:突变一旦发生,突变细胞能够将突变的性状遗传给后代。如果诱变处理确实有效的话,在一定的培养基上,很容易发现一些菌落的性状或色泽等和亲代菌株不同,这可作为诱变效果的定性指标。某些菌落形态与生产性能有直接的相关性,可采取在平皿上直接筛选。如在灰黄霉素生产菌的选育中,菌落暗红色变深者,产量就提高。但就目前的研究,多数变异其菌落外观形态与生理的相应关系尚未完全清楚。

根据平皿反应直接挑取高产菌株:所谓平皿直接反应是指每个菌落产生的代谢产物与培养基内的指示物作用后的变色圈或透明圈等,因其可表示菌株的生产活力的高低,所以可以作为初筛的标志,常用的有纸片培养显色法、透明圈法、琼脂片法、浓度梯度法等。

(2)营养缺陷型的筛选方法

营养缺陷型的筛选,一般是经诱变后,再经中间培养、淘汰野生型、检出营养缺陷型、确定生长谱等步骤。中间培养的目的是减少以后筛选中再产生分离子,其培养基是完全培养基或补充培养基,并且培养过夜。淘汰野生型菌株的方法有:抗生素法、菌丝过滤法、差别杀菌法和饥饿法等,其目的在于浓缩缺陷型菌株。当诱变后的缺陷型数量较大时,也可省去中间培养和淘汰野生型等过程。营养缺陷型菌株的检出方法有:逐个测定法、夹层平板法、限量营养法和影印接种法等。经过检出确定为营养缺陷型菌株之后,尚需进一步确定它的缺陷型是氨基酸、维生素,还是嘌呤、嘧啶。

经过平皿初筛、确定营养缺陷型或其他标记的变异性状后,即可进行发酵试验,检查其生产性状,经过生长性状比较,再平行试验比较,并结合生产的其他因素考虑,可确定用于生产或进一步改良诱变的菌株,进行保藏或扩大试验,直至用于生产。

任务3:生产菌种的改良

采用合适的筛选方法,诱变育种可以获得高产菌株。但不能达到定向育种的目的。随着现代生物技术的发展,杂交育种、原生质体融合、DNA重组可达到改良菌种的目的。

杂交育种一般是指两个不同基因型的菌株通过接合或原生质体融合使遗传物质重新组合,再从中分离和筛选出具有新性状的菌株。真菌、放线菌和细菌均可进行杂交育种。杂交育种是选用已知性状的供体菌株和受体菌株作为亲本,把不同菌株的优良性状集中于组合体中。因此,杂交育种具有定向育种的性质。杂交后的杂种不仅能克服原有菌种生活力衰退的趋势,而且杂交使得遗传物质重新组合,动摇了菌种的遗传基础,使得菌种对诱变剂更为敏感。因此,杂交育种可以消除某一菌种经长期诱变处理后所出现的产量上升缓慢的现象。通过杂交还可以改变产品质量和产量,甚至形成新的品种。总之,杂交育种是一种重要的育种手段。但是,由于操作方法较复杂、技术条件要求较高,其推广和应用受到一定程度的限制。杂交育种主要有常规的杂交育种和原生质体融合这两种方法。近年来,后一种方法较为多见。

1.常规的杂交育种

常规的杂交育种不需用脱壁酶处理,就能使细胞接合而发生遗传物质重新组合。现以青霉菌的杂交育种为例,说明杂交的主要过程。青霉菌的杂交过程实际上也是青霉菌准性生殖的过程,见图 3-3 所示。

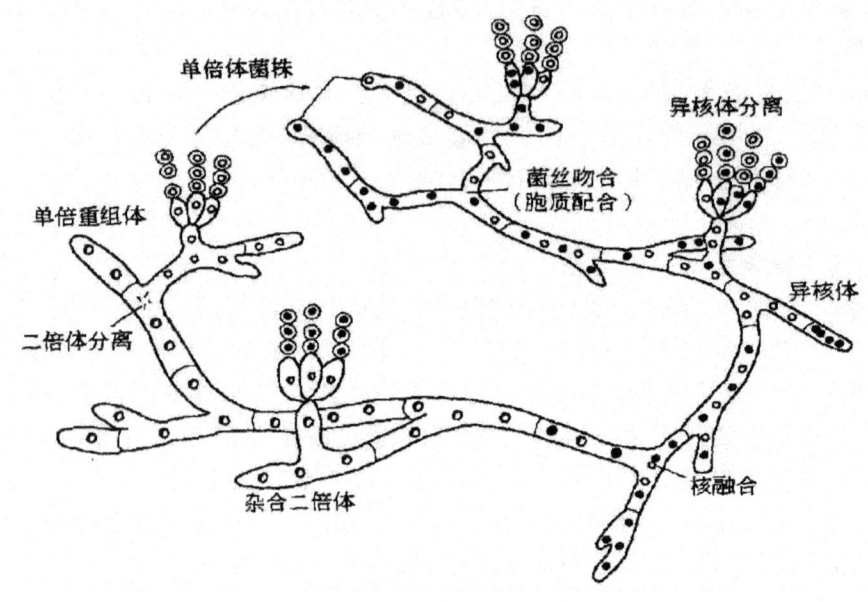

图 3-3　霉菌的准性生殖

2.原生质体融合

原生质体融合一般包括标记菌株的筛选、原生质体的制备、原生质体的融合、融合子的选择、实用性菌株的筛选等。图 3-4 为原生质体融合基本过程示意。

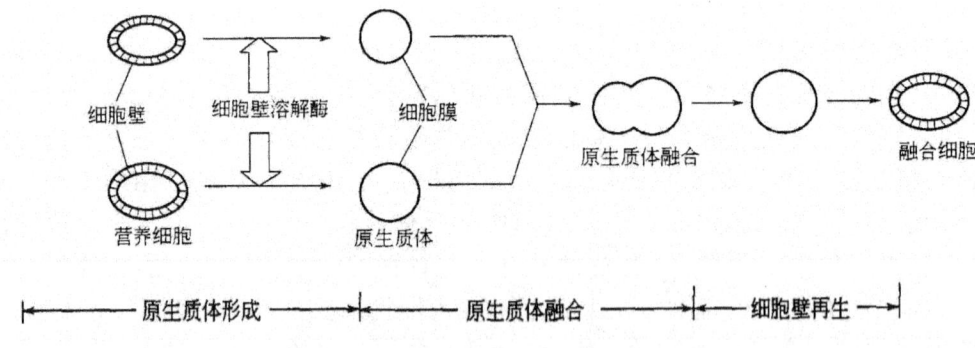

图 3-4　原生质体融合的基本过程

原生质体融合育种主要步骤如下。选择两个有特殊价值并带有选择性遗传标记的细胞作为亲本,在高渗透压溶液中,用适当的脱壁酶(如细菌或放线菌可用溶菌酶或青霉素处理,真菌可用蜗牛酶或其他相应的脱壁酶)去除细胞壁,剩下的是由细胞膜包裹的原生质体。这时原生质体对溶液和培养基的渗透压非常敏感,必须在高渗透压或等渗透压的溶液或培养基中才能维持其生存,在低渗透压溶液中将会破裂而死亡。两种不同的原生质体在高渗透压条件下混合,在助融剂聚乙二醇(PEG)和 Ca^{2+} 作用下,发生细胞膜的结合。PEG 是一种脱水剂,由于脱水作用,原生质体开始聚集收缩,相邻的原生质体融合的大部分面积紧密接触。开始原生质体融合仅在接触部位的一小块区域,形成细小的原生质桥,继而逐渐变大导致两个原生质体融合。Ca^{2+}可提高融合频率。在融合时两亲本基因组由接触到交换,从而实现遗传重组,再生的细胞菌落中就有可能获得具有理想状态的重组菌株。

原生质体无细胞壁,易于接受外来遗传物质,不仅可能将不同种的微生物融合在一起,而且可能使亲缘关系更远的微生物融合在一起。原生质体易于受到诱变剂的作用,而成为较好的诱变对象。实践证明,原生质体融合能使重组频率大大提高。因此,通过此项技术能使来自不同菌株的多种优良性状,通过遗传重组,组合到一个重组菌株中。原生质体融合作为一项新的生物技术,为微生物育种工作提供了一条新的途径。

3.DNA 重组技术

体外重组 DNA 技术或称基因工程、遗传工程,是以分子遗传学的理论为基础,综合分子生物学和微生物遗传学的最新技术而发展起来的一门新兴技术。它是现代生物技术的一个重要组成方面,是 20 世纪 70 年代以来生命科学发展的最前沿。利用基因工程能够使任何生物的 DNA 插入到某一细胞质复制因子中,进而引入寄主细胞进行成功表达。因而,在遗传学上开辟了一条崭新的研究 DNA 序列和功能的关系及基因表达调控机制的渠道,在工业微生物学上提供了巨大的具有创造工业性的应用价值的生产菌株的潜力。本部分仅对体外重组 DNA 技术作一简要的基础性介绍,具体内容可参考相关专著。

子情景3:菌种的保藏

一个优良的菌种被选育出来以后,要保持其生产性能的稳定、不污染杂菌、不死亡,这就需要对菌株进行保藏。

任务1:菌种的保藏原理

菌种保藏主要是根据菌种的生理、生化特性,人工创造条件使菌体的代谢活动处于休眠状态。保藏时,一般利用菌种的休眠体(孢子、芽孢等),创造最有利于休眠状态的环境条件,如低温、干燥、隔绝空气或氧气、缺乏营养物质等,使菌体的代谢活性处于最低状态,同时也应考虑经济、简便的方法。由于微生物种类繁多,代谢特点各异,对各种外界环境因素的适应能力不一致,一个菌种选用何种方法保藏较好,要根据具体情况而定。

任务 2：菌种的保藏方法

1. 斜面低温保藏法

斜面低温保藏法是利用低温降低菌种的新陈代谢，使菌种的特性在短时期内保持不变。将新鲜斜面上长好的菌体或孢子，置于 4℃ 冰箱中保存。一般的菌种均可用此方法保存 1～3 个月。保存期间要注意冰箱的温度，不可波动太大，不能在此以下保存，否则培养基会结冰脱水，造成菌种性能衰退或死亡。

影响斜面保存时间的突出问题是培养基水分蒸发而收缩，使培养基成分浓度增大，造成"盐害"，更主要的是培养基表面收缩造成板结，对菌种造成机械损伤而使菌种致死。为了克服斜面培养基水分的蒸发，用橡皮塞代替棉塞，有比较好的效果，也可克服棉塞受潮而长霉污染的缺点。有人将 2 株枯草杆菌、1 株大肠杆菌和 1 株金黄色葡萄球菌，分别接种在 18mm×180mm 试管斜面上，当培养成熟后将试管口用喷灯火焰熔封，置于 4℃ 冰箱中保存了 12 年后，启封移种检查，结果除 1 株金黄色葡萄球菌已死亡，其余 3 株仍生长良好，这说明对某些菌种采用这种保藏方法，可以保存较长的时间。

2. 液状石蜡封存保藏法

在斜面菌种上加入灭菌的液状石蜡，用量高出斜面 1cm，使菌种与空气隔绝，试管直立，置于 4℃ 冰箱保藏。保存期约 1 年。此法适用于不能以石蜡为碳源的菌种。液状石蜡采用蒸汽灭菌。

3. 固体曲保藏法

这是根据我国传统制曲原理加以改进的一种方法，适用于产孢子的真菌。该法采用麸皮、大米、小米或麦粒等天然农产品为产孢子培养基，使菌种产生大量的休眠体（孢子）后加以保存。该法的要点是控制适当的水分。例如，在采用大米孢子保藏时，先取大米充分吸水膨胀，然后倒入搪瓷盘内蒸 15min（使大米粒仍保持分散状态）。蒸毕，取出搓散团块，稍冷，分装于茄形瓶内，蒸汽灭菌 30min，最后抽查含水量，合格后备用。将要保存的菌种制成孢子悬浮液，取适量加入已灭菌的大米培养基中，敲散拌匀，铺成斜面状，在一定温度下培养，在培养过程中要注意翻动，待孢子成熟后，取出置冰箱内保存，或抽真空至水分含量在 10% 以下，放在盛有干燥剂的密封容器中低温或室温保存。保存期为 1～3 年。

4. 砂土管保藏法

本方法是用人工方法模拟自然环境使菌种得以栖息。适用于产孢子的放线菌、霉菌以及产芽孢的细菌。

砂土是砂和土的混合物，砂和土的比例一般为 3:2 或 1:1，将黄砂和泥土分别洗净,过筛,按比例混合后,装入小试管内,装料高度约为1cm,经间歇灭菌2~3次,烘干,并作无菌检查后备用。将要保存的斜面菌种刮下,直接与砂土混合;或用无菌水洗下孢子,制成悬浮液,再与砂土混合。混合后的砂土管放在盛有五氧化二磷或无水氯化钙的干燥器中,用真空泵抽气干燥后,放在干燥低温环境下保存。此法保存期可达1年以上。

5.冷冻干燥法

此法的原理是在低温下迅速地将细胞冻结以保持细胞结构的完整,然后在真空下使水分升华。这样,菌种的生长和代谢活动处于极低水平,不易发生变异或死亡,因而能长期保存,一般为5~10年。此法适用于各种微生物。具体的做法是将菌种制成悬浮液,与保护剂(一般为脱脂牛奶或血清等)混合,放在安瓿瓶内,用低温酒精或干冰($-15℃$以下)使之速冻,在低温下用真空泵抽干,最后将安瓿瓶真空熔封,低温保存备用。

6.液氮超低温保藏法

前面几种菌种保藏方法,在保存过程中菌种都有不同程度的死亡,特别对一些不产孢子的菌体保存的效果不够理想。微生物在$-130℃$以下,新陈代谢活动停止,这种环境下可永久性保存微生物菌种。液氮的温度可达$-196℃$,用液氮保存微生物菌种已获得满意的结果。

液氮超低温保藏法简便易行,关键是要有液氮罐、冰箱设备。该方法要点是:将要保存的菌种(菌液或长有菌体的琼脂块)置于10%甘油或二甲基亚砜保护剂中,密封于安瓿瓶内(安瓿瓶的玻璃要能承受很大温差而不致破裂),先将菌液降至0℃,再以每分钟降低1℃的速度,一直降至$-35℃$,然后将安瓿瓶放入液氮罐中保存。

任务3:菌种保藏注意事项

菌种保藏要获得较好的效果,需注意如下三个方面。

1.菌种在保藏前所处的状态

绝大多数微生物的菌种均保藏其休眠体,如孢子或芽孢。保藏用的孢子或芽孢等要采用新鲜斜面上生长丰满的培养物。菌种斜面的培养时间和培养温度影响其保藏质量。培养时间过短,保存时容易死亡;培养时间长,生产性能衰退。一般以稍低于生长最适温度培养至孢子成熟的菌种进行保存,效果较好。

2.菌种保藏所用的基质

斜面低温保藏所用的培养基,碳源比例应少些,营养成分贫乏些较好,否则会产生酸,或使代谢活动增强,影响保藏时间。砂土管保藏须将砂和土充分洗净,以防其中含有过多的有机物,影响菌的代谢或经灭菌后产生一些有毒的物质。冷冻干燥所用的保护剂,有不少经过加热就会发生分解或产生变性的物质,如还原糖和脱脂乳,过度加热往往形成有毒物质,灭菌时应特别注意。

3. 操作过程对细胞结构的损害

冷冻干燥时,冻结速度缓慢已导致细胞内形成较大的冰晶,对细胞结构造成机械损伤,真空干燥程度也将影响细胞结构,加入保护剂就是为了尽量减轻冷冻干燥所引起的对细胞结构的破坏。细胞结构的损伤不仅使菌种保藏的死亡率增加,而且容易导致菌种变异,造成菌种性能衰退。

子情景4:菌种的衰退与复壮

任务1:菌种的衰退

1. 菌种衰退的原因

菌种衰退的原因有三个方面:一是菌种保藏不妥;二是菌种生长的条件要求没有得到满足,或是遇到不利的条件,或是失去某些需要的条件;三是经诱变得来的新菌株发生回复突变,从而丧失新的特征等情况。

菌种的退化会使微生物个体和群体特征的各个方面发生变化,其中最重要的是使所需产物的生产产量下降、营养物质代谢和生长繁殖能力下降、发酵周期延长、抗不良环境条件的性能减弱等。菌种的退化不同于培养过程中由环境条件变化引起的表面的、暂时的变化,而是由个别、少数菌体细胞衰退后逐渐导致整个菌株退化的一个从量变到质变的遗传变异过程。

菌种连续传代是菌种发生退化的直接原因。由于连续传代使培养物经常处于旺盛的生长状态,且每次传代时营养和环境等培养条件都在不断地变化,与处于休眠状态的培养物相比,细胞的自发突变率要高得多。因此,菌株经过连续传代后,含突变基因的个体在数量上逐渐占优势,退化现象就逐渐显露出来。培养基灭菌升、降温的不同,培养基存放时间的不同,采用老龄菌和多核菌丝传代等都比较容易引起菌种退化。菌种的保藏主要是通过控制低温、干燥、缺氧等条件,使微生物营养体或休眠体处于不活泼的状态,维持最低代谢水平,尽可能保证活力和不发生变异。但是,各种菌种的保藏法对阻止菌种变异的效果不尽相同,用效果较差的条件保藏菌种时,菌种就较易发生退化。此外,保藏操作不当也会影响保藏效果及影响到菌种的变异。

菌种自身突变引起菌种退化。菌种的自发突变和回复突变是引起菌种自身退化的主要原因。微生物细胞在每一世代中的突变概率一般为 $10^{-8} \sim 10^{-9}$,保藏在 0~4℃时这一突变概率更小,但仍然不能排除菌种退化的可能。诸如对营养缺陷型菌种未充足供给所需营养物,菌种就会发生突变而丧失已有的特性。

菌种的回复突变是指变异菌株因遗传组成的自身修复,使原有的遗传障碍解除,代谢途径发生变化,从而恢复原有的特性,表现出原育种过程中已获得的优良性状的退化。

突变不完全造成菌体遗传组成的差异。对于单核细胞的菌株,菌体内的 DNA 双链中仅有一条链发生位点突变,并复制成变异菌的 DNA 链,而未发生变化的一条链,复制成原菌的 DNA 链,结果形成不纯的菌落,经移植后表现出菌种的退化现象。同样,对于具有两个核以上细胞的菌株,如果只有一个或几个核发生变异,将会产生异核菌丝,不纯的异核菌丝分裂,便会形成性状不同的菌丝,而一旦性状不同的菌丝占优势,就将表现出菌株的退化,而不再具有优良的性状。

如果菌落不是由一个孢子或一个细胞形成,当其中只有一个高产突变的孢子或细胞,通过移植后,高产菌株数量就比较少,表现出菌种退化。

2.菌种性能的改变

(1)菌种遗传特性的改变

从菌种遗传机理这一微观角度来看,菌种遗传特性的改变主要有如下三个原因。

① 异核现象导致微生物群体发生变异。某些菌丝生长时会和邻近的菌丝细胞间发生吻合,形成异核菌丝体(简称异核体),即在一条菌丝里含有几个遗传特性不同的细胞核,共同生活在均一的细胞质里。异核体可以由遗传性不同的菌丝吻合后形成,也可由多核菌丝中个别核发生突变而产生。异核体所产生的单核或多核的孢子具有不同的遗传特性和不同的生长繁殖速度,其结果是伴随着菌种传代培养,菌种的遗传特性发生改变。在菌种选育过程中,许多从培养基中新分离出来的丝状菌是异核体。在抗生素生产中,从产生单核分生孢子的异核体进行单孢子自然分离,可以得到同核的单菌落,其中很多表现出稳定的生产能力。

② 自发突变导致菌种遗传特性改变。由于 DNA 在复制过程中会出现偶然的差错,以及环境中某些物质和某些微生物自身的代谢产物对微生物有刺激作用,菌种以很低的频率发生自发突变。

③ 突变所产生的变种或杂交重组所形成的杂种往往不稳定,容易发生回复突变或产生分离子,以致在菌种这一群体中形成具有不同基因型的个体。

以上是导致菌种变异的遗传因素,这些因素将通过环境得以表现。生产菌种在使用过程中,需要在人工培养条件下进行传代,虽然原始斜面菌种是由单菌落发育而来,但菌落上的许多分生孢子已经具有不同的遗传基础,所以菌种的性状实际上是孢子群体的特征。较纯的群体,传代后变异较少;不纯的群体,传代后变异较多。在菌种传代培养过程中,导致菌种遗传特性改变的以上几个原因都可起作用,其结果使群体中变异菌株增多。传代培养还具有某种选择作用。通常所说的菌种优良性状和大量生成目的产物有关的高产菌株往往表现出生活力弱、生长繁殖速度慢的特点。这些特点使得传代培养实质上具有富集低产菌株的作用。所以,菌种传代次数过多会导致菌种衰退。此外,菌种保藏条件不当也会使菌种发生变异。在菌种保藏过程中采用的一些手段,如冷冻干燥,会对菌体细胞的结构和DNA造成损伤,在修复这些损伤时,菌体就可能发生变异。

(2)菌种生理状况的改变

菌种的遗传特性需要在一定条件下才能表现出来。由于培养条件不适当,使菌种处于不利于发酵生产的生理状况,其结果也表现为菌种衰退。菌种处于不利于发酵的生理状况有以下三个方面的原因。

① 一个菌种不是纯的群体,而是由一些变异株混合组成,这些变异株所占的比例决定该菌种的特性。一个由单菌落发育而来的菌种在固体培养基上分离,可以长出许多种形态培养特征的菌落。这些不同的菌落类型在代谢和生长繁殖速度等方面有一定差异。培养条件可以影响各变异株在培养物中的比例而改变该菌种的特性。同一个菌种的单孢子分离在不同的培养基上,所生长出的单菌落,其形态培养特征有显著差异,各种类型菌落所占的比例也不同。如灰色链霉菌(Streptomyees griseus)在豌豆琼脂培养基上,单孢子分离呈现出3~4种菌落类型,而在黄豆粉培养基上仅出现两种菌落类型。在开始菌种选育工作时,要研究单菌落的分离培养基,找出能呈现较多菌落类型的分离培养基。菌落类型和发酵产量之间存在着某种程度的相关性。在选种实践中,人们经过对菌落形态的考察,有意识地丢弃一些被认为是低产的菌落,挑选那些可能为高产的菌落。

② 菌种培养基可通过影响菌种的生理状况而影响发酵产量。菌种培养基营养过于丰富不利于孢子形成,因而影响发酵。菌种培养基营养贫乏也同样不利于发酵。因为菌种在营养贫乏的培养基中多次传代,会使菌体细胞内缺乏某些生长因子而衰老,甚至死亡。因此,自然选育活菌中培养所用的培养基应选择具有传代后生产能力下降不明显、菌落不易衰老和自溶的正常形态菌落、孢子丰富等培养基。

③ 在某些培养条件下,菌体的某些基因处于活化状态或阻遏状态,而使菌种的生理状态改变。这种改变可能以类似于生理性迟延或细胞分化的机制保持较长一段时间。

由于菌种的退化将会引起发酵过程的产量急剧下降,一旦发生菌种退化,就必须采取有效的预防和防治措施,防止菌种的优良性能发生退化。同时若发现某些优良性状退化,应及时进行分离纯化,使生产菌种保持稳定的优良特性。防止菌种退化的措施主要有菌种的复壮、提供良好的环境条件、定期纯化菌种、防止自身突变等方面。

3.防止菌种衰退的措施

要防止菌种衰退,应该做好保藏工作,使菌种优良的特性得以保存,尽量减少传代次数。如果菌种已经发生退化,产量下降,则要进行分离复壮。

(1) 提供良好的环境条件进行合理的传代

减少传代次数可防止由于菌种的遗传稳定性变化而引起的自发突变,以及由于环境条件变化导致的退化。菌种允许使用的传代次数必须通过传代的稳定性试验来确定。发酵生产上一般只用三代内的菌种。采用合适的传代条件使培养条件有利于高产菌的生长,而不利于低产菌的生长,减少突变的发生。

(2) 用优良的保藏方法

尽可能采用诸如斜面冰箱保藏法、砂土管保藏法、真空冷冻干燥保藏法以及采用干孢子保藏等优越的保藏方法保藏菌种,以防止菌种的退化。

(3) 定期纯化菌种

对菌种进行定期的分离纯化,可减少其中共存的自发突变菌或"突变不完全"产生的退休型菌株的增殖机会,保持原来的优良特性。诸如对营养缺陷型菌种在纯化过程中提供足够的营养物,以保持菌株的优势,避免回复变体的竞争。同样在进行抗性突变的菌种纯化时,在培养基中加入对应于抗性的药物,可保持菌株的抗性优势,避免产生无抗性的回复突变体。

遗传性稳定的菌体作为菌种、采用合适的接种物传代等可减少和防止菌种的自身突变。

任务 2：菌种的复壮

由于菌种的退化将会引起发酵过程的产量急剧下降,一旦发生菌种退化,就必须采取有效的预防和防治措施,防止菌种的优良性能发生退化,同时若发现某些优良性状退化,应及时进行分离纯化,使生产菌种保持稳定的优良特性。

菌种的复壮有狭义的复壮和广义的复壮。狭义的复壮指的是菌种已经发生衰退后,再通过纯种分离和性能测定等方法,从衰退的群体中找出尚未衰退的少数个体,以达到恢复该菌种原有典型性状的一种措施。而广义的复壮应该是一种积极的措施,即在菌种的生产性能尚未衰退前就经常有意识地进行纯种分离和生产性能的测定工作,使菌种的生产性能逐步提高。所以,这实际上是一种利用自发突变(正变)从生产中不断进行选种的工作。

1. 纯种分离

纯种分离,可把退化菌种中的一部分保持原有典型性状的单细胞分离出来,经过扩大培养,就可恢复原菌株的典型性。常用的菌种纯化方法很多,大体上可把它们归纳成两类：一类较粗放,只能达到"菌落纯"的水平,即从种的水平上来说是纯的,如在琼脂平板上进行画线、表面涂布或与琼脂培养基混匀以获得单菌落等方法;另一类是较精细的单细胞或单孢子分离方法,它可以达到"细胞纯"即菌株纯的水平。后一类方法应用较广,种类很多,既有简单的利用培养皿或凹玻片等做分离室,也有利用复杂的显微操纵器的菌株分离方法。如果遇到不长孢子的丝状菌,则可用无菌小刀取菌落边缘的菌丝尖端进行分离移植,也可用无菌毛细管插入菌丝尖端以截取单细胞而进行纯种分离。

菌种分离方法如下:

① 配合一定的培养条件,对退化菌株进行单菌落或单细胞分离,淘汰退化的个体,保留纯化菌种。

② 将芽孢杆菌的菌悬液加热至90℃处理数分钟,杀灭已退化的菌体,保留芽孢;再将芽孢或孢子进行传代,以淘汰退化的个体。

③ 提供特殊的培养条件,使环境有利于优良性状菌株的生长而不利于退化菌株的生长,从而淘汰已退化的菌株个体。

④ 将分离后得到的初筛菌株先保藏,再进行复筛考查,从中选出稳定性较好的菌种。

⑤ 同时应用上述方法的两种或两种以上的方法,会收到更好的复壮效果。

2. 通过寄主体进行复壮

对于寄生性微生物的退化菌株,可通过接种到相应昆虫或动物寄主体内以提高菌株毒性。如经过长期人工培养的杀螟杆菌,会发生毒力减退、杀虫率降低等现象,这时可将退化的菌株去感染菜青虫的幼虫,然后再从病死的虫体内重新分离菌株。如此反复多次,就可提高菌株的杀虫率。

3. 淘汰已衰退的个体

有人曾对"5406"菌种采用在低温(-30～-10℃)下处理其分生孢子7天,使其死亡率达到80%,结果发现在抗低温的存活个体中留下了未退化的健壮个体。

以上综合了在实践中收到一定效果的一些防止衰退和达到复壮的措施。但是,在使用这类方法之前,还得仔细分析和判断菌种究竟是衰退、污染还是仅属一般性的表型改变。只有对症下药才能使复壮工作奏效。

子情景5:菌种的扩大培养工艺

菌种的扩大培养是发酵生产的第一道工序,该工序又称为种子制备。种子制备不仅要使菌体数量增加,更重要的是,经过种子制备培养出具有高质量的生产种子供发酵生产使用。因此,如何提供发酵产量高、生产性能稳定、数量足够而且不被其他杂菌污染的生产菌种,是种子制备工艺的关键。

任务1:菌种扩大培养的任务

由于工业生产规模的增大,每次发酵所需的种子就增多。要使小小的微生物在几十个小时的较短时间内,完成如此巨大的发酵转化任务,那就必须具备数量巨大的微生物细胞才行。菌种扩大培养的目的就是要为每次发酵罐的投料提供相当数量的代谢旺盛的种子。因为发酵时间的长短和接种量的大小有关,接种量大,发酵时间则短。将较多数量的成熟菌体接入发酵罐中,就有利于缩短发酵时间,提高发酵罐的利用率。并且也有利于减少染菌的机会。因此,种子扩大培养的任务,不但要得到纯而壮的培养物,还要获得活力旺盛的、接种数量足够的培养物。对于不同产品的发酵过程来说,必须根据菌种生长繁殖速度的快慢决定种子扩大培养的级数,如抗生素生产中,放线菌的细胞生长繁殖较慢,常常采用三级种子扩大培养。一般 50t 发酵罐多采用三级发酵,有的甚至采用四级发酵,如链霉素生产。有些酶制剂发酵生产也采用三级发酵。而谷氨酸及其他氨基酸的发酵所采用的菌种是细菌,生长繁殖速度很快,所以采用二级发酵。

种子培养要求一定量的种子,在适宜的培养基中,控制一定的培养条件和培养方法,从而保证种子的正常生长。

工业微生物培养法分为静置培养法和通气培养法两大类型。其静置培养法,即将培养基盛于发酵容器中,在接种后,不通空气进行培养。而通气培养法生产菌种以需氧菌和兼性需氧菌居多,它们生长的环境必须供给空气,以维持一定的溶解氧水平,使菌体迅速生长和发酵,又称为好气性培养。

1. 表面培养法

表面培养法是一种好氧静置培养法。针对容器内培养基物态又分为液态表面培养和固体表面培养。相对于容器内培养基体积而言,表面积越大,越易促进氧气由气液界面向培养基内传递。这种方法,菌的生长速度与培养基的深度有关,单位体积的表面积越大,生长速度越快。

2. 固体培养法

固体培养又分为浅盘固体培养和深层固体培养,统称为曲法培养。它起源于我国酿造生产特有的传统制曲技术,其最大特点是固体曲的酶活力高。

3. 液体深层培养

液体深层种子罐从罐底部通气,送入的空气由搅拌桨叶分散成微小气泡以促进氧的溶解。这种由罐底部通气搅拌的培养方法,相对于由气液界面靠自然扩散使氧溶解的表面培养法来讲,称为深层培养法。其特点是容易按照生产菌种对于代谢的营养要求以及不同生理时期的通气、搅拌、温度与培养基中氢离子浓度等条件,选择最佳培养条件。

深层培养基本操作的三个控制点是:

① 灭菌。 发酵工业要求纯培养,因此在种子培养前必须对培养基进行加热灭菌。所以种子罐具有蒸汽夹套,以便将培养基和种子罐进行加热灭菌,或者将培养基由连续加热灭菌器灭菌,并连续地输送于种子罐内。

② 温度控制。 培养基灭菌后,冷却至培养温度进行种子培养,由于随着微生物的生长和繁殖会产生热量,搅拌也会产生热量,所以要维持温度恒定,需在夹套中或盘管中通冷却水循环。

③ 通气、搅拌。 空气进入种子罐前先经过空气过滤器除去杂菌,制成无菌空气,而后由罐底部进入,再通过搅拌将空气分散成微小气泡。为了延长气泡滞留时间,可在罐内装挡板产生涡流。搅拌的目的除增加溶解氧以外,可使培养液中的微生物均匀地分散在种子罐内,促进热传递,以及使 pH 均充,并使加入的酸和碱均匀分散等。

任务2:菌种的扩大培养工艺

种子制备一般包括两个过程,即在固体培养基上生产大量孢子的孢子制备和在液体培养基中生产大量菌丝的种子制备过程。

1.孢子制备

孢子制备是种子制备的开始,是发酵生产的一个重要环节。孢子的质量、数量对以后菌丝的生长、繁殖和发酵产量都有明显的影响。不同菌种的孢子制备工艺有其不同的特点。

(1)放线菌孢子的制备

放线菌的孢子培养一般采用琼脂斜面培养基,培养基中含有一些适合产孢子的营养成分,如麸皮、豌豆浸汁、蛋白胨和一些无机盐等。碳源和氮源不要太丰富(碳源约为1%,氮源不超过0.5%),碳源丰富容易造成生理酸性的营养环境,不利于放线菌孢子的形成;氮源丰富则有利于菌丝繁殖而不利于孢子形成。一般情况下,干燥和限制营养可直接或间接诱导孢子形成。放线菌斜面的培养温度大多数为28℃,少数为37℃,培养时间为5~14天。

放线菌发酵生产的工艺过程如下。

菌种→母斜面(孢子)→子斜面(孢子)→摇瓶种子(菌丝)→种子罐→发酵罐

采用哪一代的斜面孢子接入液体培养,视菌种特性而定。采用母斜面孢子接入液体培养基有利于防止菌种变异,采用子斜面孢子接入液体培养基可节约菌种用量。菌种进入种子罐有两种方法。一种为孢子进罐法,即将斜面孢子制成孢子悬浮液直接接入种子罐。此方法可减少批与批之间的差异,具有操作方便、工艺过程简单、便于控制孢子质量等优点,孢子进罐法已成为发酵生产的一个方向。另一种方法为摇瓶菌丝进罐法,适用于某些生长发育缓慢的放线菌,此方法的优点是可以缩短种子在种子罐内的培养时间。

(2)霉菌孢子的制备

霉菌的孢子培养,一般以大米、小米、玉米、麸皮、麦粒等天然农产品为培养基。这是由于这些农产品中的营养成分较适合霉菌的孢子繁殖,而且这类培养基的表面积较大,可获得大量的孢子。霉菌的培养一般为 25～28℃,培养时间为 4～14 天。

(3)细菌培养物的制备

细菌的斜面培养基多采用碳源限量而氮源丰富的配方,牛肉膏、蛋白胨常用作有机氮源。细菌培养温度大多数为 37℃,少数为 28℃,细菌菌体培养时间一般 1～2 天,产芽孢的细菌则需培养 5～10 天。

2. 种子制备

种子制备是将固体培养基上培养出的孢子或菌体转入到液体培养基中培养,使其繁殖成大量菌丝或菌体的过程。种子制备所使用的培养基和其他工艺条件,都要有利于孢子发芽和菌丝繁殖。

(1)摇瓶种子制备

某些孢子发芽和菌丝繁殖速度缓慢的菌种,需将孢子经摇瓶培养成菌丝后再进入种子罐,这就是摇瓶种子。摇瓶相当于微缩了的种子罐,其培养基配方和培养条件与种子罐相似。

摇瓶种子进罐,常采用母瓶、子瓶两级培养,有时母瓶种子也可以直接进罐。种子培养基要求比较丰富和完全,并易被菌体分解利用,氮源丰富有利于菌丝生长。原则上各种营养成分不宜过浓,子瓶培养基浓度比母瓶略高,更接近种子罐的培养基配方。

(2)种子罐种子制备

种子罐种子制备的工艺过程,因菌种不同而异,一般可分为一级种子、二级种子和三级种子的制备。孢子(或摇瓶菌丝)被接入到体积较小的种子罐中,经培养后形成大量的菌丝,这样的种子称为一级种子,把一级种子转入发酵罐内发酵,称为二级发酵。如果将一级种子接入体积较大的种子罐内,经过培养形成更多的菌丝,这样制备的种子称为二级种子,将二级种子转入发酵罐内发酵,称为三级发酵。同样道理,使用三级种子的发酵,称为四级发酵。

种子罐的级数主要取决于菌种的性质和菌体生长速度及发酵设备的合理应用。种子制备的目的是要形成一定数量和质量的菌体。孢子发芽和菌体开始繁殖时,菌体量很少,在小型罐内即可进行。发酵的目的是获得大量的发酵产物。产物是在菌体大量形成并达到一定生长阶段后形成的,需要在大型发酵罐内才能进行。同时若干发酵产物的产生菌,其不同生长阶段对营养和培养条件的要求有差异。因此,将两个目的不同、工艺要求有差异的生物学过程放在一个大罐内进行,既影响发酵产物的产量,又会造成动力和设备的浪费。种子罐级数减少,有利于生产过程的简化及发酵过程的控制,可以减少因种子生长异常而造成发酵的波动。

3. 种龄

种子培养时间称为种龄,在种子罐内,随着培养时间的延长,菌体量逐渐增加。但是菌体繁殖到一定程度,由于营养物质消耗和代谢产物积累,菌体量不再继续增加,而是逐渐趋于老化。由于菌体在生长发育过程中,不同生长阶段的菌体的生理活性差别很大,接种种龄的控制就显得非常重要。在工业发酵生产中,一般都选在生命力极为旺盛的对数生长期、菌体量尚未达到最高峰时移种。此时的种子能很快适应环境,生长繁殖快,可大大缩短在发酵罐中的调整期,缩短在发酵罐中的非产物合成时间,提高发酵罐的利用率,节省动力消耗。如果种龄控制不适当,种龄过于年轻的种子接入发酵罐后,往往会出现前期生长缓慢、泡沫多、发酵周期延长以及因菌体量过少而造成菌丝结团,引起异常发酵,等等;而种龄过老的种子接入发酵罐后,则会因菌体老化而导致生产能力衰退。在土霉素生产中,当种子的种龄相差2～3h,转入发酵罐后,菌体的代谢就会有明显的差异。

最适种龄因菌种不同而有很大的差异。细菌的种龄一般为7～24h,霉菌种龄一般为16～50h,放线菌种龄一般为21～64h。同一菌种的不同罐批培养相同的时间,得到的种子质量也不完全一致,因此最适宜的种龄应通过多次试验,特别要根据本批种子质量来确定。

4. 接种量

移入的种子液体积和接种后培养液体积的比例,称为接种量。发酵罐的接种量的大小与菌种特性、种子质量和发酵条件等有关。不同的微生物其发酵的接种量是不同的,如制霉菌素发酵的接种量为0.1%～1%,肌苷酸发酵接种量1.5%～2%,霉菌的发酵接种量一般为10%,多数抗生素发酵的接种量为7%～15%,有时可加大到20%～25%。

接种量的大小与该菌在发酵罐中生长繁殖的速度有关。有些产品的发酵以接种量大一些较为有利,采用大接种量,种子进入发酵罐后容易适应,而且种子液中含有大量的水解酶,有利于对发酵培养基的利用。大接种量还可以缩短发酵罐中菌体繁殖至高峰所需的时间,使产物合成速度加快。但是,过大的接种量往往使菌体生长过快、过稠,造成营养基质缺乏或溶解氧不足而不利于发酵;接种量过小,则会引起发酵前期菌体生长缓慢,使发酵周期延长,菌丝量少,还可能产生菌丝团,导致发酵异常;等等。但是,对于某些品种,较小的接种量也可以获得较好的生产效果。例如,生产制霉菌素时用1%的接种量,其效果较用10%的为好,而0.1%接种量的生产效果与1%的生产效果相似。

近年来,生产上多以大接种量和丰富培养基作为高产措施。如谷氨酸生产中,采用高生物素,大接种量,添加青霉素的工艺。为了加大接种量,有些品种的生产采用双种法,即2个种子罐的种子接入1个发酵罐。有时因为种子罐染菌或种子质量不理想,而采用倒种法,即以适宜的发酵液倒出部分对另一发酵罐作为种子。有时2只种子罐中有1只染菌,此时可采用混种进罐的方法,即以种子液和发酵液混合作为发酵罐的种子。以上三种接种方法运用得当,有可能提高发酵产量,但是其染菌机会和变异机会则会增多。

任务 3：种子质量标准

不同产品、不同菌种以及不同工艺条件的种子质量有所不同，况且，判断种子质量的优劣尚需要丰富的实践经验来检验。发酵工业生产上常用的种子质量标准，大致有如下几个方面。

(1) 细胞或菌体

种子培养的目的是获得健壮和足够数量的菌体。因此，菌体形态、菌体浓度以及培养液的外观，是种子质量的重要指标。

菌体形态可通过显微镜观察来确定，以单细胞菌体为种子的质量要求是菌体健壮、菌形一致、均匀整齐，有的还要求有一定的排列或形态。以霉菌、放线菌为种子的质量要求是菌丝粗壮，对某些染料着色力强、生产旺盛、菌丝分枝情况和内含物情况良好。

菌体的生长量也是种子质量的重要指标，生产上常用离心沉淀法、光密度法和细胞计数法等进行测定。种子液外观如颜色、黏度等也可作为种子质量的粗略指标。

(2) 生化指标

种子液的糖、氮、磷含量的变化和 pH 值变化是菌体生长繁殖、物质代谢的反映，不少产品的种子液质量是以这些物质的利用情况及变化为指标。

(3) 产物生成量

种子液中产物的生成量是多种发酵产品发酵中考察种子质量的重要指标，因为种子液中产物生成量的多少是种子生产能力和成熟程度的反映。

(4) 酶活力

测定种子液中某种酶的活力，作为种子质量的标准，是一种较新的方法。如土霉素生产的种子液中的淀粉酶活力与土霉素发酵单位有一定的关系，因此种子液淀粉酶活力可作为判断该种子质量的依据。

此外，种子应确保无任何杂菌污染。

子情景 6：菌种带菌及其防治

任务 1：种子异常的分析

在生产过程中，种子质量受各种各样因素的影响，种子异常的情况时有发生，会给发酵带来很大的困难。种子异常往往表现为菌种生长发育缓慢或过快、菌丝结团、菌丝粘壁三个方面。

(1) 菌种生长发育缓慢或过快

菌种在种子罐生长发育缓慢或过快和孢子质量以及种子罐的培养条件有关。生产中,通入种子罐的无菌空气的温度较低或者培养基的灭菌质量较差是种子生长、代谢缓慢的主要原因。生产中,培养基灭菌后需取样测定其 pH 值,以判断培养基的灭菌质量。

(2) 菌丝结团

在液体培养条件下,繁殖的菌丝并不分散舒展,而是聚成团状,称为菌丝团。这时从培养液的外观就能看见白色的小颗粒,菌丝聚集成团会影响菌的呼吸和对营养物质的吸收。如果种子液中的菌丝团较少,进入发酵罐后,在良好的条件下,可以逐渐消失,不会对发酵产生显著影响。如果菌丝团较多,种子液移入发酵罐后往往形成更多的菌丝团,影响发酵的正常进行。菌丝结团和搅拌效果差、接种量小有关,一个菌丝团可由一个孢子生长发育而来,也可由多个菌丝体聚集一起而逐渐形成。

(3) 菌丝粘壁

菌丝粘壁是指在种子培养过程中,由于搅拌效果不好,泡沫过多以及种子罐装料系数过小等原因,使菌丝逐步粘在罐壁上。其结果使培养液中菌丝浓度减少,最后就可能形成菌丝团。以真菌为产生菌的种子培养过程中,发生菌丝粘壁的机会较多。

任务 2:染菌判断及种子染菌处理

1. 染菌的检查和判断

发酵过程是否染菌应以无菌试验的结果为依据进行判断。在发酵生产过程中,如何及早发现杂菌的污染并及时采取措施加以处理,是避免染菌造成严重经济损失的重要手段。因此,生产上要求能准确、快速地检查出杂菌的污染。目前常用于检查是否染菌的无菌试验方法主要有以下四种:

(1) 显微镜检查法(镜检法)

用革兰染色法(Grams stain)对样品进行涂片、染色,然后在显微镜下观察微生物的形态特征,根据生产菌与杂菌的特征进行区别、判断是否染菌。如发现有与生产菌形态特征不一样的其他微生物的存在,就可判断为发生了染菌。此法检查杂菌最为简单、直接,也是最常用的检查方法之一。必要时还可进行芽孢染色或鞭毛染色。

(2) 肉汤培养法

通常用组成为 0.3%牛肉膏、0.5%葡萄糖、0.5%氯化钠、0.8%蛋白胨、0.4%的酚红溶液(pH=7.2)的葡萄糖酚红肉汤作为培养基,将待检样品直接接入经完全灭菌后的肉汤培养基中,分别于 37℃、27℃进行培养,随时观察微生物的生长情况,并取样进行镜检,判断是否有杂菌。肉汤培养法常用于检查培养基和无菌空气是否带菌,同时此法也可用于噬菌体的检查。

(3) 平板画线培养或斜面培养检查法

将待检样品在无菌平板上画线,分别于 37℃、27℃进行培养,一般 24h 后即可进行镜检观察，检查是否有杂菌。有时为了提高平板培养法的灵敏度，也可以将需要检查的样品先置于37℃条件下培养6h，使杂菌迅速增殖后再画线培养。

(4) 发酵过程的异常现象观察法

根据发酵过程出现的异常现象，如溶解氧、pH值、排出气中的CO_2含量以及微生物菌体的酶活力等的异常变化来检查发酵是否染菌。

无菌试验时，如果肉汤连续三次发生变色反应（由红色变为黄色）或产生混浊，或平板培养连续三次发现有异常菌落的出现，即可判断为染菌。有时肉汤培养的阳性反应不够明显，而发酵样品的各项参数确有可疑染菌，并经镜检等其他方法确认连续三次样品有相同类型的异常菌存在，也应该判断为染菌。一般来讲，无菌试验的肉汤或培养平板应保存并观察至本批（罐）放罐后12h，确认为无杂菌后才能弃去。无菌试验期间应每6h观察一次无菌试验样品，以便能及早发现染菌。

2.杂菌污染的处理

一旦发现种子受到杂菌的污染，该种子不能再接入发酵罐中进行发酵，应经灭菌后弃之，并对种子罐、管道等进行仔细检查和彻底灭菌。同时采用备用种子，选择生长正常无染菌的种子接入发酵罐，继续进行发酵生产。如无备用种子，则可选择一个适当菌龄的发酵罐内的发酵液作为种子，进行"倒种"处理，接入新鲜的培养基中进行发酵，从而保证发酵生产的正常进行。

任务3：种子培养期染菌的处理

由于种子带菌而发生的染菌率虽然不高，但它是发酵前期染菌的重要原因之一，是发酵生产成败的关键，因而对种子染菌的检查和染菌的防治是极为重要的。生产上常用以下一些检查或预防措施。

①检查发生污染所用的保藏菌种。
②检查发生污染的种子罐、接种所用的三角瓶等器皿。
③检查对三角瓶、棉花塞、培养基等所进行的灭菌操作。
④检查灭菌锅的工作情况，校核温度表和压力表。灭菌锅工作时锅内空气务必排尽。
⑤检查无菌室的无菌状况，特别是接种箱。检查接种箱所用的杀菌熏剂。
⑥检查操作人员的操作技术。
⑦对杂菌或噬菌体进行微生物检验。

达标自测

一、名词解释
1. 回复突变
2. 相对热阻
3. 野生型菌株
4. 杂交育种
5. 变异菌株
6. 种子罐级数
7. 诱发突变
8. 增殖培养
9. 自然突变
10. 诱变剂
11. 倒种
12. 菌种的退化
13. 芽孢
14. 原生质体

二、填空题
1. 从自然界分离新菌种一般包括：采样、增殖培养、纯种分离、性能测定等几个步骤。

2. 诱变育种一般采用物理、化学诱变因素使微生物DNA的碱基排列发生变化，以使排列错误的DNA模板形成异常的遗传信息，造成某些蛋白结构变异，而使细胞的功能发生改变。

3. 种子扩大培养的过程为斜面菌种培养、一级种子培养、二级种子培养和发酵罐。

4. 从野生菌转向变异菌，自然选育转向代谢育种，从诱发基因突变转向基因重组的定向育种。

5. 深层培养基本操作的三个控制点：灭菌、温度控制、通气搅拌。

三、简答题
1. 菌种保藏的基本原理是什么？
2. 菌种扩大培养的目的（为什么菌种要扩大培养）是什么？
3. 常用工业微生物的种类有哪些？每种列举出三个典型代表，并说明其主要的发酵产品。
4. 工业生产中使用的微生物菌种为什么会发生衰退？菌种衰退表现在哪些方面？防止菌种衰退的措施有哪些？
5. 菌种保藏的方法有哪些？简述冷冻干燥保藏法的主要步骤。

6. 检查是否染菌的无菌试验方法有哪些？

7. 无菌试验时，如何判断为染菌？

四、分析题

菌种选育在进行增殖培养时，可以给混合菌群提供一些有利于所需菌株生长或不利于其他菌型生长的条件，以促使目标菌株大量繁殖，这些条件有哪些？

学习情境 4：空气除菌

好氧微生物在培养过程中，无论是生长还是合成代谢产物都需要消耗大量的氧气，以满足微生物的生长、繁殖以及代谢的需要。在食品、医药等行业的发酵过程中需要使用的氧气，通常都是以空气作为氧源的。而一般空气中含有大量各式各样的微生物，这些微生物一旦随空气进入发酵培养液，在适当的条件下就会大量的繁殖，产生各种代谢物，干扰破坏发酵过程正常进行，甚至导致整个发酵的失败。因此对空气的除菌就成为耗氧发酵过程的一个重要环节。空气除菌不净是发酵染菌的主要原因之一，比如一个通气量为 $40m^3/min$ 的发酵罐，一天所需要的空气量高达 $(5.76×10^4)m^3$，假如所用的空气中含菌量为 10^4 个$/m^3$，那么一天将有 $5.76×10^8$ 个微生物细胞进入发酵罐，这么多的杂菌带入，完全可导致发酵失败。因此，空气的灭菌是好氧培养过程中的一个重要环节。

不同的发酵工艺对空气的无菌要求程度也不尽相同。自吸式发酵罐是通过转子的抽吸作用使空气通过灭菌过滤器而除菌的。而需要深层通氧搅拌的发酵过程，则需要带一定压力的无菌压缩空气，本章主要针对空气除菌这一知识，讲述了空气除菌原理、方法、工艺流程及常用设备。

子情景 1：空气除菌方法及特点

任务 1：空气中的微生物

空气主要是由氮气和氧气、二氧化碳、惰性气体、水蒸气以及悬浮在空气中的尘埃等组成的混合物。空气中含有大量的微生物，除常见的细菌外，还有酵母真菌和病毒，据统计一般城市的空气中含菌量为 $10^3 \sim 10^4$ 个$/m^3$。空气中常见的微生物大致有金黄色小球菌、产气杆菌等，见表 4-1。

表 4-1 空气中常见的微生物种类及其大小

微生物(菌种)	宽(μm)	长(μm)
产气杆菌	1.0～1.5	1.0～2.5
蜡状芽孢杆菌	1.3～2.0	8.1～25.8
普通变形杆菌	0.5～1.0	1.0～3.0
地衣芽孢杆菌	0.5～0.5	1.8～3.3
巨大芽孢杆菌	0.9～2.1	2.0～10.0
蕈状芽孢杆菌	0.6～1.6	1.6～13.6
枯草芽孢杆菌	0.5～1.1	1.6～4.8
普通变性杆菌	0.5～1.0	1.0～3.0
金黄小球菌	0.5～1.0	0.5～1.0
酵母菌	3.0～5.0	5.0～19.0
病毒	0.0015～0.225	0.0015～0.28
霉状分枝杆菌	0.6～1.6	1.6～13.6

空气中微生物的数量与环境有密切的关系。一般干燥寒冷的北方,空气中含微生物量较少,而潮湿温暖的南方空气中含微生物量较多,城市空气中的微生物含量比人口稀少的农村多,地平面空气含微生物量比高空多,工业城市的空气中含菌量较多,农村空气中的含菌量较少。

空气中的微生物是依附在尘埃上的,空气中的尘埃数与细菌数的关系如式(4.1)和图 4-1 所示。

$$y = 0.003x - 2.6 \tag{4.1}$$

式中,y—空气中的微生物数量(个/m³);

x—空气中的尘埃颗粒数量(个/m³)。

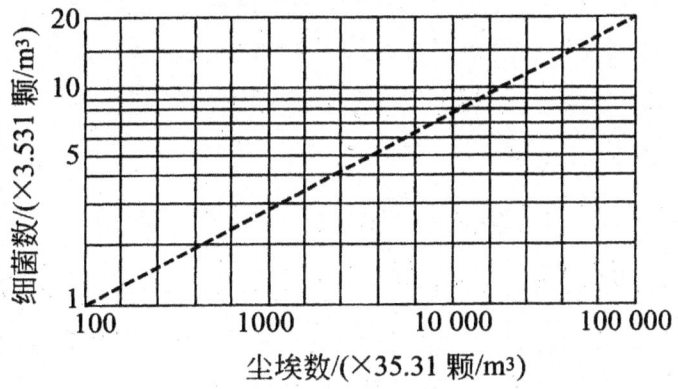

图 4-1 空气中的尘埃浓度与微生物数量的关系

任务 2：发酵生产对空气的质量要求

不同的发酵过程，因培养液成分的不同、发酵菌种的不同、发酵周期的不同，对压缩空气的无菌要求程度也不相同。一般来说，发酵周期短、pH 值较低的发酵工艺比发酵周期长的发酵工艺，其抵抗杂菌的能力较强。要准确地测定空气中的细菌含量或经过滤后空气的含菌量是很困难的，一般要求每 1000 次发酵周期所用的无菌压缩空气，仅允许通过 1～2 个杂菌为标准。

空气中除含有大量微生物外，还含有粉尘等其他污染物，经过压缩的空气中还含油、水等。这些杂质在发酵过程中都应严格控制，一般要求控制颗粒<0.01μm、杂质含量<0.1mg/m³、油含量<$0.003×10^{-6}$。

发酵温度和含水量，对不同的发酵工艺也不尽相同。应根据具体情况确定，一般来说温度过低不利于发酵的进程，而温度过高会杀死培养液中的发酵菌，使发酵无法进行。一般要求空气温度为 35～40℃，气体的相对湿度对发酵过程也是非常重要的，含水量过高有利于细菌的繁殖，且会影响发酵产品的质量，而过低的含水量也是不必要的，一来增加空气处理的成本，二是发酵过程大多有水参加，并不要求无水干空气。一般要求相对湿度控制在 50%～60%。如有特殊要求可根据计算确定其温度和相对湿度。

任务 3：空气除菌方法

空气灭菌的方法大致有如下几种。

1. 热灭菌法

空气热灭菌法是基于加热后微生物体内的蛋白质（酶）氧化变性而得以实现。它与培养基的加热灭菌相比，虽都是用加热法把微生物杀死，但两者的本质是有区别的。

鉴于空气在进入培养系统之前，一般均需用压缩机压缩，提高压力，所以，空气热灭菌时所需的温度提高，就不必用蒸汽或其他载热体加热，而可直接利用空气压缩时的温度升高来实现。一般来说，欲杀死空气中的杂菌，在不同温度下所需的时间大致为表 4-2 所示。

表 4-2　不同温度下杀死微生物所需时间

温度（℃）	所需时间（s）
200	15.1
250	5.1
300	2.1
350	1.05

所以，若空气经压缩后温度能够升到200℃以上，保持一定时间后，便可实现干热杀菌。根据多变压缩公式：

$$T_2 = T_1 \left(\frac{P_2}{P_1}\right)^{\frac{m-1}{m}} \qquad (4.2)$$

式中，T_1 为经压缩前的空气温度，K；T_2 为经压缩后的空气温度，K；P_1—经压缩前的空气压力，Pa；P_2 为经压缩后的空气压力，Pa；m 为多变指数，一般取 $m=1.25$。

若进气温度为 60～70℃，那么当 $P_2/P_1=6$ 时，据式（4.2）便可知，经压缩机压缩后的空气温度将升高至200℃以上，便可进行热灭菌。因此，空气热灭菌的流程设计时通常是先预热至60～70℃后进入压缩机压缩，并在200℃以上的温度下维持一段时间，以杀死杂菌，如图4-2所示。

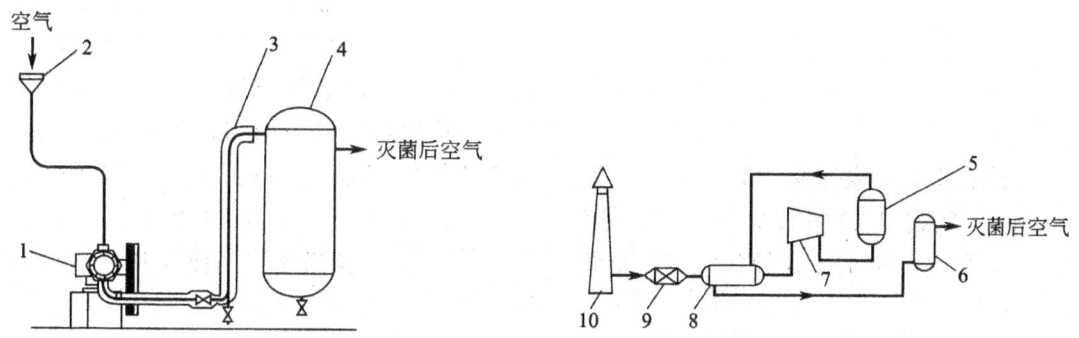

图 4-2　两种不同类型空气热灭菌流程示意图
1—空压机；2—粗过滤器；3—保温层；4—贮气罐；5—保温罐；6—列管式冷却器；
7—涡轮压缩机；8—预热器；9—粗过滤器；10—空气吸入塔

利用空气压缩时所产生的热量进行灭菌的原理对制备大量无菌空气具有特别的意义。但在实际应用时，对培养装置与空气压缩机的相对位置、连接压缩机与培养装置的管道的灭菌以及管道长度等问题都必须加以仔细考虑。

2. 辐射杀菌

α-射线、X-射线、β-射线、γ-射线、紫外线、超声波等从理论上都能破坏蛋白质等生物活性物质，从而起到杀菌作用。辐射灭菌目前仅用于一些表面的灭菌及有限空间内空气的灭菌，对于在大规模空气的灭菌尚有不少问题有待解决。

3. 静电除菌

近年来一些工厂已使用静电除尘器除去空气中的水雾、油雾、尘埃，同时也除去了空气中的微生物。

静电除菌是利用静电引力来吸附带电粒子而达到除尘灭菌的目的。悬浮于空气中的微生物，其孢子大多数带有不同的电荷，没有带电荷的微粒进入高压静电场时都会被电离成带电微粒，但对于一些直径很小的微粒，它所带的电荷很小，当产生的引力等于或小于气流对微粒的挟带力或微粒布朗扩散运动的动量时,则微粒就不能被吸附而沉降,所以静电除尘灭菌对很小的微粒效率较低。静电除尘灭菌器的示意图见图4-3。

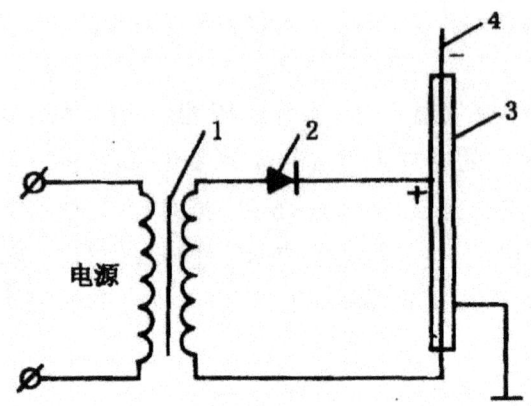

1- 升压变压器 2- 整流器 3- 沉淀电极 4- 电晕电极

图 4-3 静电除尘灭菌器示意图

4.介质过滤除菌法

介质过滤除菌法是让含菌空气通过过滤介质,以阻截空气中所含微生物,而取得无菌空气的方法。通过过滤除菌处理的空气可达到无菌,并有足够的压力和适宜的温度以供耗氧培养过程之用。该法是目前广泛应用来获得大量无菌空气的常规方法。将在下节中详细介绍。

子情景 2:空气除菌的过滤介质

任务 1:常用过滤介质

用于空气过滤的过滤介质有纤维状物或颗粒状物、过滤纸、微孔滤膜等各种类型。

1.纤维状或颗粒状过滤介质

该类介质主要有棉花、玻璃纤维、活性炭等。

①棉花。棉花是常用的过滤介质,通常使用的是脱脂棉花,它有弹性,纤维长度适中,重度约为 $1520kg/m^3$。使用时一般填充密度是 $130\sim150kg/m^3$,填充率为 $8.5\%\sim10\%$。

②玻璃纤维。通常使用的是无碱的玻璃纤维,纤维直径为 $5\sim19\mu m$,重度约为 $2600kg/m^3$,填充密度为 $130\sim280kg/m^3$,填充率为 $5\%\sim11\%$,其优点是纤维直径小,不易折断,过滤效果好。

③活性炭。常用小圆柱体的颗粒活性炭,大小为 $\Phi(3\times10)\sim(3\times15)$nm,实重度 1140kg/m³,填充密度为 470~530kg/m³,填充率为 44%,并要求活性炭质地坚硬,不易压碎,颗粒均匀,装填前应将粉末和细粒筛去。应该说活性炭的过滤效率是比较低的。

实际生产过程中通过过滤介质的气流速度一般为 0.2~0.5m/s,压力降为 0.01~0.05MPa。纤维状或颗粒状过滤介质在应用时的滤层纤维空隙大于 50μm,远大于微生物的大小,因此,纤维状或颗粒状过滤介质过滤除菌不是面积过滤,而是靠惯性、拦截、布朗运动、静电吸引等作用(表 4-3)。对 0.3μm 以下的颗粒的过滤效率仅为 99%,难以满足发酵工业的无菌要求,需要再次过滤。该类过滤介质的缺点是体积大、占有空间大,操作困难,装填介质费时费力,介质装填的松紧程度不易掌握,空气压力降大,介质灭菌和吹干耗用大量蒸汽和空气。

2.过滤纸类介质

这类过滤介质主要是玻璃纤维纸,由于玻璃纤维纸很薄,纤维间的孔隙约 1~1.5μm,厚度为 0.25~0.4mm,实重度为 2600kg/m³,虚重度为 384kg/m³,填充率为 14.8%,一般应用时需将 3~6 张滤纸叠在一起使用,它属于深层过滤技术。这类过滤介质的过滤效率相当高,对于大于 0.3μm 的颗粒的去除率为 99.99% 以上,同时阻力也比较小,压力降较小;其缺点是强度不大,特别是受潮后强度更差(表 4-4、表 4-5)。为了增加强度,常用酚醛树脂、甲基丙烯酸树脂或含氢硅油等增韧剂或疏水剂处理;也有在制造滤纸时,在纸浆中加入 7%~50% 的木浆,以增加强度。

表 4-3 各种纤维介质过滤效能

材料	流量(1/min)					
	10×0.6	30×0.6	50×0.6	70×0.6	90×0.6	100×0.6
	残存粒子数(dp≥0.3μm 的粒子,个/500ml)					
棉花	1.0	1.9	29.5	242.1	529.7	597
腈纶	4.4	13.5	66.6	202.2	241.2	372.8
涤纶	5.3	198.8	1 961.3	5 738	3 510	5 757.5
维尼纶	0.5	0.5	8.4	48	1 345	15 867
丙纶	6.5	21.7	—			
玻璃棉	3.2	3.1	135	—		

表 4-4 玻璃纤维的过滤效率

纤维直径(μm)	填充密度(kg/m³)	填充厚度(cm)	过滤效率(%)
20	72	5.08	22
18.5	224	5.08	97
18.5	224	10.16	99.3
18.5	224	15.24	99.7

表 4-5 玻璃纤维的过滤效能

介质	流量(1/min)								
	6	12	18	24	30	36	42	48	54	60
	残存粒子数(个/500ml)								
红光滤纸三层	1.8	0	0.8	0	1.0	1.2	3.0	3.3	12.4	150.6
Ju 滤纸三层	1.2	2.3	0.2	1.2	3.2	10.2	30.2	47.8	81.4	746.9
O2 滤纸三层	0.7	1.3	2.5	0.5	1.3	1.0	2.2	2.0	16.3	167

任务 2：新型过滤介质

1. 烧结材料过滤介质

这类过滤介质种类很多，有烧结金属（蒙乃尔合金、青铜等）、烧结陶瓷、烧结塑料等，制造时用这些材料微粒粉末加压成型后，处于熔点温度下黏结固定，但只能粉末表面熔融黏结而保持粒子的空间和间隙，形成了微孔通道，具有微孔过滤的作用。孔径大小决定于烧结粉末的大小，太小则温度时间难以掌握，容易全部熔融而堵塞微孔。一般孔隙都在 10～30μm。

目前我国生产的蒙乃尔合金粉末烧结板，是由钛锰等合金金属粉末烧结而成，一般板厚 4mm 左右。特点是强度高，不需经常更换，使用寿命长，能耐受高温反复杀菌，不怕受潮，不易损坏。但此材料价格比较昂贵，目前还未能推广。

烧结聚合物，如国外使用的聚乙烯醇过滤板（PVA）是以聚乙烯醇烧结基板，外加耐热树脂处理，滤板可经受得起高温杀菌，120℃、30min 杀菌不变形，每周杀菌一次可使用一年。国外常用的 PVA 滤板厚度 0.5cm，孔径范围 60～80μm，过滤效率较高。

2. 皱褶过滤膜介质

近年来国外开发的聚四氟乙烯（PTFE）材料为滤芯的子弹状的膜过滤器，其过滤层是由聚四氟乙烯膜皱褶组成，体积小，阻力小，过滤面积大，过滤器易于拆装，膜易更换。除聚四氟乙烯外，常用的滤膜还有醋酸纤维酯类、聚四氟乙烯、聚砜物质、尼龙膜等。推荐使用膜孔径为 0.2μm，属于绝对过滤的范畴。在空气预处理较好的情况下，能彻底过滤掉干燥或潮湿空气中的微生物。这是一种新型的值得开发的空气除菌介质。

子情景 3：介质过滤除菌的原理及效率

任务 1：过滤除菌的原理

空气过滤所用介质的间隙一般大于微生物细胞颗粒，那么悬浮于空气中的微生物菌体何以能被过滤除去呢？这是依靠气流通过滤层时，基于滤层纤维的层层阻碍，迫使空气在流动过程中出现无数次改变气速大小和方向的绕流运动，从而导致微生物微粒与滤层纤维间产生撞击、拦截、布朗扩散、重力及静电引力等作用，从而把微生物微粒截留、捕集在纤维表面上，实现了过滤的目的。如图 4-4 为过滤除菌时各种除菌机理的示意图。

1.布朗扩散截留作用

直径很小的微粒在很慢的气流中能产生一种不规则的直线运动称为布朗扩散，布朗扩散的运动距离很短，在较大的气速、较大的纤维间隙中是不起作用的，但在很慢的气流速度和较小的纤维间隙中布朗扩散作用大大增加了微粒与纤维的接触滞留机会。假设微粒扩散运动的距离为 x，则离纤维表面距离小于等于的气流微粒都会因为扩散运动而与纤维接触，截留在纤维上。由于布朗扩散截留作用的存在，大大增加了纤维的截留效率。

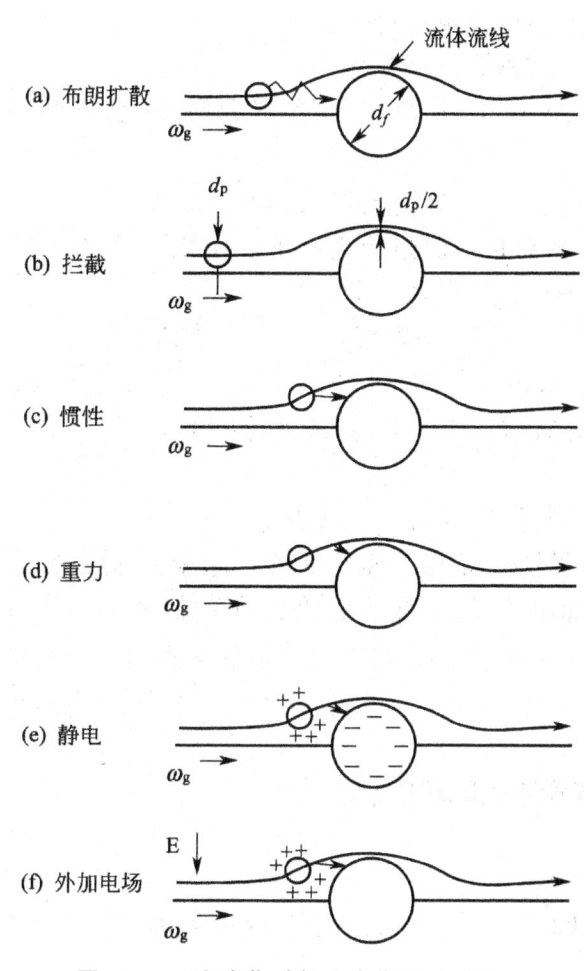

图 4-4 过滤除菌时各种除菌机理示意图

2. 拦截截留作用

在一定条件下，空气速度是影响截留效率的重要参数，改变气流的流速就是改变微粒的运动惯性力。通过降低气流流速，可以使惯性截留作用接近于零，此时的气流流速称为临界气流速度。气流速度在临界速度以下，微粒不能因惯性截留于纤维上，截留效率显著下降，但实践证明，随着气流速度的继续下降，纤维对微粒的截留效率又回升，说明有另一种机理在起作用，这就是拦截截留作用。

因为微生物微粒直径很小，质量很轻，它随气流流动慢慢靠近纤维时，微粒所在主导气流流线受纤维所阻改变流动方向，绕过纤维前进，并在纤维的周边形成一层边界滞留区，滞留区的气流流速更慢，进到滞留区的微粒慢慢靠近和接触纤维而被黏附截留。拦截截留的截留效率与气流的雷诺准数和微粒同纤维的直径比有关。

3. 惯性撞击截留作用

过滤器中的滤层交织着无数的纤维，并形成层层网格，随着纤维直径的减小和填充密度的增大，所形成的网格也就越细致、紧密，网格的层数也就越多，纤维间的间隙就越小。当含有微生物颗粒的空气通过滤层时，空气流仅能从纤维间的间隙通过，由于纤维纵横交错，层层叠叠，迫使空气流不断地改变它的运动方向和速度大小。鉴于微生物颗粒的惯性大于空气，因而当空气流遇阻而绕道前进时，微生物颗粒未能及时改变它的运动方向，其结果便将撞击纤维并被截留于纤维的表面。

惯性撞击截流作用的大小取决于颗粒的动能和纤维的阻力，其中尤以气流的流速显得更为重要。惯性力与气流流速成正比，当空气流速过低时惯性撞击截留作用很小，甚至接近于零，当空气的流速增大时，惯性撞击截留作用起主导作用。

4. 重力沉降作用

重力沉降起到一个稳定的分离作用，当微粒所受的重力大于气流对它的拖带力时微粒就沉降。就单一的重力沉降情况来看，大颗粒比小颗粒作用显著，对于小颗粒只有气流速度很慢才起作用。一般它是配合拦截截留作用而显示出来的，即在纤维的边界滞留区内微粒的沉降作用提高了拦截截留的效率。

5. 静电吸引作用

干空气在与非导体物质进行相对运动时，由于摩擦会产生诱导电荷，特别是纤维和树脂处理过的纤维更为显著。悬浮在空气中的微生物颗粒大多带有不同的电荷，这些带电的微粒会受带异性电荷的物体所吸引而沉降。此外表面吸附也归属这个范畴，如活性炭的大部分过滤效能应是表面吸附的作用。

在过滤除菌中，有时很难分辨上述各种机理各自所做出贡献的大小。随着参数的变化，各种作用之间有着复杂的关系，目前还未能作准确的理论计算。一般认为惯性截留、拦截和布朗运动的作用较大，而重力和静电引力的作用则很小。

任务 2：介质过滤效率

介质过滤效率是指被介质层捕集的尘埃颗粒与空气中原有颗粒数之比，即

$$\eta = \frac{N_1 - N_2}{N_1} = 1 - \frac{N_2}{N_1} = 1 - P \tag{4.3}$$

式中：

N_1——过滤前空气中的尘埃颗粒数；

N_2——过滤后空气中的尘埃颗粒数；

η——过滤效率，%；

P——穿透率，即过滤后空气中残留颗粒数与原有颗粒数之比。

应用式(4.3)时，进入过滤器的空气中的颗粒数以大气中颗粒数为计算基准。根据屠天强等人多次测定，在他们的工作条件下，大气中大于 $0.3\mu m$ 尘埃颗粒数一般为 100000 个/L，以此为计算基准，经过滤器后空气中 $0.3\mu m$ 颗粒残留量为 1 个/L 时，其过滤效率 η 为

$$\eta = \frac{N_1 - N_2}{N_1} \times 100\% = \frac{100000 - 1}{100000} \times 100\% = 99.999\%$$

如果过滤后空气中尘埃颗粒数 N_2 为 10 个/L 时，其过滤效率仅为 99.99%。当进口空气含尘埃颗粒数相同时，可用此方法计算的结果比较过滤器的过滤效率。但是当进口空气颗粒数不相同时，如进口空气中颗粒数为 10 000 个/L 时，过滤后空气中残留颗粒数也为 1 个/L 时，过滤效率仅为 99.99%。从表面看前者的过滤效率比后者高，但两者出口空气中的含尘埃数是相同的，在这种情况下，用空气中颗粒数为计算基准来评价过滤器是不够准确的。

则有公式：

$$L = \frac{1}{K} \ln \frac{N_0}{N} \tag{4.4}$$

在式(4.4)中，常数 K 值与气流速度、纤维直径、介质填充密度以及空气中颗粒大小等有关。K 值可通过实验测定，也可通过计算求得，可参考有关资料。从式(4.5)可知，当 $N=0$ 时，$L=\infty$，事实上是不可能的，一般取 $N=10^{-3}$。

式(4.4)说明介质过滤不能长期获得 100% 的过滤效率，即经过滤的空气不是长期无菌。当气流速度达到一定值或过滤介质使用时间长，滞留的带菌微粒就有可能穿过，所以过滤器必须定期灭菌。

任务 3：影响介质过滤效率的因素

介质过滤效率与介质纤维直径关系很大，在其他条件相同时，介质纤维直径越小，

过滤效率越高。对于相同的介质,过滤效率与介质滤层厚度、介质填充密度和空气流速有关:介质填充厚度越高,过滤效率越高;介质填充密度越大,过滤效率越高。

表4-6为当空气流速为0.4m/s时,不同纤维直径、不同填充密度和厚度的玻璃纤维的过滤效率。

表 4-6 玻璃纤维的过滤效率

纤维直径/μm	填充密度/(kg/m³)	填充厚度/cm	过滤效率	纤维直径/μm	填充密度/(kg/m³)	填充厚度/cm	过滤效率
20	72	5.08	22%	18.5	224	10.16	99.3%
18.5	224	5.08	97%	18.5	224	15.24	99.7%

表4-6表明,玻璃纤维的过滤效率随填充密度和填充厚度增大而提高。

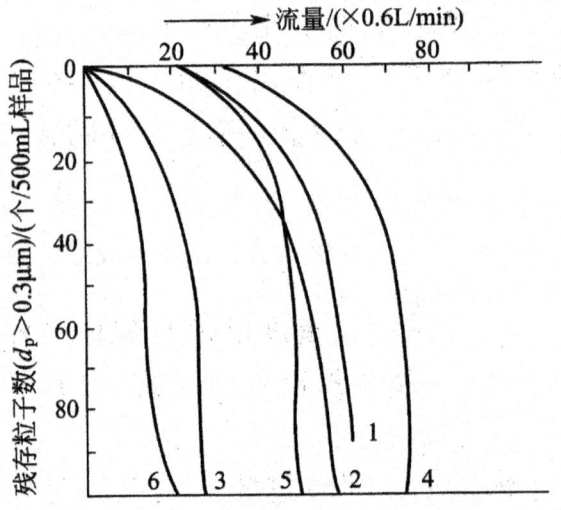

1—棉花;2—腈纶;3—涤纶;4—维尼纶;5—玻璃棉;6—涤-腈无纺布
图 4-5 各种纤维过滤介质的过滤效率

图4-5和表4-7为过滤器内径、介质厚度、介质填充密度相同条件下,棉花、腈纶、涤纶、维尼纶、丙纶、玻璃棉和涤腈无纺布等纤维过滤介质,在不同空气流量时的过滤效率。图4-5和表4-7表明,以棉花和维尼纶的过滤效率较好。当空气流量小于42L/min时,维尼纶的过滤效率高于棉花;当空气流量大于48 L/min时,棉花的过滤效率高。

图4-6为各种超细玻璃纤维纸、无纺布、硅酸铝盐滤纸和蒙乃尔金属烧结板MGP4在不同空气流量时的过滤效率。结果表明,Ju滤纸和红光滤纸的过滤效率大于其他滤纸和蒙乃尔金属烧结板MGP4,在一定空气流速时,Ju滤纸优于红光滤纸。

四川抗生素工业研究所和四川造纸研究所协作,研制S-06过滤纸,经油雾法测定过滤效率达99.9999%。在较大空气流速范围,用粒子计数仪测试,不透过0.3μm的粒子。这种滤纸具有弹性,抗湿性能较佳。

据介绍,英国 Domnick Hunter 公司采用直径为 $0.5\mu m$ 的玻璃纤维制造的过滤介质和聚四氟乙烯为介质过滤膜,能滤除 $0.01\mu m$ 的颗粒,用油雾法(Dop,用一种油喷成雾状,油滴大小分布从 $1.3\mu m$ 到 $0.01\mu m$,平均 $0.3\mu m$)测试,过滤效率达 99.9999%。

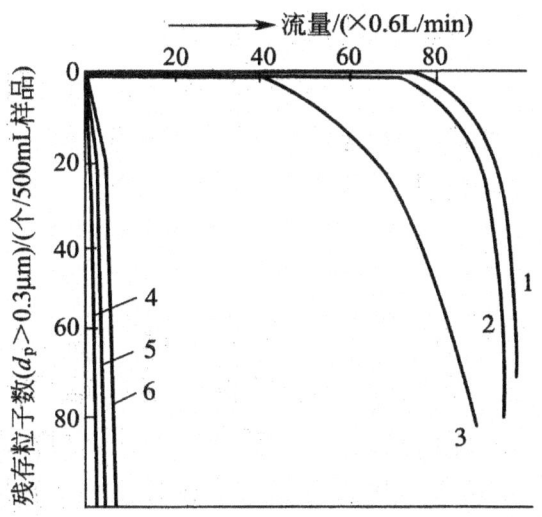

1—Ju 滤纸;2—红光滤纸;3—02 滤纸;4—硅酸铝盐滤纸;
5—蒙乃尔金属烧结板 MGP;6—涤-睛无纺布

图 4-6 超细玻璃纤维纸、无纺布、硅酸铝盐滤纸和蒙乃尔金属烧结板 MGP;的过滤效率

表 4-7 各种纤维过滤介质的过滤效率

材料 \ 流量/(L/min) 残存粒子数③	10×0.6	10×0.6	30×0.6	40×0.6	50×0.6	60×0.6	70×0.6	80×0.6	90×0.6	100×0.6
棉花	1.0	0.7	1.9	14.5	29.5	83.4	242.1	268.7	429.7	597
腈纶	4.4	6.2	13.5	21.8	66.6	-106.3	202.2	320.4	241.2	372.8
涤纶	5.3	34.6	198.8	874.5	1961.3	2908.7	6738	4063	3510	5757.5
维尼纶	0.5	0.7	0.5	4.6	8.4	18	48	401	1345	15867
丙纶	6.5	10.7	21.7							
玻璃棉	3.2	1.2	3.1	15.8	135	424				
涤-睛无纺布	18.8	91.5	181.2	80.7	147.3	155.5	143	185.1	119.2	140

①过滤器内径 $\Phi 50mm$,介质厚度 mm,重 70g。
②以 $d_p > 0.3\mu m$ 粒子数作为空气洁净程度指标,作为各种介质性能比较(d_p 为粒子直径)。
③残存粒子数,单位为个/500mL 样品。

子情景 4：常用空气过滤除菌工艺

无菌压缩空气净化工艺流程的确定要根据发酵工艺要求而定，既要满足质量要求、避免杂菌，又要尽量简化除菌流程以减少设备投资和动力消耗，做到经济、合理、可行。下面介绍了多种不同的除菌流程，详尽论述了各工艺流程和优缺点适用地区。

空气净化一般是把吸气口吸入的空气先经过压缩前的过滤，然后进入空气压缩机从空压机出来的空气（一般压力在 1.96×10^5 Pa 以上，温度 120～150℃），先冷却到适当的温度(20～25℃)除去油和水，再加热至 30～35℃。最后通过总过滤器和分过滤器除菌，从而获得洁净度、压力、温度和流量都符合要求的无菌空气：具有一定压力的无菌空气可以克服空气在预处理、过滤除菌及有关设备、管道、阀门、过滤介质等的压力损失，并在培养过程中能够维持一定的罐压。因此过滤除菌的流程必须有供气设备——空气压缩机，对空气提供足够的能量，同时还要具有高效的过滤除菌设备以除去空气中的微生物颗粒。对于其他附属设备则要求尽量采用新技术以提高效率，精简设备流程，降低设备投资、运转费用和动力消耗，并简化操作。但流程的制订要根据具体所在地的地理、气候环境和设备条件来考虑。如在环境污染比较严重的地方要改变吸风的条件（如采用高空吸风），以降低过滤器的负荷，提高空气的无菌程度；而在温暖潮湿的地方则要加强除水设施，以确保和发挥过滤器的最大除菌效率。

要保持过滤器在比较高的效率下进行过滤，并维持一定的气流速度和不受油、水的干扰，则要有一系列的加热、冷却及分离和除杂设备来保证。空气净化的一般流程如下。

空气吸气口→粗过滤器→空气压缩机→一级空气冷却器→二级空气冷却器→分水器→空气贮罐→旋风分离器→丝网除沫器→空气加热器→总空气过滤器→分空气过滤器→无菌空气

空气过滤除菌有多种工艺流程，下面分别介绍几种较典型流程。

任务 1：两级冷却、加热除菌流程

图 4-7 为两级冷却、加热除菌流程示意。它是一个比较完善的空气除菌流程。可适应各种气候条件，能充分地分离油水，使空气达到较低的相对湿度下进入过滤器，以提高过滤效率。该流程的特点是两次冷却、两次分离、适当加热。两次冷却、两次分离油水的好处是能提高传热系数，节约冷却用水，油水分离得比较完全。经第一冷却器冷却后，大部分的水、油都已结成较大的雾粒，且雾粒浓度较大，故适宜用旋风分离器分离。第二冷却器使空气进一步冷却后析出一部分较小雾粒，宜采用丝网分离器分离，这样发挥丝网能够分离较小直径的雾粒和分离效果高的作用。通常，第一级冷却到 30～

35℃，第二级冷却到 20～25℃。除水后，空气的相对湿度仍是 100%，须用丝网分离器后的加热器加热将空气中的相对湿度降低至 50%～60%，以保证过滤器的正常运行。

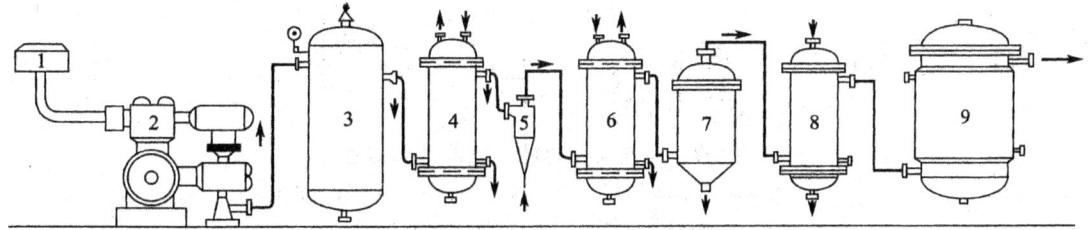

1—粗过滤器；2—压缩机；3—贮罐；4,6—冷却器；
5—旋风分离器；7—丝网分离器；8—加热器；9—过滤器
图 4-7 两级冷却、加热除菌流程

两级冷却、加热除菌流程尤其适用于潮湿的地区，其他地区可根据当地的情况，对流程中的设备作适当的增减。

任务 2：冷热空气直接混合式流程

图 4-8 为冷热空气直接混合式空气除菌流程示意图。从流程图可以看出，压缩空气从贮罐出来后分成两部分，一部分进入冷却器，冷却到较低温度，经分离器分离水、油雾后与另一部分未处理过的高温压缩空气混合，此时混合空气已达到温度为 30～35℃，相对湿度为 50%～60% 的要求，再进入过滤器过滤。该流程的特点是可省去第二冷却后的分离设备和空气再加热设备，流程比较简单，利用压缩空气来加热析水后的空气，冷却水用量少等。该流程适用于中等湿含量地区，但不适合于空气湿含量高的地区。

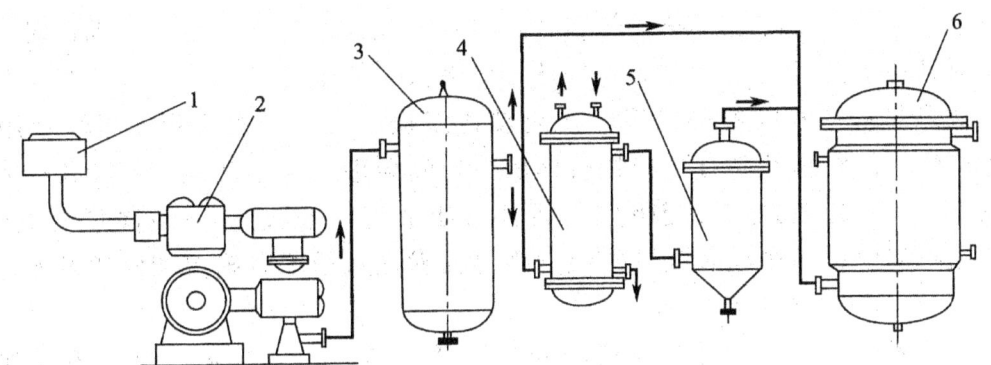

1—粗过滤器　2—压缩机　3—贮罐　4—丝网分离器　5—过滤器
图 4-8　冷热空气直接混合式空气除菌流程

任务3：其他流程

1.高效前置过滤除菌流程

图4-9为高效前置过滤空气除菌的流程示意。它采用了高效率的前置过滤设备，利用压缩机的抽吸作用，使空气先经中、高效过滤后，再进入空气压缩机，这样就降低了主过滤器的负荷。经高效前置过滤后，空气的无菌程度已经相当高，再经冷却、分离，入主过滤器过滤，就可获得无菌程度很高的空气。此流程的特点是采用了高效率的前置过滤设备，使空气经多次过滤，因而所得的空气无菌程度很高。

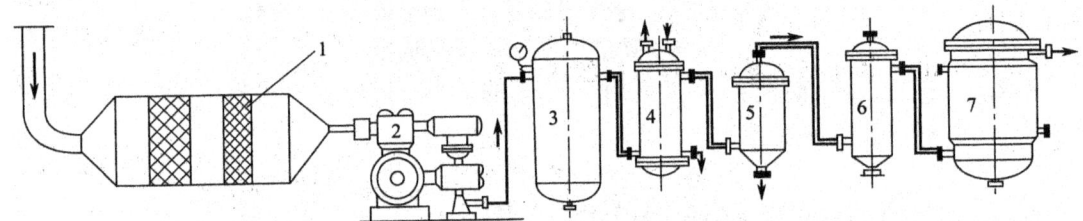

1—高效前置过滤器 2—压缩机 3—贮罐 4—冷却器 5—丝网分离器
6—分离机 7—过滤器
图4-9 高效前置过滤空气除菌的流程

2.利用热空气加热冷空气除菌流程

图4-10为利用热空气除菌加热冷空气的流程示意。它利用压缩后的热空气和冷却后的冷空气进行热交换，使冷空气的温度升高，降低相对湿度。此流程对热能的利用比较合理，热交换器还可兼做贮气罐，但由于气—气换热的传热系数很小，加热面积要足够大才能满足要求。

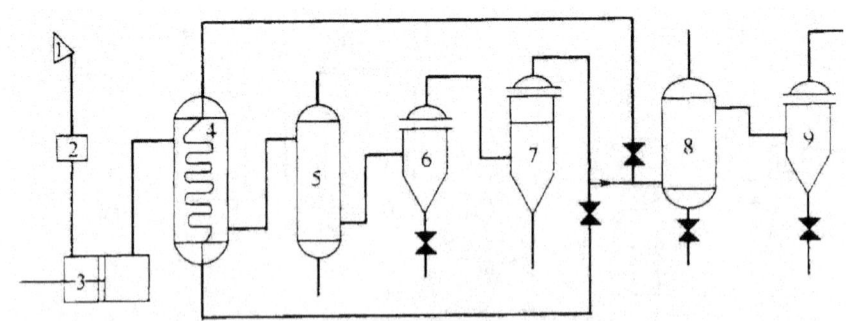

1—高空采风 2—粗过滤器 3—压缩机 4—热交换器 5—冷却器
6、7—析水器 8—空气总过滤器 9—空气分过滤器
图4-10 利用热空气加热冷空气除菌流程

3. 新型空气过滤除菌工艺流程

由于粉末烧结金属过滤器、薄膜空气过滤器等的出现,空气净化工艺流程发生一些改变,见图 4-11。采用 2 个过滤器(AⅠ和 AⅡ)对大气中大量尘埃、细菌进行初级过滤,以提高空压机进气口的空气质量。BⅠ是以折叠式大面积滤芯作为过滤介质的总过滤器,具有过滤面积大,压力损耗小,在过滤效率的可靠性和安全使用寿命等方面优于棉花活性炭总空过滤器。BⅡ过滤器采用折叠式大面积滤芯,过滤效率($0.5\mu m$)为 95%～99.99%。经 BⅠ、BⅡ处理后的净化空气基本达到无菌指标。C 端为高精度终端过滤器(GS-NB 型),使压缩空气进一步净化,过滤效率($0.01\mu m$)为 99.9999%。

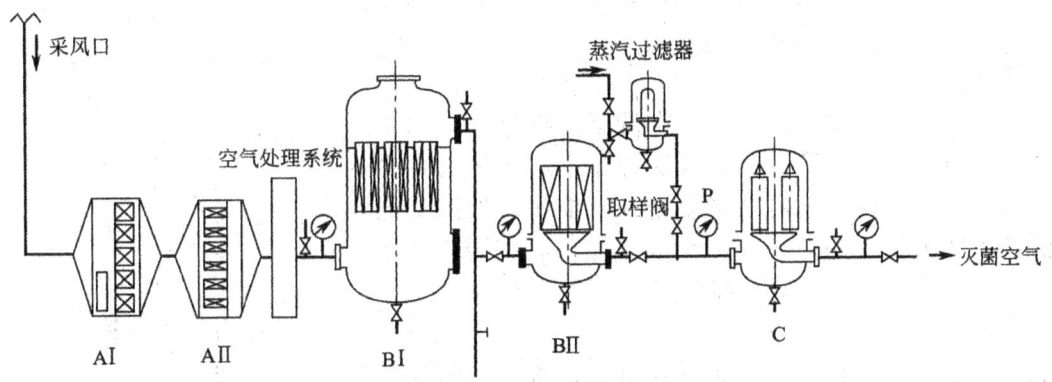

AⅠ—袋式过滤器 AⅡ—折叠式过滤器 BⅠ—总过滤器
BⅡ—预过滤器 C—终端过滤器
图 4-11 新型空气过滤器出群流程

子情景 5:空气带菌及其防治

任务 1:空气带菌及其防治

1. 染菌特点

空气过滤系统带菌会使发酵罐批批染菌、罐罐染菌,此时就要对空气过滤系统进行无菌样检测。

2. 防治措施

无菌空气带菌是发酵染菌的主要原因之一。要杜绝无菌空气带菌,就必须从空气的净化工艺和设备的设计、过滤介质的选用和装填、过滤介质的灭菌和管理等方面完善空气净化系统。空气净化系统导致染菌,占总染菌的 18.9%,应采取以下防治措施。

①油渗入空气。改用无油润的压缩机。

②列管式冷却器穿孔。加强设备维修保养,定期检查,定期清理,减少积垢。

③过滤介质松动,空气走短路。选用质量好、富有弹性的棉花,颗粒活性炭须过筛,装填过滤介质时应注意将棉花活性炭压紧,铺得均匀平整,定期检查、更换。

④过滤介质被水润湿。灭菌时,夹层蒸汽出口疏水器堵塞,冷凝水无法排除,夹层失去加热作用,这样过滤器灭菌时内壁仍然会析出冷凝水,沾湿过滤介质;灭菌操作不当使过滤介质受潮;工艺管理不当,使过滤介质受潮;更换过滤介质。

⑤过滤介质老化。多次加热灭菌;时间过长;工艺管理不当,温度过高;更换过滤介质。发酵罐上的新装置应考虑有减少染菌的保护措施,否则很难找出染菌原因,解决染菌问题。另外,由于空气除菌效率尚不够高,故空气带菌仍然是发酵染菌的主要原因。

任务 2:提高过滤除菌效率的措施

鉴于目前所采用的过滤介质均需要干燥条件下才能进行除菌,因此需要围绕介质来提高除菌效率。提高除菌效率的主要措施如下。

①设计合理的空气预处理设备,选择合适的空气净化流程,以达到除油、水和杂质的目的。

②设计和安装合理的空气过滤器,选用除菌效率高的过滤介质。

③保证进口空气清洁度,减少进口空气的含菌数。方法有:加强生产场地的卫生管理,减少生产环境空气中的含菌数;正确选择进风口,压缩空气站应设上风向;提高进口空气的采气位置,减少菌数和尘埃数;加强空气压缩前的预处理。

④降低进入空气过滤器的空气相对湿度,保证过滤介质能在干燥状态下工作。其方法有:使用无油润滑的空气压缩机;加强空气冷却和去油去水;提高进入过滤器的空气温度,降低其相对湿度。

达标自测

1. 列出可用空气除菌的方法,比较各种方法的优缺点。
2. 分析过滤除菌过程中可能存在的过滤机理,指出影响介质过滤效率的主要因素。
3. 结合当地气候实际情况,设计一空气净化流程并对其进行分析。

学习情境5：发酵过程的控制

发酵过程是非常复杂的生物化学反应过程，它不同于一般的化学反应过程。它既涉及生物细胞的生长、发育、繁殖等生命过程，又涉及合成一定代谢产物的多酶生化反应过程。在微生物发酵及动植物细胞培养过程中，生物细胞按照其遗传物质脱氧核糖核酸(DNA)所含有的一系列遗传信息，在一定的营养因素和培养条件下，进行着各种复杂而细微的动态生物化学反应。为了使生物细胞合成某一代谢产物的生产能力得到充分的表达，人们就要研究这些微生物的发育、生长和代谢等生命过程，以及各种生物、理化和环境因素对这些过程的影响。因此，研究菌体在发酵条件下的代谢规律以及影响菌体代谢的各种营养因素和环境因素，对发酵过程的控制是非常重要的。

在微生物发酵过程中，由于生物体的变化有着许多不确定性，并受着许多环境条件的影响，因而发酵过程是一个十分复杂的生物化学反应过程，其控制过程也比较困难，特别是对抗生素等次级代谢产物的发酵控制，就更为困难。在发酵过程中，微生物细胞内同时进行着上千种不同的生化反应，并受到各种各样的调控机制的影响，它们之间相互促进，又相互制约，如果某个反应受阻，就可能影响整个代谢变化。此时，营养因素及培养环境因素微小的变化，都会改变微生物的代谢途径，使生产力受到明显的影响。为了使发酵生产能够得到最佳效果，需要采用不同的方法来测定与发酵条件和内在代谢变化有关的各种参数，以了解产生菌对环境条件的要求和菌体的代谢变化规律，并根据各个参数的变化情况，结合代谢调控的基础理论，有效地控制发酵，使产生菌的代谢变化沿着人们所需要的方向进行，以达到预期的生产水平。因此，我们必须了解与发酵有关的参数及其对发酵过程的影响，进而更好地对发酵过程加以调节和控制。

子情景1：工业产品的发酵类型及特点

将工业微生物发酵进行分类可以有不同的分类方法。依据投料方式的不同，可以分为分批发酵、补料分批发酵和连续发酵；依据发酵与氧的关系不同，可以分为需氧发酵和厌氧发酵；依据发酵过程中菌体生长与碳源消耗及产物合成之间关系的不同，可以分为生长偶联型、部分生长偶联型和非生长偶联型发酵；依据代谢产物生物合成与菌体生长关系的不同，可以分为初级代谢产物发酵和次级代谢产物发酵；依据产品的类别不同,还可以分为抗生素发酵、氨基酸发酵、维生素发酵与有机酸发酵等。

任务1:分批发酵、补料分批发酵与连续发酵

1.分批培养

分批培养又称分批发酵,是指在一个密闭系统内投入有限数量的营养物质后,接入少量的微生物菌种进行培养,使微生物生长繁殖,在特定的条件下只完成一个生长周期的微生物培养方法。该法在发酵开始时,将微生物菌种接入已灭过菌的培养基中,在微生物最适宜的培养条件下进行培养,在整个培养过程中,除氧气的供给、发酵尾气的排出、消泡剂的添加和控制pH值需加入酸或碱外,整个培养系统与外界没有其他物质的交换。分批培养过程中随着培养基中的营养物质的不断减少,微生物的生长环境条件也随之不断变化,因此,微生物分批培养是一种非稳态的培养方法。

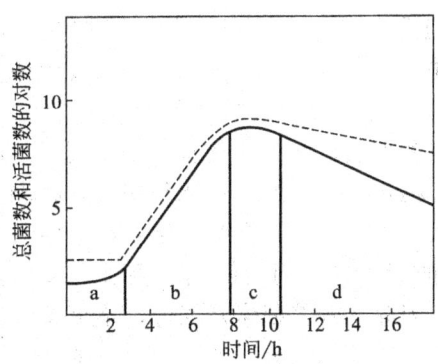

—— 活菌数;---- 总菌数。a—停滞期;
b—对数生长期;c—稳定期;d—死亡期

图5-1 分批培养过程中典型的细菌生长曲线

在分批培养过程中,随着微生物细胞和底物、代谢物的浓度等的不断变化,微生物的生长可分为停滞期、对数生长期、稳定期和死亡期等四个阶段,图5-1为典型的细菌生长曲线。

表5-1为细菌在分批培养过程中各个生长阶段的细胞特征。处于不同生长阶段的细胞的成分也有很大的差异,如图5-2所示。

(1)停滞期

停滞期是微生物细胞适应新环境的过程。此时,微生物细胞被从一个培养基转移至另外一个培养基中,细胞需要有一个适应过程,在该过程中,系统的微生物细胞数量并没有增加,处于一个相对的停止生长的状态。但细胞内却在诱导产生新的营养物质运输系统,可能有一些基本的辅助因子会扩散到细胞外,同时参与初级代谢的酶类再调节状态以适应新的环境。

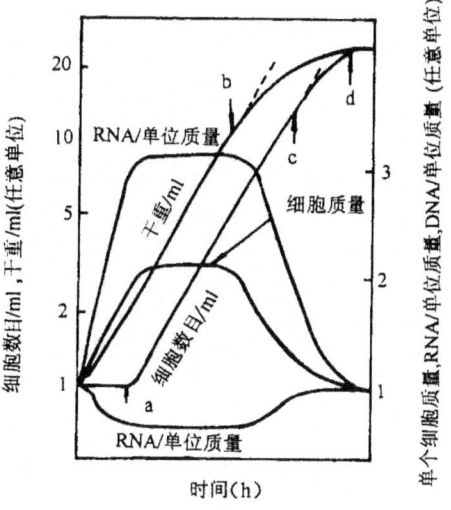

图5-2 不同生长阶段细胞成分的变化曲线

表 5-1　细菌在分批培养过程中各个生长阶段的细胞特征

成长阶段	细胞特征
停滞期	为适应新环境的过程,细胞个体增大,合成新的酶及细胞物质,细胞数量很少增加,微生物对不良环境的抵抗力降低。当接种的是饥饿的或老龄的微生物细胞,或新鲜培养基不丰富时,停滞期将延长
对数生长期	细胞活力很强,生长速率达到最大值且保持稳定,速率大小取决于培养基的营养和环境
稳定期	随着营养物质的消耗和产物的积累,微生物的生长速率下降,并等于死亡速率,系统中活菌的数量基本稳定
死亡期	在稳定期开始以后的不同时期内出现,由于自溶酶的作用或有害物质的影响,使细胞破裂死亡

实际上,接种物的生理状态和浓度是停滞期长短的关键。如果接种物处于对数生长期,那么就很有可能不存在停滞期,微生物细胞立即开始生长。反过来,如果接种物本身已经停止生长,那么微生物细胞就需要有更长的停滞期,以适应新的环境。

(2) 对数生长期

处于对数生长期的微生物细胞的生长速度大大加快,单位时间内细胞的数目或重量的增加维持恒定,并达到最大值。如在半对数纸上用细胞数目或细胞重量的对数值对培养时间作图,将可得到一条直线。

在对数生长期,随着时间的推移,培养基中的成分不断发生变化,但此期间细胞的生长速度基本维持恒定,其生长速度可用数学方程表示:

$$\frac{dx}{dt} = \mu x$$

$$\mu = \frac{1}{x} \frac{dx}{dt} \tag{5.1}$$

式中,x—细胞浓度(g/l);t—培养时间(hr);μ—细胞的比生长速度(1/h)。如果当 $t=0$ 时,细胞的浓度为 x_0(g/l),上式积分后就为:

$$\ln \frac{x}{x_0} = \mu \cdot t \tag{5.2}$$

于是,用微生物细胞浓度的自然对数对时间作图,就可得到一条直线,该直线的斜率就等于 μ。

微生物的生长有时也可用"倍增时间"(t_d)来表示,"倍增时间"(t_d)定义为微生物细胞浓度增加一倍所需要的时间,即:

$$t_d = \frac{\ln 2}{\mu} = \frac{0.639}{\mu} \tag{5.3}$$

微生物细胞的比生长速率和倍增时间因受遗传特性及生长条件的控制,有很大的差异。表 5-2 列出了几种不同的微生物受培养基和碳源综合影响时的比生长速度和倍增时间。

表 5-2　一些微生物在不同的碳源上的比生长速度和倍增时间

微生物	碳源	比生长速率(1/h)	倍增时间(min)
大肠杆菌	复合物	1.2	35
	葡萄糖+无机盐	2.82	15
	醋酸+无机盐	3.52	12
	琥珀酸+无机盐	0.14	300
中型假丝酵母	葡萄糖+维生素+无机盐	0.35	120
	葡萄糖+无机盐	1.23	34
	C_6H_{14}+维生素+无机盐	0.13	320
地衣芽孢杆菌	葡萄糖+水解酪蛋白	1.2	35
	葡萄糖+无机盐	0.69	60
	氨基酸+无机盐	0.35	120

应该指出的是,并不是所有微生物的生长速度都符合上述方程。如当用碳氢化合物作为微生物的营养物质时,营养物质从油滴表面扩散的速度会引起对生长的限制。使生长速度不符合对数规律。某些丝状微生物的生长方式是顶端生长,营养物质在细胞内的扩散限制也使其生长曲线偏离上述规律。

(3)稳定期

在微生物的培养过程中,随着培养基中的营养物质的消耗和代谢产物的积累或释放,微生物的生长速度也就随之下降,直至停止生长。当所有微生物细胞停止分裂或细胞增加的速度与死亡的速度相当时,微生物的数量就达到平衡,微生物的生长也就进入了稳定期。在微生物生长的稳定期,细胞的重量基本维持稳定,但活细胞的数量可能下降。

由于细胞的溶解作用,一些新的营养物质,诸如细胞内的一些糖类、蛋白质等被释放出来,又作为细胞的营养物质,从而使存活的细胞继续缓慢地生长,出现通常所称的二次或隐性生长。

(4)死亡期

当发酵过程处于死亡期时,微生物细胞内所储存的能量已经基本耗尽,细胞开始在自身所含酶的作用下死亡。

需要注意的是,微生物细胞生长的停滞期、对数生长期、稳定期和死亡期的时间长短取决于微生物的种类和所用的培养基。

2.补料分批培养

补料分批培养是指在分批培养过程中,间歇或连续地补加新鲜培养基的培养方法,又称半连续培养或半连续发酵,是介于分批培养过程与连续培养过程之间的一种过渡培养方式。目前补料分批培养已在发酵工业上普遍被用于单细胞蛋白、氨基酸、抗生素、维生素、酶制剂、有机酸以及有机溶剂等的生产过程。

(1) 补料分批培养的类型

由于目前补料分批培养的类型很多,分类比较混乱,尚未有统一的分类方法。就补料的方式而言,有连续补料、不连续补料和多周期补料;每次补料又可分为快速补料、恒速补料、指数速度补料和变速补料;按反应器中发酵体积区分,又有变体积和恒体积之分;从反应器数目分类,又有单级和多级之分;从补加的培养基成分来区分,又可分为单一组分补料和多组分补料。表 5-3 为微生物细胞的补料分批培养类型及其操作过程。

表 5-3　发酵过程中不同的补料方法对细胞密度、生长速度及生产率的影响情况

微生物	培养基	搅拌通气	补料方式	细胞密度(g/l)	比生长速度(1/h)	产率(g/1h)
大肠杆菌	完全培养基	O_2	补加葡萄糖,提高最低溶氧浓度	26	0.46	2.3
大肠杆菌	完全培养基	O_2	改变加入蔗糖的量,控制最低蔗糖浓度	42	0.36	4.7
大肠杆菌	完全培养基	O_2	按比例加入葡萄糖和铵盐,控制pH值	35	0.23	3.9
大肠杆菌	完全培养基	O_2	按比例加入葡萄糖和铵盐,控制pH值,降温维持最低溶氧浓度大于10%	47	0.58	3.6
大肠杆菌	完全培养基	O_2	补加碳源,维持恒定浓度;以适度比例加入盐和铵盐,控制pH值	138	0.55	5.8
大肠杆菌	合成培养基	空气	以恒定速度(不导致O_2的供应速度受到限制)补加碳源	43	0.38	0.8
大肠杆菌	完全培养基	空气	补加碳源,限制细胞生长,避免乙酸产生	65	0.10~0.14	1.3
大肠杆菌	完全培养基	空气	补加碳源,控制细胞生长	80	0.2~1.3	6.2

(2) 重复补料分批培养

重复补料分批培养是在培养过程中,每间隔一定的时间,取出一定体积的培养液,同时又在同一时间间隔内加入相等体积的培养基,如此反复进行的培养方式。采用这种培养方式,培养液体积、稀释率、比生长速度以及其他与代谢有关的参数都将发生周期性的变化。表 5-4 为连续补料和分批补料发酵的比较。

5-4 连续补料和分批补料发酵的比较

项目	连续流加法	分批流加法
批数	4	4
加糖总量(g)	190±3	189±4
残糖(g/l)(以最终体积计)	23.3	24.6
发酵时间(h)	23.0	27
最终谷氨酸的浓度	95.2	90.8
糖转化率(g/g)	0.504	0.479

(3)补料分批培养的优点

补料分批培养是介于分批培养和连续培养之间的一种微生物细胞的培养方式,它兼有两种培养方式的优点,并在某种程度克服了它们所存在的缺点,表5-5为补料分批培养的一些优点。

表5-5 补料分批培养的一些优点

与分批培养方式比较	与连续培养方式比较
1. 可以解除培养过程中的底物抑制、产物的反馈抑制和葡萄糖的分解阻碍效应 2. 对于耗氧过程,可以避免在分批培养过程中因一次投糖过多造成的细胞大量生长、耗氧过多以至于通风搅拌设备不能匹配的情况;在某种程度上可以减少微生物细胞的生成量、提高目的产物的转化率 3. 微生物细胞可以被控制在一系列连续的过渡态阶段,可用来控制细胞的质量;并可重复某个时期细胞培养的过渡态,可用于理论研究	1. 不需要严格的无菌条件 2. 不会产生微生物菌种的老化和变异 3. 最终产物浓度高,有利于产物的分离 4. 适用范围广

3. 连续培养

连续培养是指以一定的速度向培养系统内添加新鲜的培养基,同时以相同的速率流出培养液,从而使培养系统内培养液的液量维持恒定,使微生物细胞能在近似恒定状态下生长的微生物培养方式。连续培养又称连续发酵,它与封闭系统中的分批培养方式相反。是在开放的系统中进行的培养方式。图5-3为典型的实验室连续培养系统。

在连续培养过程中,微生物细胞所处的环境条件,如营养物质的浓度、产物的浓度、pH值以及微生物细胞的浓度、比生长速度等可以自始至终基本保持不变,甚至还可以根据需要来调节微生物细胞的生长速度,因此连续培养的最大特点是微生物细胞的生长速度、产物的代谢均处于恒定状态,可达到稳定、高速培养微生物细胞或产生大量代谢产物的目的(表 5-6)。

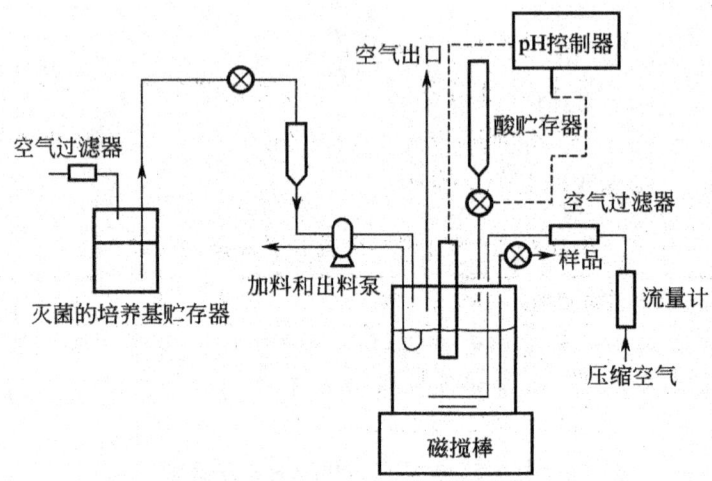

图 5-3 典型的实验室连续培养系统示意图

表 5-6 连续培养过程的优缺点

与分批培养方式比较	与连续培养方式比较
1. 提供了一个微生物在恒定状态下高速生长的环境,便于进行微生物的代谢、生理、生化和遗传特征的研究 2. 在工业生产上可减少分批培养中每次清料、装料、消毒、接种、放罐等的操作时间,提高生产效率 3. 产物质量比较稳定 4. 所需的设备和投资较少,便于实现自动化	1. 在长时间的培养过程中,微生物菌种产生异变,发酵过程易染菌 2. 新加入的培养基与原有的培养基不易完全混合,影响培养和营养物质的利用

任务 2:需氧发酵与厌氧发酵

依据发酵与氧的关系不同,可以将发酵分为需氧发酵和厌氧发酵。在需氧发酵过程中要不断地向发酵液中通入无菌空气,以满足微生物对氧的需求;而在厌氧发酵过程中,则应隔绝空气,使发酵在无分子氧的条件下进行。

需氧发酵是由需氧菌在有分子氧存在的条件下进行的发酵过程。氧在微生物的需氧呼吸中作为最终的电子受体。这类发酵包括绝大多数的抗生素、氨基酸以及其他代谢产物的发酵。

这些需氧微生物具备较完善的呼吸酶系统,它们的呼吸作用主要是通过脱氢酶和氧化酶进行的,见图 5-4。

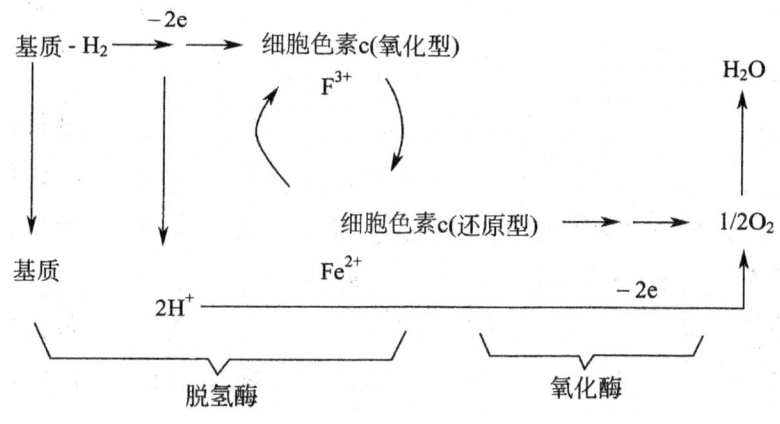

图 5-4 需氧发酵过程中基质的氧化过程

还原型营养基质首先在脱氢酶的作用下,将底物逐步脱氢形成氧化型基质,然后在氧化酶的作用下,脱去的电子通过呼吸链的传递,最终以分子氧作为电子受体,并结合氢质子形成水,完成有氧氧化的过程。1mol 葡萄糖经过有氧氧化可以产生 6mol 的二氧化碳、6mol 的水和 2875kJ 的能量。

厌氧发酵是由厌氧菌或兼性厌氧菌在无分子氧的条件下进行的发酵过程。其产品包括工业上的乙醇、丙酮、丁醇、乳酸、丁酸等。在厌氧发酵过程中,只有脱氢酶的作用,而无氧化酶参与。由还原型基质脱出的氢经辅酶(递氢体)传递给氧以外的物质,使其被还原。其反应如图 5-5。

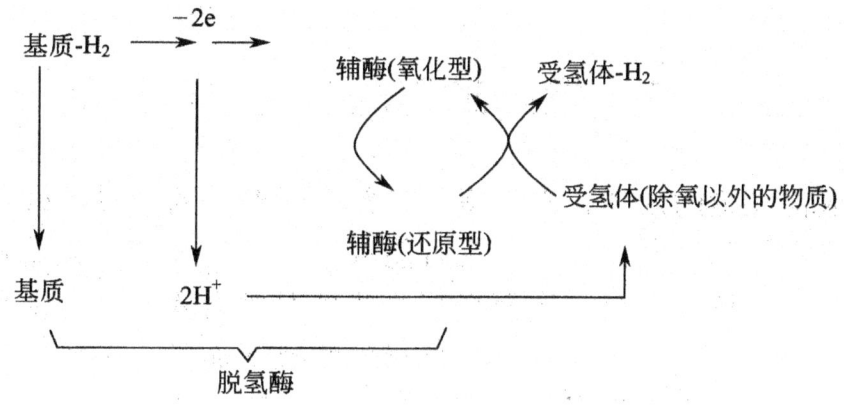

图 5-5 厌氧发酵中营养基质的氧化过程

以酵母菌的乙醇发酵为例,葡萄糖经过脱氢先形成乙醛、CO_2 和 H^+,然后乙醛再接受氢被还原为乙醇。在这种厌氧呼吸中,受氢体是葡萄糖本身分解所产生的乙醛。这种厌氧呼吸实际上是分子内的氧化-还原过程。这种厌氧呼吸只有脱氢酶系的作用,而无氧化酶系的参与。

任务 3：生长偶联型、部分生长偶联型和非生长偶联型发酵

按照菌体生长、碳源的利用、产物的生物合成速度的变化以及这三者之间的动力学关系不同，可以把微生物发酵过程分为三种类型，见图 5-6。

第一种类型为生长偶联型发酵，产物是直接来源于产能的初级代谢，菌体生长、糖的分解代谢和产物形成几乎是平行的，因而菌体生长期和产物形成期并不是分开的，如单细胞蛋白和葡萄糖酸的发酵。

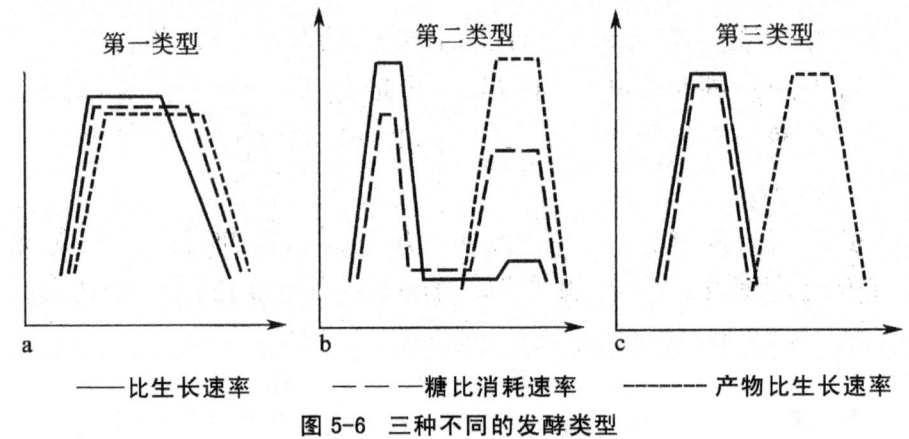

图 5-6 三种不同的发酵类型

第二种类型为部分生长偶联型发酵，产物也是来自能量代谢所用的基质，但发酵过程呈现两个阶段：第一阶段为菌体生长阶段，生长速率与基质消耗速率成正比，但无产物的合成；第二阶段为产物合成阶段，产物合成速率、菌体生长速率和基质消耗速率成正比，且基本同步。柠檬酸发酵是这种类型的典型代表。

第三种类型为非生长偶联型发酵，它也表现为两个阶段：在第一阶段，菌体生长占主导地位，菌体生长速率和基质消耗速率基本同步且成正比，没有或只有少量产物合成；第二阶段以产物合成为主，只有少量菌体生长或不生长甚至呈负生长，以及少量的基质消耗。产物是来自中间代谢途径，而不是来自分解代谢途径，在基质消耗和菌体生长之后，菌体利用中间代谢反应来形成产物。这种类型包括了绝大多数的抗生素、氨基酸、色素等的生物合成。

上述分类方法并不适用于所有发酵过程。随着所用的菌株、培养基组成和调节控制机制的不同，存在着上述类型的中间类型，如乳酸发酵居于第一、二种类型之间，氨基糖苷类抗生素发酵介于第二、三种类型之间。

子情景 2：温度的影响及其控制

任务 1：温度对发酵的影响

由于微生物的生长和产物的合成代谢都是在各种酶的催化下进行的，而温度却是保证酶活性的重要条件，因此在发酵过程中必须保证稳定而合适的温度环境。温度对发酵的影响是多方面的，对微生物细胞的生长和产物的生成代谢的影响是由各种因素综合表现的结果。

1. 温度对微生物的影响

温度对微生物的影响不仅表现为对微生物表面的作用，而且因热平衡的关系，热可以传递到细胞内，对微生物细胞内部的所有结构物质都有作用。由于微生物的生命活动可以看作是相互连续进行酶反应的过程，任何反应又都与温度有关，通常在生物学的范围内温度每升高 10℃，微生物的生长速度就加快一倍，所以温度直接可影响到微生物的生命活动。对于微生物来说，温度不但决定一种微生物的生长发育是否旺盛，还决定着它是否能生长发育。高温会使微生物细胞内的蛋白质发生变性或凝固，同时还破坏了微生物细胞内的酶的活性，从而杀死微生物，温度越高，微生物的死亡就越快。而低温又能抑制微生物的生长。因此各种微生物在一定的条件下都有一个最适的生长温度范围，在此范围内，微生物的生长最快。由于微生物种类的不同，所具有的酶系及其性质不同，生长所要求的温度也不同。即使同一种微生物，由于培养条件不同，其最适的温度也有所不同。

温度和微生物生长的关系，一方面在其最适温度范围内，微生物的生长速度随温度的升高而增加，发酵温度越高，培养的周期就越短；另一方面，处于不同生长阶段的微生物对温度的反应是不同的。

2. 温度影响微生物细胞内酶的反应

从对微生物细胞内的酶反应的影响来看，温度越高，酶反应的速度就越大，微生物细胞的生长代谢加快，产物生成提前。但因为酶本身很容易因热的作用而失去活性，温度升高，酶的失活也越快，表现出微生物细胞容易衰老，使发酵周期缩短，从而影响发酵过程的最终产物产量。

3. 温度影响微生物细胞的成长

温度可以通过改变培养液的物理性质，从而间接影响到微生物细胞的生长。例如，温度通过影响氧在培养液中的溶解氧浓度、氧传递速度等,进而影响到发酵过程。

4.温度影响微生物细胞的生物合成方向

温度还会影响到微生物细胞的生物合成方向。例如,在四环素的发酵过程中,生产菌株金色链霉菌的同时,也能产生金霉素。当温度低于30℃时,生产菌株金色链霉菌合成金霉素的能力较强,随着温度的升高,金色链霉菌合成四环素的能力也逐渐增强;当温度提高到35℃时,生产菌株金色链霉菌则只合成四环素,而金霉素的合成几乎处于停止状态。

5.温度影响同一微生物细胞生长和代谢产物积累

对于同一微生物细胞细胞生长和代谢产物积累的最适温度也往往是不同的。例如,青霉素产生菌的生长最适温度为30℃,而产生青霉素的最适温度为25℃;黑曲酶的最适生长温度为37℃,而产生糖化酶和柠檬酸的最适温度都是32~34℃;谷氨酸生产菌生长的最适温度为30~32℃,而代谢产生谷氨酸的最适温度却在32~37℃。

任务2:影响发酵温度变化的因素

在发酵过程中,由于整个发酵系统中不断有热能产生出来,同时又有热能的散失,因而引起发酵温度的变化。产热的因素有生物热($Q_{生物}$)和搅拌热($Q_{搅拌}$),散热的因素有蒸发热($Q_{蒸发}$)、辐射热($Q_{辐射}$)和显热($Q_{显}$)。产生的热能减去散失的热能所得的净热量就是发酵热Q发酵(kJ/m^3·h),即:$Q_{发酵}=Q_{生物}+Q_{搅拌}-Q_{蒸发}-Q_{显}-Q_{辐射}$。它就是发酵温度变化的主要因素。现将这些产热和散热的因素分述于下。

1.生物热($Q_{生物}$)

产生菌在生长繁殖过程中产生的热能,叫作生物热。营养基质被菌体分解代谢产生大量的热能,部分用于合成高能化合物ATP,供给合成代谢所需要的能量,多余的热量则以热能的形式释放出来,形成了生物热。

生物热的大小随菌种和培养基成分不同而变化。一般来说,对某一菌株而言,在同一条件下,培养基成分越丰富,营养被利用的越快,产生的生物热就越多。生物热的大小还随培养时间的不同而不同,当菌体处在孢子发芽阶段和延迟期,产生的生物热是有限的;进入对数生长期后,就释放出大量的热能,并与细胞的合成量成正比。对数期后,就开始减少,并随菌体逐步衰老而下降。因此,在对数生长期释放的热量为最大,常作为发酵热平衡的主要依据。例如,四环素发酵在20~50h的发酵热为最大,最高值达29.330kJ/(m^3·h),其他时间的最低值约为8.380kJ/(m^3·h),平均为16.760kJ/(m^3·h)。另外还发现抗生素高产量批号的生物热高于低产量批号的生物热,这说明抗生素合成时菌体的新陈代谢十分旺盛。

生物热的大小与菌体的呼吸强度有对应的关系,呼吸强度越大,所产生的生物热也越大。在四环素发酵中,这两者的变化是一致的。生物热的高峰也是碳利用速度的高峰。有人已证明,在一定条件下,发酵热与菌体的摄氧率 Q_{O_2} 成正比关系。

2. 搅拌热($Q_{搅拌}$)

搅拌器转动引起的液体之间和液体与设备之间的摩擦所产生的热量,即为搅拌热。搅拌热可根据 $Q_{搅拌} = (P/V)3600$ 近似算出来,P/V 是通气条件下单位体积发酵液所消耗的功率(kW/m³),3600 为热功当量 kJ/kW·h。

3. 蒸发热($Q_{蒸发}$)

空气进入发酵罐与发酵液广泛接触后,引起水分蒸发所需的热能,即为蒸发热。水的蒸发热和废气因温度差异所带的部分显热($Q_{显}$)一起都散失到外界。由于进入的空气温度和湿度是随外界的气候和控制条件而变化,所以蒸发热($Q_{蒸发}$)和显热($Q_{显}$)是变化的。

4. 辐射热($Q_{辐射}$)

由于罐外壁和大气间的温度差异,而使发酵液中的部分热量能通过罐体向大气辐射的热量,即为辐射热。辐射热的大小取决于罐内温度与外界温度的差值,差值越大,散热越多。

由于 $Q_{生物}$、$Q_{蒸发}$、$Q_{显}$ 在发酵过程中是随时间变化的,因此发酵热在整个发酵过程中也随时间变化,引起发酵温度波动。为了使发酵能在一定的温度下进行,故要设法进行控制。

任务 3:温度的控制

1. 最适温度的选择

最适发酵温度指的是既适合菌体的生长,又适合代谢产物合成的温度。但菌体生长的最适温度与产物合成的最适温度往往是不一致的。如初级代谢产物乳酸的发酵,乳酸链球菌的最适生长温度为 34℃,而产酸最多的温度为 30℃。次级代谢产物的发酵更是如此,如在 2% 乳糖、2% 玉米浆和无机盐的培养基中对青霉素产生菌产黄青霉进行发酵研究,测得菌体的最适生长温度为 30℃,而青霉素合成的最适温度仅为 24.7℃。因此需要选择一个最适的发酵温度。

最适发酵温度还随菌种、培养基成分、培养条件和菌体生长阶段而改变。例如,在较差的通气条件下,由于氧的溶解度是随温度下降而升高,因此降低发酵温度对发酵是有利的,因为低温可以提高氧的溶解度、降低菌体生长速率、减少氧的消耗量,从而可弥补通气条件差所带来的不足。培养基的成分和浓度对培养温度的确定也有影响,在使用易利用或较稀薄的培养基时,如果在高温发酵,营养物质往往代谢快,过早耗尽,最终导致菌体自溶,使代谢产物的产量下降。因此发酵温度的确定还与培养基的成分有密切的关系。

发酵温度的确定,从理论上讲,整个发酵过程中不应只选一个培养温度,而应该根据发酵的不同阶段,选择不同的培养温度。在生长阶段,应选择最适合菌体生长的温度;在产物合成阶段,应选择最适合产物合成的温度。这样的变温发酵所得产物的产量是比较理想的。有人试验青霉素变温发酵,其温度变化过程是:起初5h,维持在30℃,以后降到25℃培养35h,再降到20℃培养85h,最后又提高到25℃培养40h,放罐。在这样条件下所得青霉素产量比在25℃恒温培养提高14.7%。又如四环素发酵,在中后期保持稍低的温度,可延长分泌期,放罐前的24h,培养温度提高2~3℃,就能使最后这天的发酵单位增加率提高50%以上。这些都说明变温发酵产生的良好结果。

2.温度的控制

工业生产上,所用的大发酵罐在发酵过程中一般不需要加热。因发酵中释放了大量的发酵热,需要冷却的情况较多。利用自动控制或手动调整的阀门,将冷却水通入发酵罐的夹层或蛇型管中,通过热交换来降温,保持恒温发酵。如果气温较高(特别是我国南方的夏季气温),冷却水的温度又高,致使冷却效果很差,达不到预定的温度,就可采用冷冻盐水进行循环式降温,以迅速降到恒温。因此大的发酵厂需要建立冷冻站,提高冷却能力,以保证在正常温度下进行发酵。

子情景 3:pH 值影响和控制

发酵过程中培养液的 pH 值是微生物在一定环境条件下代谢活动的综合指标,是发酵过程中的重要参数,对微生物的生长和产物的积累有很大的影响。

任务 1:pH 值对发酵过程的影响

1.微生物细胞生长和代谢产物形成的最适 pH 值

发酵过程中微生物的正常生长需要有一定的 pH 值,pH 值对微生物的生长和代谢产物的形成都有很大的影响,不同的微生物对 pH 值的要求也是不同的。每种微生物都有自己的生长最适的和耐受的 pH 值。大多数细菌的最适 pH 值为 6.5~7.5,霉菌的最适 pH 值一般为 4.0~5.8,酵母菌的最适 pH 值为 3.8~6.0,放线菌的最适 pH 值为 6.5~8.0。对 pH 值的适应范围决定于微生物的生态学,如果培养液的 pH 值不合适,则微生物的生长就会受到影响,发酵过程中控制一定的 pH 值,不仅是保证微生物正常生长的条件之一,而且还是防止杂菌污染的一个重要措施。当 pH 值偏高或偏低时都会影响到微生物的生长和繁殖，例如，石油代蜡酵母在pH3.5～5.0范围内生长良好且培养过程不易染菌；而pH高于5.0时，该酵母的形态变小，发酵液变黑，且发酵过程容易被大量细菌污染；pH低于3.0时，该酵母的生长将受到严重的抑制，细胞极不整齐，且出现细胞自溶现象。

pH值不仅影响到微生物的生长繁殖，还会影响代谢产物的形成。对于同一种微生物，由于pH值的不同，形成的发酵产物也会不同。例如，黑曲霉在pH值2～3的情况下，发酵过程形成的产物是柠檬酸，而在pH值接近中性时，却生成草酸；又如酵母菌的最适生长pH值为4.5～5.0，此时发酵的产物主要是酒精，但在pH值8.0时，发酵产物除酒精外，还有醋酸和甘油。

应该指出的是，微生物生长的最适pH值和发酵产物形成的最适pH值往往是不同的。例如，丙酮丁醇菌生长的最适pH值为5.5～7.0，而发酵产物的形成最适pH值为4.3～5.3；青霉素产生菌生长的最适pH值为6.5～7.2，而青霉素合成的最适pH值却为6.2～6.3；链霉素产生菌生长的最适pH值为6.3～6.9，而链霉素合成的最适pH值为6.7～7.3。因此，充分了解微生物生长和产物形成的最适pH值，并根据不同微生物的特性，在发酵过程中有效地控制合适的pH值是非常重要的。

2. pH值影响微生物的生长繁殖和代谢产物形成的原因

pH值影响微生物的生长繁殖和代谢产物形成的原因主要有：

①pH值会影响到微生物细胞原生质膜的电荷，使细胞原生质膜发生变化，引起原生质膜对个别离子渗透性的改变，从而影响到微生物对培养基中的一些营养物质的吸收利用以及代谢产物的渗漏，进而影响到微生物的生长和新陈代谢的正常进行。由于大多数的生物化学反应和作用，尤其是呼吸作用、新陈代谢作用跟原生质的表面作用有着密切的关系，所以培养液的pH值对微生物的发育和其他生理作用，都会产生极为显著的影响。

②pH值会直接影响到微生物细胞内的酶的活性，在合适的pH值下，微生物细胞中的酶才能发挥最大的活性，而在不适宜的pH值下，微生物细胞中的某些酶的活性受到抑制，从而影响到微生物的生长繁殖和新陈代谢。

③pH值会影响到培养基中某些重要的营养物质和中间代谢产物的离解，从而影响到微生物对这些物质的吸收和利用。基于构成微生物细胞的各种物质大多在水中一边解离，但又一边保持一定的平衡，而这些物质的解离或平衡与pH值有密切的关系，pH值的变化对这些物质的解离影响很大，通过影响微生物对它们的吸收和酶的活性，影响到它们的分解或产物的合成和代谢，从而引起微生物的代谢过程的改变，对代谢产物的质量和产量产生影响。

任务2：发酵过程中pH值的变化情况

发酵过程中pH值的变化决定于微生物的种类、培养基的组成和培养条件。发酵过程中由于微生物细胞在一定的温度及通气条件下,随着微生物对培养基中的营养物质的利用以及某些物质的积累,发酵液的 pH 值会发生一定的变化。一般在正常的情况下,在适合于微生物生长及产物合成的环境下,微生物本身具有一定的调节 pH 值的能力,会使 pH 值处于比较适宜的状态。因此,发酵过程 pH 值的变化具有一定的规律性。

① 在微生物细胞的生长阶段,由于所用的微生物菌种不同,相对于接种后的起始 pH 值来说,发酵液的 pH 值有上升或下降的趋势。

② 在生产阶段,一般发酵液的 pH 值趋于稳定,维持在最适合产物形成的 pH 范围。

③ 在微生物细胞的自溶阶段,随着培养基中的营养物质的耗尽,微生物细胞内蛋白酶的积累和活跃,微生物趋于自溶,引起培养液中的氨基氮等的增加,致使 pH 值有所上升。

一般来说,凡是发酵过程中碱性物质的消耗和酸性物质的生成或释放都会引起发酵液的 pH 值下降。引起发酵液的 pH 值下降的主要原因有:

① 培养基中的碳/氮比例不当,碳源过多,特别是葡萄糖过量或者中间补糖过多或溶解氧不足,致使糖等物质的氧化不完全,培养液中有机酸会有大量积累,从而使 pH 值下降。

② 消泡剂加得过多。

③ 微生物生理酸性物质的存在,使 pH 值下降。

同样,凡是发酵过程中酸性物质的消耗和碱性物质的生成或释放都会引起发酵液的 pH 值上升。引起发酵液 pH 值上升的主要原因有:

① 培养基中的碳/氮比例不当,氮源过多,氨基氮释放会使 pH 值上升。

② 生理碱性物质的存在。

③ 中间补料液中氨水或尿素等碱性物质的加入过多,使发酵液的 pH 值上升。

任务 3:发酵 pH 值的确定和控制

1. 发酵 pH 值的确定

选择并控制好发酵过程中的 pH 值对维持菌体的正常生长和取得预期的发酵产量是重要的控制内容之一。微生物发酵的合适 pH 值范围一般是在 5~8 之间,如谷氨酸发酵的最适 pH 值为 7.5~8.0。但发酵的 pH 值又随菌种和产品不同而不同。由于发酵令多酶复合反应体系各酶的最适 pH 也不相同,因此,同一菌种,生长最适 pH 可能与产物合成的最适 pH 是不一样的。如初级代谢产物丙酮丁醇发酵所采用的梭状芽孢杆菌,在 pH 中性时,菌种生长良好,但产物产量很低。实际发酵的最适 pH 为 5~6 时,代谢产物的产量才达到正常。次级代谢产物抗生素的发酵更是如此,链霉素产生菌生长的最适 pH 值为 6.2~7.0,而合成链霉素的最适 pH 值为 6.8~7.3。以此,应该按发酵过程的不同阶段分别控制不同的 pH 值范围,使产物的产量达到最大。最适 pH 值是根据实验结果来确定的。将发酵培养基调节成不同的出发 pH 值进行发酵,在发酵过程中,定时测定和调节 pH 值,以分别维持出发 pH 值,或者利用缓冲液来配制培养基以维持一定 pH 值,到时观察菌体的生长情况,以菌体生长达到最大量的 pH 值为菌体生长的最适 pH 值,以同样的方法,可测得产物合成的最适 pH 值,但同一产品的最适 pH 值,还与所用的菌种、培养基组成和培养条件有关。如合成青霉素的最适 pH,先后报道有 7.2～7.5,7.0 左右和 6.5～6.6 等不同 pH 值。产生这样的差异,可能是所用的菌株、培养基组成和发酵工艺不同而引起的。在确定最适发酵 pH 值时,还要考虑培养温度的影响,若温度提高或降低,最适 pH 值也可能发生变动。

2. pH 值的控制

在各种类型的发酵过程中,实验所得的最适 pH 值在微生物生长和产物形成的相互关系有四种情况,见图 5-7。

第一种情况是菌体的比生长速率 μ 和产物比生产速率 (Qp) 的最适 pH 值都在一个相似的且较宽的范围内如(图 a),这种发酵过程易于控制;

第二种情况是 μ 的最适 pH 值范围很宽,而 Qp 的最适 pH 值范围较窄,如(图 b)所示;

第三种情况是 μ 和 Qp 对 pH 值的变化都很敏感,它们的最适 pH 值又是相同的,见(图 c);

第四种情况更复杂,μ 和 Qp 有各自的最适 pH 值,如(图 d),此时应分别严格控制各自的最适 pH 值,才能优化发酵过程。在确定了发酵各个阶段所需要的最适 pH 值之后,需要采用各种方法来控制,使发酵过程在预定的 pH 值

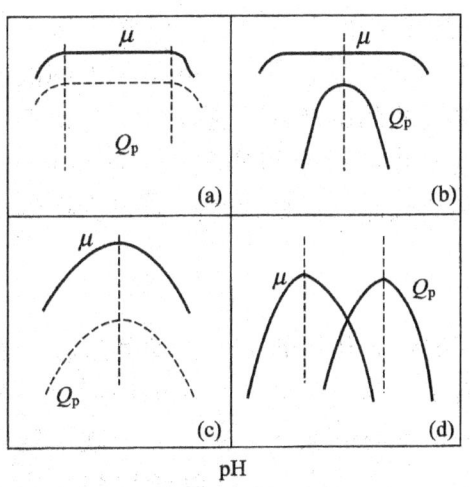

图 5-7 pH 值与比生长率和产物比生长率之间的几种关系

范围内进行。首先需要考虑和试验发酵培养基的基础配方,使它们有个适当的配比,使发酵过程中的 pH 值变化在合适的范围内,因为培养基中含有经过代谢能产酸(如葡萄糖产生酮酸、$(NH_4)_2SO_4$ 释放出 H^+)或产碱(如 $NaNO_3$、尿素)的物质以及缓冲剂(如 $CaCO_3$)等成分。它们在发酵过程中能影响 pH 值的变化,特别是 $CaCO_3$,能与酮酸等反应,而起到缓冲作用,所以它的用量比较重要。在分批发酵中,常采用这种方法来控制 pH 值的变化。

利用上述方法调节 pH 值的能力是有限的,如果达不到要求,则可在发酵过程中直接补加酸、碱或以补料的方式来控制,特别是补料,效果比较明显。过去是直接加入酸(如 H_2SO_4)或碱(如 NaOH)来控制,但现在常用的是以生理酸性物质如 $(NH_4)_2SO_4$ 或碱性物质氨水来控制。它们不仅可以调节 pH 值,还可以补充氮源。当发酵液的 pH 值和氨氮含量都低时,补加氨水,就可达到调节 pH 和补充氨氮的目的;反之,pH 较高,氨氮

含量又低时，就应补加$(NH_4)_2SO_4$。在加多了消泡剂的个别情况下，还可采用提高空气流量来加速脂肪酸的氧化，以纠正由于油脂分解产生大量脂肪酸引起的pH降低。

通氨一般是使用压缩氨气或工业用氨水（浓度20%左右），采用少量间歇添加或少量自动流加，可避免一次加入过多造成局部偏碱。氨极易和铜反应产生毒性物质，对发酵产生影响，故须避免使用铜制的通氨设备。

目前，已比较成功地采用补料的方法来调节pH，如氨基酸发酵采用补加尿素的方法，特别是次级代谢产物抗生素发酵，更常用此法。这种方法，既可以达到稳定pH的目的，又可以不断补充营养物质。特别是那些对产物合成有阻遏作用的营养物质，通过少量多次的补加可以避免它们对产物合成的阻遏作用，提高产物的产量。

因而，采用补料的方法可以同时实现补充营养、延长发酵周期、调节pH和改变培养液的性质（如黏度）等几种目的。最成功的例子就是青霉素发酵的补料工艺，利用控制葡萄糖的补加速率来控制pH的变化（已实现自动化）其青霉素产量比用恒定的加糖速率或加酸、碱来控制pH的产量高25%。其实验结果见图5-8。图中实线是用酸、碱来控制pH的，虚线是以控制加糖速率来控制pH的。两者的加糖量是相等的。这说明以pH作为补糖的依据，采用控制加糖率来控制pH，正好满足菌体合成代谢的要求，使产量提高。所以pH是菌体代谢变化的综合反应，也是确定补料速率的依据，把两者紧密结合起来就可以实现发酵过程的优化。

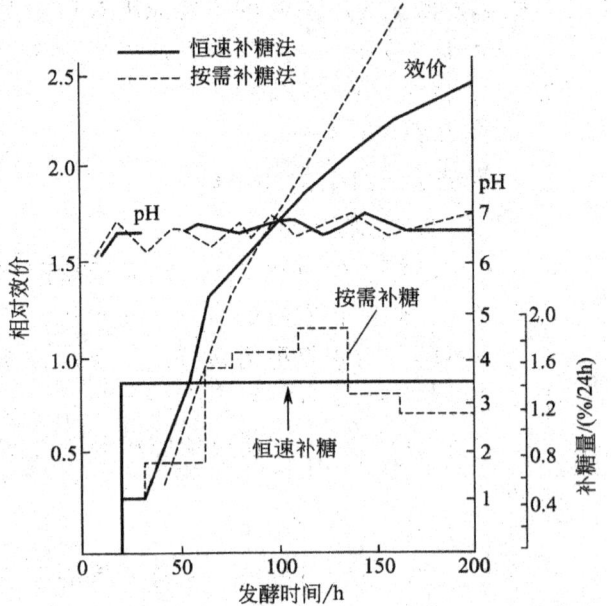

图5-8　两种不同补糖方式对青霉素G产量的影响
（总补糖量均为9%）

子情景4：发酵过程带菌及其防治

发酵工业是我国的一大产业，目前发酵生产的有酶、氨基酸、核苷、抗生素等多个系列的产品。发酵生产顺利进行的一个重要条件就是要保证微生物的纯种培养。纯种培养过程中只允许特定的微生物生长，如果发酵过程中除目的菌以外还有其他微生物存在，就视为染菌。染菌严重影响目的菌的生长，导致发酵失败。造成发酵染菌的原因很多，除了人为操作上的原因，设备造成的发酵染菌占了很大部分。由于带有杂菌的发酵生产会消耗培养基中的营养物质,其代谢产物甚至影响生产菌的生长及代谢,造成产率下降,甚至根本没有产物生成;或者产物可能生成,但无法分离杂菌的代谢产物,而且发酵液的物理性质也会发生变化,无法进行过滤等后处理;另外会增加生产成本,甚至可能造成停产。因此降低污染率是发酵生产的工作重点之一,也是企业提高新产品得率、降低产品成本的重要手段。

根据有关报道,国外抗生素发酵染菌率为2%～5%,国内的青霉素发酵染菌率2%,链霉素、红霉素和四环素发酵染菌率5%,谷氨酸发酵噬菌体感染率1%～2%。以上数据说明,在现有的科学技术条件下要做到完全不染菌是不可能的。目前要做的是提高生产技术水平,强化生产过程管理,防止发酵染菌的发生。一旦发生染菌,就应尽快找出污染的原因,并积极采取相应的有效措施,把发酵染菌造成的损失降低到最小。

任务1:发酵异常现象及原因分析

1.发酵过程中的异常现象

(1)溶解氧的异常变化

对于特定的发酵过程具有一定的溶解氧水平,而且在不同的发酵阶段其溶解氧的水平也是不同的。如果发酵过程中的溶解氧水平发生了异常的变化,一般就有发酵染菌发生的表现。图5-9为谷氨酸的正常发酵和异常发酵的溶解氧水平曲线。

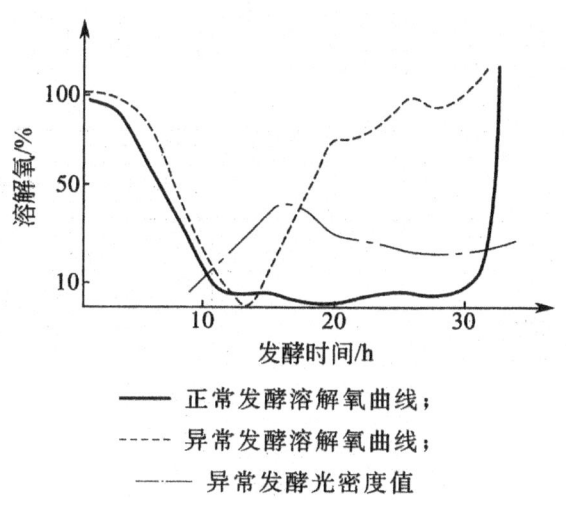

—— 正常发酵溶解氧曲线;
---- 异常发酵溶解氧曲线;
—·— 异常发酵光密度值

图5-9 谷氨酸的正常发酵和异常发酵的溶解氧变化曲线

正常的发酵过程中,发酵初期时菌体处于适应期,耗氧量很少,溶解氧基本不变;当菌体进入对数生长期,耗氧量增加,溶解氧浓度很快下降,并且维持在一定的水平,在这阶段中操作条件的变化会使溶解氧有所波动,但变化不大;而到了发酵后期,菌体衰老,耗氧量减少,溶解氧又再度上升,如图5-9中的实线所示。当感染噬菌体后,生产菌的呼吸作用受到抑制,溶解氧浓度很快上升,如图中虚线所示。从图可见,发酵过程感染噬菌体后,溶解氧的变化比菌体浓度更灵敏,能更好地预见染菌的发生。

由于染菌的好氧性不同,产生的溶解氧异常的表现也是不同的。当杂菌是好气性微生物时,溶解氧的变化是在较短时间内下降,直至接近于零,且在长时间内不能回升;当杂菌是非好气性微生物,而生产菌由于受污染而抑制生长,使耗氧量减少,溶解氧升高。

(2) 排气的 CO_2 异常变化

好气性发酵排出气体中的 CO_2 含量与糖代谢有关。对于特定的发酵过程,工艺确定后,排出气体中的 CO_2 含量的变化是有规律的。染菌后,培养基中糖的消耗发生变化,引起排气中 CO_2 含量的异常变化,如被杂菌污染时,糖耗加快,CO_2 含量增加;被噬菌体污染后,糖耗减慢,CO_2 含量减少。因此,可根据 CO_2 含量的异常变化判断是否染菌。

(3) 其他异常现象

还可以根据其他的一些异常现象,如菌体生长不良、耗糖慢、pH 值的异常变化、发酵过程中泡沫的异常增多、发酵液的颜色异常变化、代谢产物含量的异常下跌、发酵周期的异常拖长、发酵液的黏度异常增加等来判断是否染菌。

2. 染菌原因分析

分析发酵染菌原因,总结防止发酵染菌的经验教训,把发酵染菌控制在生产前。防患于未然是发酵生产过程中染菌的最重要措施。纵观以往生产的经验总结,发酵染菌原因都是比较清楚的,而且,对此而采取防止和制服染菌的措施也是有效的,但在实际生产中发酵染菌率仍然比较高。可以说,这种现象大多是由于工作中"马虎凑合""侥幸心理"所造成的。

表 5-7 井冈霉素发酵染菌原因

项目	项目百分率(%)	项目	项目百分率(%)
种子带菌	9.0	接种管穿孔	1.0
接种时罐压跌零	1.0	阀门渗漏	9.0
培养基灭菌不透	3.0	搅拌密封渗漏	2.0
空气系统有菌	14.0	罐盖漏	2.0
泡沫冒顶	1.0	其他设备渗透漏	6.0
夹套穿孔	6.0	操作问题	10.0
排管穿孔	16.0	原因不明	20.0

表 5-8 上海天厨味精厂谷氨酸发酵染菌原因

染菌原因	染菌百分率(%)	染菌原因	染菌百分率(%)
空气系统染菌	32.05	补料、取样带菌	4.30
设备问题	15.46	种子带菌	1.72
管理和操作不当	11.34	环境污染及原因不明	35.13

从表 5-7 和表 5-8 可以看出，由于不同厂家的设备渗漏概率、技术管理好坏不同，而使各种染菌原因的百分率有所不同，其中尤以设备渗漏和空气带菌而染菌较为普遍。应值得注意的是，不明原因的染菌分别达 20.0% 和 35.13%。这表明，目前分析染菌原因的水平还有待于进一步提高。

任务 2：设备渗漏或"死角"造成的染菌及其防治

设备渗漏主要是指发酵罐、补糖罐、冷却盘管、管道阀门等，由于化学腐蚀（发酵代谢所产生的有机酸等发生腐蚀作用）、电化学腐蚀（如氧溶解于水，使金属不断失去电子，加快腐蚀作用）、磨浊摊口金属与原料中的泥沙之间磨损、加工制作不良等原因形成微小漏孔后发生渗漏染菌。

由于操作、设备结沟、安装及其他人为因素造成的屏障等原因，使蒸汽不能有效到达预定的灭菌部位，从而不能达到彻底灭菌的目的。生产上常把这些不能彻底灭菌的部位称为"死角"。实际过程中，"死角"包括了发酵设备或连接管道的某一部位和培养基或其他物料的某一部分等。

任务 3：噬菌体污染及其防治

噬菌体是一种病毒，形体极微小，没有完整的细胞结构，是由核酸与蛋白质构成，不能脱离寄主而自行生长繁殖，因而一定要在活体细胞中生长，而且对于寄主细胞有严格的专一性。噬菌体污染是谷氨酸发酵生产十分棘手的问题，许多厂家曾经长期受其困扰。引起发酵生产噬菌体污染的原因，大都是由于生产过程中，人们不加注意地把大量活菌体随意排放。这些活菌体栖息于周围环境，同少量与其有关的其体溶原性菌株接触，经过变异和杂交，最终产生使生产菌株溶菌的烈性噬菌体，并在环境中逐渐增殖。随着空气的流动，污染种子和发酵罐。被噬菌体污染的发酵罐又大量排气，便是更大的发源点，由此恶性循环。可见空气是传播噬菌体的媒介，是感染的主要途径。针对以上原因，生产上常采用以下防治措施。

1. 认真保藏好生产菌株，确保其不受污染

在生产过程中，人们由于初始对噬菌体污染问题了解不够，往往通过空气、人员、物品等媒介将噬菌体无意中带入无菌室和摇瓶间，使生产菌株感染上噬菌体。为保证生产菌株不受浸染，在采取其他措施的同时，还需用以下措施弥补常规措施的不足。

① 每天用 3% 的甲酚皂溶液或 0.5% 的新洁尔灭溶液，擦拭种子室各处的墙壁、门窗和地面(墙壁可采用瓷砖贴面，地面尽可能采用水磨石)。

② 每周两次用 40% 甲醛溶液熏蒸种子间的空间(甲醛用量为每立方米空间 10 毫升)。

③ 尽量减少种子间与外界的接触，控制人员进出，严禁把被噬菌体污染的物品带

入种子室。

④ 有条件的厂家,尽量采用冷冻真空干燥法保藏菌株,可避免溶原性菌株产生。

2. 严禁活菌体排放

① 发酵尾气是最大的污染源,一般可统一收集,经药物灭菌后再排放。还可以把尾气输送至远离车间(百米以外,注意风向)有较充足流动水的排水沟内,并应把引入口周围封闭严密。实践证明,后一种措施简单,投资少,不花运转费用,而效果良好。

② 废弃的种子液、刷罐水、噬菌体污染的发酵液等含活菌物料,要加热至80℃以上,再排放。

③ 种子培养、发酵过程的取样排出液,一定要集中收集在加热容器内,升温至80℃以上,再排放。

3. 强化设备管理

对发酵罐、种子罐轴封、入孔密封不严及罐体渗漏、阀门失灵等应及时维修,保持设备的完好,对设备定期检查试压,确保设备运行的正常、可靠。

4. 加强环境卫生工作

对发酵车间及其周围经常进行清扫,隔天用水冲洗,对空间隔天用药物新洁尔灭、甲酚皂溶液轮换高压喷雾消毒,每周用漂白粉撒泼处理地面一次,对化验种子等料溃漏出及时用漂白粉处理,对化验、培菌等工作,使用过的试纸、含菌物料器皿进行相应处理。

5. 加强对无菌空气、空间杂菌及噬菌体的监测工作

监测是发酵生产的"眼睛",为此应专门成立监测小组,充分发挥"眼睛"的作用,每天对空气及空间做杂菌、噬菌体的检测,一旦出现噬菌体,要及时采取措施。

通过以上工作,虽然取得较好的成效,但是噬菌体的危害仍有可能在死角中潜伏,工作人员应在平时就抓好预防工作,这是正常生产的基础。

达标自测

一、名词解释
1. 发酵醪
2. 设备渗漏
3. 发酵热
4. 连续培养
5. 分批培养
6. 倍增时间
7. 发酵染菌

二、填空题
1. 嫌气生物反应器用于_____、_____、_____等嫌气发酵产品的生产，由于发酵过程中不需供氧，所以设备结构比较简单。嫌气生物反应器也已趋向_____发展，并实现了自动清洗。

2. 将工业微生物发酵进行分类可以有不同的分类方法。依据投料方式的不同可以分为_____、补料分批发酵和_____；依据_____的关系不同，可以分为需氧发酵和厌氧发酵。

3. 依据发酵过程中菌体生长与碳源消耗及产物合成之间关系的不同，可以分为_____、部分生长偶联型和_____发酵。

4. 依据代谢产物生物合成与菌体生长关系的不同，可以分为_____发酵和次级代谢产物发酵；依据_____的类别不同还可以分为抗生素发酵、氨基酸发酵、维生素发酵与有机酸发酵等。

5. 实际上，接种物的_____和浓度是停滞期长短的关键。如果接种物处于_____，那么就很有可能不存在停滞期，微生物细胞立即开始生长。反过来，如果接种物本身已经停止生长，那么微生物细胞就需要有更长的停滞期，以_____新的环境。

6. 通过_____获得的有关发酵的信息也称为参数，与微生物发酵有关的参数，可分为物理、化学和_____三类。

7. 确定合适的微生物发解终点，对提高产物的生产能力和_____是很重要的。生产能力是指单位时间内单位罐体积所积累的_____。其单位为g/L·h。生产不能只单纯追求高生产力，而不顾及产品的成本，必须把二者结合起来，既要高产量，又要_____。

8. 由于不同厂家的生产工艺、技术管理水平好坏不同，而使各种染菌原因的百分率有所不同，其中尤以_____和_____而染菌较为普遍且严重。

9. 厌氧发酵是由厌氧菌或兼性厌氧菌在无分子氧的条件下进行的发酵过程。其产品包括工业上的乙醇、丙酮、丁醇、乳酸、丁酸等。在厌氧发酵过程中,只有_____的作用,而无_____参与。

三、判断题

1. 生物反应器尽量减少法兰连接,因为设备震动和热膨胀,会引起法兰连接外移位,从而导致污染。(   )

2. 死亡期微生物细胞内所储存的能量已经基本耗尽,细胞开始在自身所含酶的作用下死亡,细胞死亡速率大于增加速度,此时也是细胞产生或释放对人类有用的抗生素等次生代谢产物的时期。(   )

3. 厌氧发酵是由厌氧菌或兼性厌氧菌在无分子氧的条件下进行的发酵过程。其产品包括工业上的乙醇、丙酮、丁醇、乳酸、丁酸等。在厌氧发酵过程中,只有脱氢酶的作用,而无氧化酶参与。(   )

4. 在生产中,要保证最高产物产量,供氧时必须使溶氧浓度大于临界溶氧浓度,溶氧浓度大于临界溶氧浓度可以得到最高的微生物浓度。(   )

5. 气液比表面积的大小取决于截留在培养液的气体体积以及气泡的大小。截留在液体中的气体越多,气泡的直径越小,那么气泡比表面积就越小。(   )

四、简答题

1. 为什么说采用补料的方法来调节 pH 是比较成功的方法?
2. 说说 pH 值与菌体比生长率和产物比生长率之间的几种关系。
3. 在发酵生产中,发酵罐内装配搅拌器有何作用?
4. 为什么要提高发酵罐的供氧能力,采用提高搅拌功率,适当降低空气流速,是一种有效的方法吗?
5. 说说稳定期微生物出现二次生长的原因?
6. 发酵异常表现在很多方面,为什么可根据 CO_2 含量的异常变化来判断染菌?
7. 在工业条件下,从培养液或浓的悬浮体和溶液中进行脱水有哪两个主要的方法?分别有什么特点?
8. 发酵异常表现在很多方面,为什么可根据 CO_2 含量的异常变化来判断染菌?

五、填表题

1.

杂菌的种类	染菌可能原因分析
耐热的芽孢细菌	
球菌等不耐热菌	
浅绿色菌落的杂菌	

2.

微生物	pH 值	发酵产物
黑曲霉	2~3	
	近中性	
酵母菌	4.5~5.0	
	8.0	

3.

发酵过程	危害最大的杂菌种类
青霉素的发酵	
链霉素的发酵	
四环素的发酵	
谷氨酸的发酵	
柠檬酸	

六、分析题

1. 在发酵生产中,杂菌污染有哪些危害?(结合生产实际,综合利用所学知识,试分析在发酵生产中,为什么要进行灭菌操作?)

2. 在确定了发酵各个阶段所需要的最适 pH 之后,可采用何种方法来控制,使发酵过程在预定的 pH 范围内进行?

学习情境6:产物的分离与纯化

生化生产过程的最后一个环节是把目标产物从培养液或反应液中分离提取出来。多数生化产品在生产过程中需要经过微生物发酵、酶反应过程或动植物细胞大量培养,并通过包括产物回收、粗分离、纯化及精制等处理后,才能符合一定的质量标准。在生物产品生产过程中一般将微生物发酵、酶反应过程或动植物细胞大量培养称为"上游工程",而与之相应的产物回收、粗分离、纯化及加工等后续过程则称之为"下游工程"。众所周知,要使生物技术走向产业化,必须要上下游过程兼容、协调,以使全过程能优化进行。

子情景1:生化产物的分类及特点

任务1:生化产物的分类

发酵成熟醪中常含有各种各样的杂质,而所需要的发酵产物则含量很少。因此,要获得纯净的发酵产物,它的提取与精制过程便成为一个复杂而必不可少的工艺过程。提取和精制的目的在于从发酵液中制取高纯度的、符合质量标准要求的发酵成品。

尽管由于菌种、发酵醪的特征及发酵工艺的不同,发酵产物可以多种多样,但从工业发酵范畴来看,从发酵醪中获得产物大致可分为三类。

1.菌体

主要以菌体细胞作为发酵产品,如单细胞蛋白、面包酵母、饲料酵母等。此外就是从菌体细胞中提取有用的发酵产物,如由酵母细胞提取辅酶A、核糖核酸等产品。有的抗生素主要存在于菌丝体中,如灰黄霉素产生菌在发酵过程中所产生的灰黄霉素主要在菌丝中,因此也要从菌丝体中进行提取。

2.酶

发酵产物为酶制剂,包括胞外酶和胞内酶。如α-淀粉酶、β-淀粉酶、异淀粉酶、葡萄糖异构酶、葡萄糖氧化酶、右旋糖酐酶、蛋白酶、纤维素酶、果胶酶、转化酶、蜜二糖酶、柚苷酶、花青素酶、脂肪酶、凝乳酶、氨基酰化酶、天冬氨酸酶、青霉素酰胺酶、磷酸二酰酶、天冬酰胺酶等,均在工业上和医药上发挥作用。

3.代谢产物

发酵产物为代谢产物,包括醋酸、乳酸、柠檬酸、葡萄糖酸、衣康酸及延胡索酸等。

氨基酸发酵产物包括谷氨酸、赖氨酸、色氨酸等。由于对菌种的变异和氨基酸代谢机理的研究日益深入,所以其他氨基酸,除蛋氨酸、胱氨酸、半胱氨酸外,18 种氨基酸均可用直接发酵法制取。

有机溶剂发酵产物包括酒精、丙酮、丁醇等。

核苷酸类物质发酵产物包括肌苷、肌苷酸以及鸟苷酸等。5-肌苷酸和 5-鸟苷酸均为呈味核苷酸,核酸的微生物发酵产物包括辅酶 A、ATP、辅酶 I 等均为重要的医药品。

抗生素发酵产物包括青霉素、链霉素、四环素、土霉素、金霉素、庆大霉素、新霉素、红霉素及利福霉素等。

多糖发酵产物包括右旋糖酐及多糖 B-1459 等。多糖是医药和工业上重要黏度物质来源之一,右旋糖酐经过部分水解后供代血浆用。多糖 B-1459 是水溶性、高分子量的胞外异多糖。

维生素发酵产物有核黄素、维生素 C 和维生素 B_{12}。

甾体氧化的产物为甾体激素,这是重要的药品。如醋酸可的松、氢化可的松、醋酸泼尼松、氢化泼尼松等促皮质激素及肾上腺皮质激素制剂、黄体酮、甲羟孕酮(安宫黄体酮)等性激素、炔诺酮等避孕药。

任务 2:生化产品分离纯化的一般步骤

一般从天然生物材料制作生化产品的过程大体可分为六个阶段:
① 原料的选择和预处理;
② 原料的粉碎;
③ 提取,即从原料中经溶剂分离有效成分,制成粗品的工艺过程;
④ 纯化,即粗制品经盐析、有机溶剂沉淀、吸附、层析、透析、超离心、膜分离、结晶等步骤进行精制的工艺过程;
⑤ 干燥及保存;
⑥ 成品及制剂的制备,即半成品或原料药经精细加工制成片剂、口服液、针剂、冻干剂等供饮用或临床应用的各种剂型。

生物产品分离纯化的一般流程如图 6-1 所示。

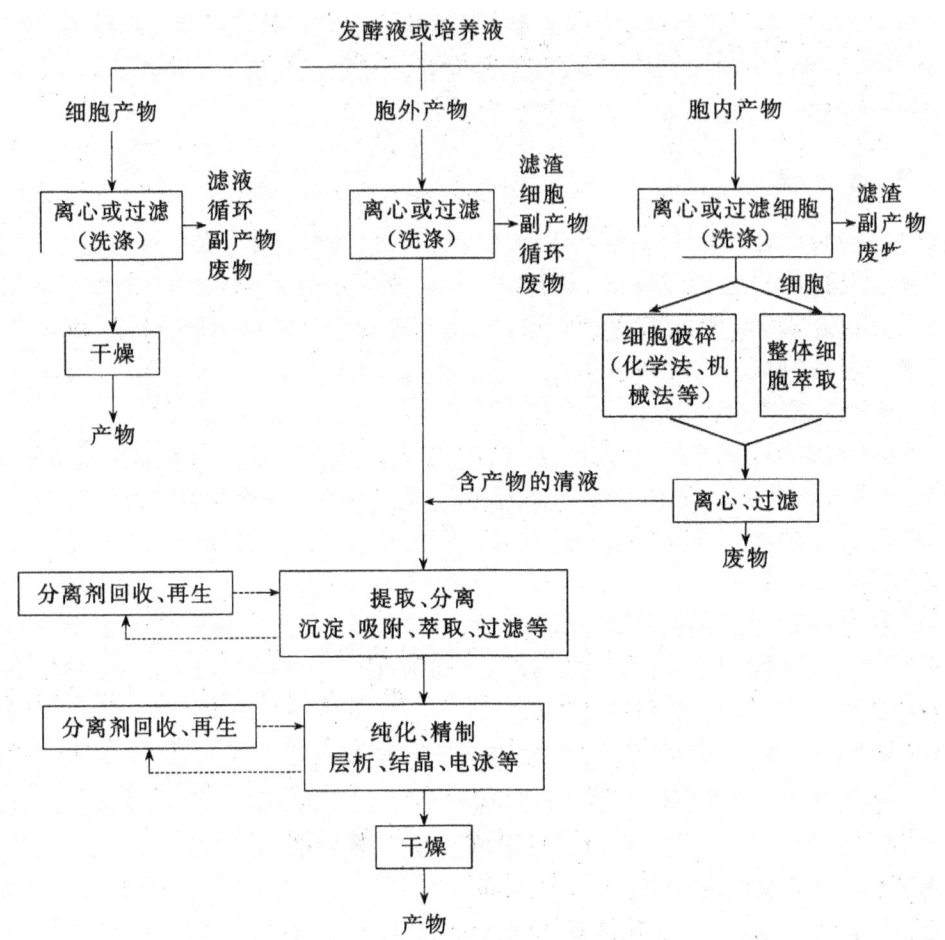

图 6-1　生物产品分离纯化的一般步骤

不是每个生化产品的制备都完整地具备以上六个阶段，也不是每个阶段都截然分开。选择性提取包含着分离纯化；沉淀分离包含着浓缩；从发酵液中分离胞外酶，则不用粉碎细胞。离心过滤去菌体后，就可以直接进行分离纯化。选择分离纯化的方法及各种方法的先后次序也因材料而异。选择性溶解和沉淀是经常交替使用的方法，贯彻整个制备过程中。各种柱层析常放在纯化的后阶段，结晶则只有产品达到一定纯度后才进行，这样能收到良好的效果。不论是哪个阶段，使用哪种操作技术，都必须注意在操作中保证生化药物的完整性，防止变性和降解的发生。

任务3：分离生化产品时应注意的几个问题

利用生化制备技术从生物材料中获得特殊的生物活性物质，如蛋白质、酶、激素、核酸等生化产品时，通常要注意以下几个问题。

① 生物材料的组成成分非常复杂，有数百种甚至更多，各种化合物的形状、大小、

相对分子质量和理化性质都各不相同,有的迄今还是未知物,而且这些化合物在分离时仍在不断地代谢变化中。

② 在生物材料中,有些化合物含量很低或极微,有的只有 1/10 000,甚至更少。制备时,原材料用量很大,得到的产品很少,与投料量相比"虎头蛇尾"。近年来,用所谓"钓鱼法",利用某些分子特有的专一亲和力,将某一化合物从极复杂的体系中"钓"出来,与其他化学分离技术相比具有很大的优越性。

③ 许多生物活性物质,一旦离开了生物体内环境,很易变性和被破坏,应十分注意保护这些化合物的生物活性,常选择十分温和的条件,尽可能在较低温度和洁净环境中进行。一般来说制备的操作时间长、手续较烦琐。因为许多大分子在分离过程中,过酸、过碱、重金属离子、高温、剧烈的机械作用、强烈的辐射和机体内自身酶的作用,均可破坏这些分子的结构或生理活性。

④ 生化分离制备过程几乎都在溶液中进行,各种温度、pH、离子强度等参数,对溶液中各种组成的综合影响,常常无法固定,有些实验或工艺的设计理论性不强,常带有很大的经验成分。因此,要建立重复性好的成熟工艺,对生物材料、各种试剂及其辅助材料等都要严格地加以规定。

⑤ 生化制备方法最后均一性的证明与化学上纯度的概念并不完全相同,这是由于生物分子对环境反应十分敏感,结构与功能的关系比较复杂,评定其均一性时,要通过不同角度测定,才能得出相对"均一性"的结论,只凭一种方法所得纯度的结论,往往是片面的,甚至是错误的。

子情景 2:培养液的预处理

任务 1:培养液的一般特性

利用微生物发酵生产各种发酵产品,由于菌种不同和发酵醪特性不同,其预处理方法和提取、精制方法的选择也有差异。应针对发酵醪的特性来合理选择处理方法,大多数发酵产物存在发酵醪中,也有少数发酵产物存在菌体中,或发酵醪和菌体都含有,例如四环类抗生素。各种发酵产物无论在发酵醪或是在菌体中往往浓度较低,并与种种的溶解和悬浮的杂质混在一起,要分离提纯发酵产物,首先要针对发酵醪的特性进行预处理。

发酵醪的特性一般可归纳为:

① 发酵醪大部分是水,一般含量达 90%~99%。

② 发酵醪中发酵产物浓度较低,尽管由于菌种、原料、工艺条件不同,发酵产物于发酵醪中浓度的高低也有差异,但总的来说发酵醪中发酵产物浓度都是比较低的,除了

酒精、柠檬酸、葡萄糖酸等发酵产物浓度在10%以上外，其余的都在10%以下，而抗生素的浓度更低，一般在1%以下。

③ 发酵醪中的悬浮固体物主要含有菌体和蛋白质胶状物。由于发酵醪中存在一定数量的菌体和蛋白质胶体物质，不仅使发酵醪黏度增加，不利于过滤，而且增加提取和精制后工序的操作困难，在浓缩过程中变得更黏稠，同时容易产生泡沫。采用溶媒萃取法提炼时，蛋白质的存在产生乳化，使溶媒相和水相分层困难；采用离子交换法提炼时，蛋白质的存在也会增加树脂的吸附量，加重树脂的负担。

④ 发酵醪的培养基残留成分中还含有无机盐类，非蛋白质大分子其降解产物对提取和精制均有一定的影响。

⑤ 发酵醪中除了发酵产物外，常有其他少量的代谢产物。发酵过程中除了主代谢产物外，尚伴有一些其他的副代谢产物。这些少量的副产物，有时其结构特性与发酵主产物极为近似，这就会给分离提纯操作带来困难。

⑥ 发酵醪中还含有色素、热原质、毒性物质等有机杂质。尽管它们的确切组成还不十分明了，但它们对提炼影响相当大，为了保证发酵产品的质量和卫生性，应通过预处理将色素、热原质、毒性物质等有机杂质先除去。

任务2：培养液预处理的主要内容

培养液预处理是从微生物发酵液或细胞培养液中提取目的产物的第一个必要的步骤，包括菌体分离、细胞破碎、固体杂质去除等步骤。如前所述，由于培养液中目的产物的浓度较低，料液组成复杂，其中所含的各种杂质都会对产物的分离纯化产生很大的影响，因此在生物产物的分离纯化之前必须进行培养液的预处理。培养液的预处理主要是用来改进培养液的处理性能，其目的不仅在于分离细胞、菌体和其他悬浮颗粒（如细胞碎片、核酸以及蛋白质的沉淀物），还需除去培养液中的部分可溶性杂质，并改变培养液的过滤性能，以利于产物的分离纯化，为纯化、精制做准备。

培养液的预处理过程一般包括以下几个步骤。

1. 菌体细胞的分离

培养液中除了产物之外，还含有大量的菌体细胞。为了方便分离和纯化过程，有必要首先进行菌体细胞和培养液的分离。对于胞外代谢产物，可使产物与菌体细胞分离；而对于胞内产物，通过分离菌体细胞并收集，经细胞破碎使产物释放到液相之中，继而进行分离。

2. 固体悬浮物的去除

培养液中除了含有大量的菌体细胞之外，还含有相当数量的固体悬浮杂质，通过预处理将这些固体悬浮物质基本除去，获得透光度好的澄清处理液进行后续分离纯化。

3. 蛋白质的去除

除去菌体细胞和悬浮固体物质之后的处理液中仍有一些可溶性的蛋白质残留,这些残留的蛋白质会对分离纯化产生很大的影响,如在溶媒提取时会产生严重的乳化;在离子交换提取时,会严重影响树脂的吸附量等,必须在预处理时设法除去。

4. 重金属离子的去除

重金属离子的存在不仅会严重影响生物物质的分离和纯化的操作,还会直接影响生物产品的质量和生产过程的收率,也是必须予以除去的。

5. 色素、热原质、毒性物质等有机物质的去除

对于抗生素、氨基酸、ATP、酶等药用生物产品,必须设法除去色素、热原质、毒性物质等有机物质。

6. 改善培养液的处理性能

改善培养液的处理性能的目的在于使分离和纯化过程能顺利进行。预处理时应尽可能使产物转入便于以后处理的相中。

7. 调节适宜的 pH 和温度

预处理时调节适宜的 pH 和温度一方面使处理液适合分离纯化工艺的要求,另一方面保证产物的质量,尽量避免因 pH、温度过高或过低而引起生物产品的失活损失。

子情景 3:培养液的固液分离

任务 1:固—液分离过程和分类

固—液分离过程的常规分类见图 6-2,根据颗粒收集的方式不同,可分为两大类型。

在沉降和浮选所组成的第一类中,液体受限于一个固定的或旋转的容器而颗粒在液体里自由移动,分离是由于内或外力场的加速作用产生的质量力施加在颗粒上造成的。这种力场可能是重力场、离心力场或磁场,其分离过程不以颗粒到达收集表面为结局。如果这个过程是连续的,被收集的颗粒必须从筛分容器中转送和排放。如果作用的是重力或离心力(除浮选外),为了进行分离,在固体和悬浮液体之间必须要有密度差。总之,在这一类中,按照这个原理制成的连续操作设备,常常过滤成本较经济。

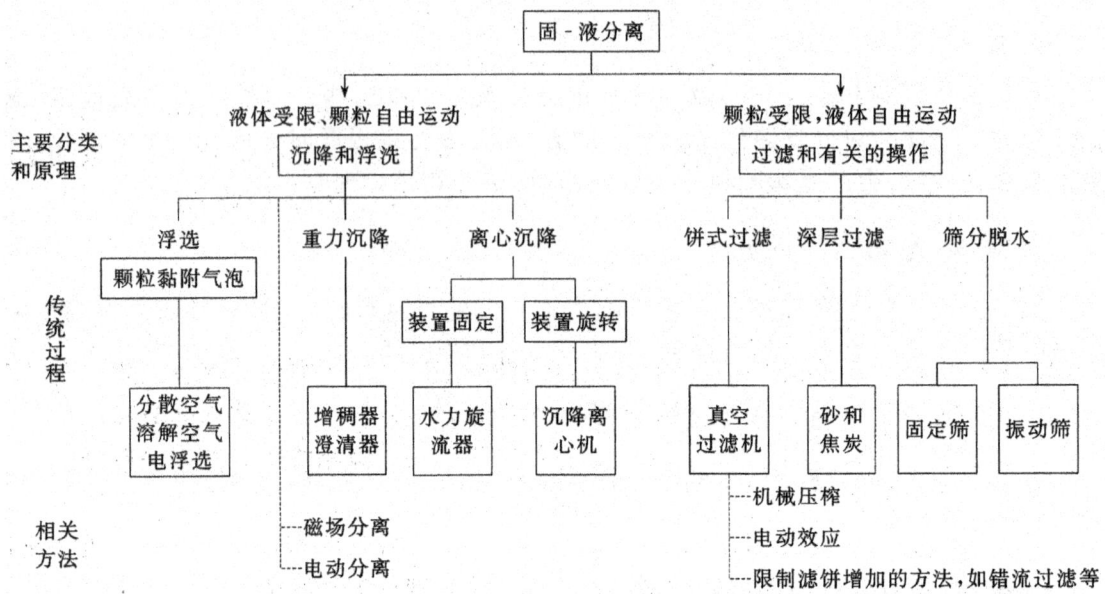

图 6-2　固－液分离过程的分类

第二类被不严格地统称为过滤，颗粒受到过滤介质的限制，而液体可自由通过介质。在这一类里，固体和悬浮液的密度不一定要有差异，但是一个完全连续的操作实际上是不可能实现的，如若可行则成本或许会很高。

图 6-2 既列出了传统的固-液分离过程，也提出了近年来采用的一些新方法，但是在发酵液或生物培养液的分离过程中，当前用得较多的还是过滤（包括错流膜过滤）和离心两大方法。

任务 2：固—液分离常用技术及其特点列表

表 6-1　固—液分离过程常用技术及其特点

序号	方法	原理	设备	特点	缺点
1	絮凝	利用电荷中和及大分子桥联作用形成更大的粒子		使固形物颗粒增大便于易沉降、过滤和离心，提高了固液分离速度和液体的澄清度	条件苛刻、放大困难，引入的絮凝剂可能干扰以后的分离纯化

续表

序号	方法	原理	设备	特点	缺点
2	离心	在离心生产的重力场的作用下,加快颗粒的沉降速度	高速冷冻离心机	适用于粒径小、热稳定差的物质回收,常用于实验室	容量小,连续操作困难,大规模工业应用差
			碟片式离心机	适于大规模工业应用,可连续或批式操作,操作稳定性较好,易放大推广	半连续或批式操作时出渣、清洗繁杂,连续操作固形物含水量高,总的分离效率低
			管式离心机	批式操作、转速高,固液分离效果较好、含水低;易放大推广	容量有限;拆装频繁、处理量小、噪声大
			倾析式离心机	连续操作,易放大,易工业应用,操作稳定	对很小颗粒固形物回收困难,设备投资高
			筐式离心机	实际上离心力作用下的过滤。适于大颗粒固形物的回收,放大容易,操作较简单、稳定适于工业应用	批式操作或半连续操作,转速低,分离效果较差,操作繁重。离心的设备投资高、操作成本高
3	过滤	依照过滤介质的空隙大小进行分离	间板框过滤机 平板过滤器 真空旋转过滤机 管式过滤器 蜂窝式过滤器 深层过滤器	设备简单、操作容易,适合大规模工业生产	分离速度较低,分离效果受物料性质的影响,劳动强度大

续表

序号	方法	原理	设备	特点	缺点
4	膜分离	依照被分离的分子大小和膜空大小进行分离	平板、卷曲、中空纤维、管式微孔过滤器	主要用于分离细胞,操作简单、效果好,可无菌操作,适用性好,易放大	膜易污染,分离效果与操作技巧关系密切,需要精心保养、清洗,不适合精确分离
			平板、卷曲、中空纤维、管式超滤器	用于粗分离、脱盐、浓缩可无菌、批式或连续操作,适用性好,易放大	膜容易污染,分离效果与物料处理及性质关系密切。希精心护养、清洗
			平板、卷曲、中空纤维反渗透器	主要用于无盐、无热源的水的制备和小分子物质浓缩	需要高压操作,对设备要求高,需精心护养、清洗
			半透膜型、离子半透膜型电渗析器	可连续进行带电荷的物质分离	电渗过程产热对生物活性有影响

子情景4:细胞破碎

自20世纪80年代初重组DNA技术得到广泛应用以来,生物技术发生了质的飞跃,产品的数量越来越多,许多具有重大应用价值的产品应运而生,如具有显著医疗作用的胰岛素、干扰素、生长激素、白细胞介素等,它们的基因分别在宿主细胞(如大肠杆菌、酵母或动物细胞)内克隆表达,称为基因工程产物,从而提高了产量,降低了成本。有的基因工程产物是胞内物质,分离提取这类产物时,必须破坏细胞膜,使产物得以释放,才能进一步提取。由于常用的手段通常是将整个细胞破碎,因此习惯上将该操作称为细胞破碎。细胞破碎是提取胞内产物的关键步骤,它影响产物的活性、收率和成本,因而引起基因工程和生化工程学者的关注。

任务 1：细胞破碎技术的分类

细胞破碎的目的是释放出细胞内含物，其方法很多，按照是否存在外加作用力可分为机械法和非机械法两大类，图 6-3 列出了一些主要方法。

机械法中的高速湿法珠磨和高压匀浆已经在工业生产中应用，而非机械法中的酶溶法和化学渗透等方法目前实验室研究开发也相当活跃。本节重点介绍这四种方法和超声破碎法及微波加热法。虽然压榨法和冷冻融化法等在实验室范围经常使用，但其工业化应用受到诸多因素的限制。人们也探寻新的细胞破碎方法，如激光破碎法、冷冻喷射法、高速相向流撞击法等。作为一项提取胞内产物必不可少的操作，细胞破碎的研究有待不断深入和完善，包括如何提高效率、降低成本、增加产物收率等。

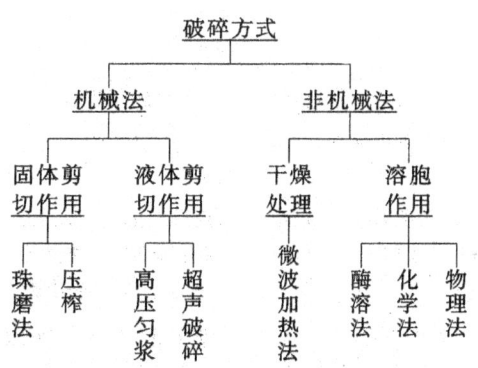

图 6-3 细胞破碎方法的分类

任务 2：细胞破碎常用方法介绍

表 6-2 列出了主要的细胞破碎方法的原理、使用的设备、特点和存在的缺点。

表 6-2 细胞破碎方法

序号	方法	原理	设备	特点	缺点
1	压力破碎法	利用压力释放时的液固剪切进行破碎	压力破碎机	操作简便，可连续操作，适用于不同的细胞	加压放热，需要冷却，否则生物活性物质会失活；破碎率较低，压力不稳定，需要进行反复破碎
2	珠磨破碎法	利用固体的剪切进行破碎	细胞珠磨破碎机	操作简便、稳定，可连续批式操作，破碎率可以控制，容易放大，适用于工业放大	珠磨时会放热，需要高效冷却，不同细胞的破碎条件差异大
3	超声波破碎法	利用超声波形成空穴产生压力冲击进行破碎	超声破碎机	操作简便，可连续或批式操作	超声波处理会产热，需要冷却，破碎率较低，需反复进行破碎，应用面较窄

续表

序号	方法	原理	设备	特点	缺点
4	渗透压法	利用渗透压的突变,造成细胞内压力差而引起细胞的破碎	—	适用于位于胞内质的产物释放,细胞的破碎率低,但产物的释放较好,纯度较高	操作比较复杂,条件要求严格,只适用于少量样品的处理,费用高
5	有机溶剂或表面活性剂法	利用有机溶剂或表面活性剂改变细胞壁或膜的通透性,使胞内产物得以释放	—	方法简单,细胞内含物释放少,产物较纯,可大规模应用	适用性有限,只适合于对有机溶剂或表面活性剂稳定的产物
6	碱或酶处理法	经碱或酶的处理使细胞壁或膜破坏,使产物释放出来	—	方法简单,可大规模应用	适用性有限,只适合于对碱或酶稳定的产物

子情景 5:生化产品的分离纯化方法

任务 1:生化产物提炼的步骤和方法

生化产物的类型不同,它的提取和精制方法也不同。例如,从发酵液中分离菌体和胞内酶与代谢产物的分离,它们的提取和精制方法步骤就有明显不同。尽管发酵产物同是代谢产物这一类型,由于生化产物的化学结构不同,它的提取和精制方法也就不同。生化产物大多数属于高分子的化合物,其化学性质和物理性质也是各种各样的,有中性物质、酸性物质、碱性物质和两性物质;在各种有机溶剂中的溶解度也不一样,有的溶于水或有机溶媒,有的难溶或不溶。因此要从发酵液中提取和精制发酵产品有效成分,其方法也就不同。

至于应如何着手对一种未知的生化产品的发酵液进行提取呢?一般可通过两个步骤:确定产物的类型、发酵产物适合的条件。

先研究该生化产物是属于哪一类型,是属碱性、酸性、两性物质或它的大致等电点以及在各种溶剂中的溶解情况等。这一步骤即用纸上电泳和纸上层析法,通过各种不同的溶媒系统,进行初步实验,可以大致确定它属于哪一类型,其次也可以了解它是一种成分还是几种成分的混合物。

通过稳定性的研究,如将发酵液用各种不同的温度,调节各种不同的pH值进行处理,来检查有效的物质的稳定情况。这样可以了解该发酵产物在哪一种适合的条件下进行提取和精制而不受破坏,同时在保证质量的前提下,尽可能提高其效率。

任务2:主要的生物分离技术简介列表

表6-3 主要的生物分离纯化技术一览表

分离纯化技术		开发现状	典型产物	产物回收率	选择项	产物产出形式
蒸馏		工业化	挥发性物质	高	回收所有的挥发性物质,选择性低	产物浓溶液
浓缩	加热法	工业化	非挥发性物质	取决于产物的稳定性	无选择性	去除挥发性组分的浓缩发酵液
	超滤法	工业化	分子量大于50 000的物质	高	去除所有低分子量化合物	浓缩且部分纯化的发酵液
萃取	溶剂(传统)	工业化	溶剂可溶性物质	中	去除所有不能溶于溶剂的化合物	产物与溶剂的混合溶液
	溶剂(离子对)	半工业化	溶剂可溶的,且必须有适当的抗衡离子的物质	高	较好选择性	产物与平衡离子溶剂的混合溶液
	双水相分配	小规模化	大分子量物质	中	中等选择性	溶解在聚乙二醇中的产物浓液
	双水相+液膜	工厂生产	潜力大,产物范围广	潜力大	潜力很大	溶剂和产物溶液的乳化液
沉淀、过滤或离心		工业化	产物的不溶性衍生物	高	选择性较高	产物不溶衍生物的浓浆
吸附		工业化	大分子量及不稳定物质	中	选择性高,甚至是专一的	以溶液形式存在于洗脱液中

生化产物的提取和精制过程也就是浓缩和纯化过程(表6-3),一般包括:发酵液的

预处理、提取和精制三个步骤。在提取前还必须使菌体、悬浮固形物、固体发酵液分开，即进行过滤或离心分离，并加入一些物质或采取一些措施，以改变发酵液的性质，便于以后的提取，这个过程称为发酵液的预处理。由于发酵液体积大，发酵液中的生化产物浓度低，一步操作远不能满足要求，而常要进行好几步操作。其中第一步操作从发酵液中分离提取生化产物最为重要，称为提取。而以后几步操作所处理的体积小了，操作要容易些，主要将生化产物部分除去杂质、浓缩、提纯及精炼，这个过程统称精制。由于生化产物的化学结构和理化性质各不相同，提取和精制方法也是多种多样。应针对发酵醪和生化产物的特性，合理选择提取和精制的方法。常用的提取方法有离子交换膜分离法、沉淀法、溶媒萃取法、吸附法等（见表6-4、表6-5）。生化产物的提取和精制虽有区别，但有密切的联系，如离子交换树脂法（吸附、脱色、胶盐作用）、离子交换膜分离法、凝胶层析法、沉淀法（包括结晶）、吸附法（包括活性炭吸附反脱色及色层分离），也同样是精制的主要方法之一，只不过是在精制过程中成了单元操作而已。当然，常用的精制过程还包括浓缩、结晶、干燥及蒸馏等单元操作。

表 6-4 主要的生物物质分离纯化技术的特点

	方法	原理	特点	缺点
萃取法	有机溶剂萃取法	依靠在水和有机溶剂中的分配系数的差异进行分离	适用于有机化合物及结合有脂质或非极性侧链的蛋白质等的分离。其中反胶团系统较适合于生物活性物质的萃取	萃取条件严格，安全性低，活性收率低
	双水相萃取法	依据目的物在不相溶的亲合物或无机盐溶液形成的两相中的分配系数不同而进行分离	可连续或批式操作，设备要求简单，萃取容易，操作稳定，极易放大。适合于大规模应用。将离子交换基团、亲和配基、疏水配基等结合在聚合物分子上，可改进分配系数及萃取专一性	成本较高，纯化倍数较低。适合于粗分离
	反胶团萃取法	利用表面活性剂形成的"油包水"微滴，对蛋白质等进行分离	有一定的选择性，操作简单，萃取能力大	表面活性剂筛选工作量大，目前还缺乏应用实例

续表

	方法	原理	特点	缺点
萃取法	凝胶萃取法	利用凝胶可发生可逆、非连续的溶胀和皱缩以及对所吸收的液体具有选择性的性质进行物质分离	设备简单、能耗低、再生容易,有良好的应用前景	目前还处于实验全研究阶段
	超临界液体萃取法	利用某些流体在高于其临界压力和临界温度时形成的超临界流体作为溶剂进行萃取	萃取能力大、速度快,可通过控制温度和压力改变对某些物质的选择性	操作压力大,目前大规模应用的例子不多,但研究十分活跃
沉淀法	有机溶剂沉淀法	利用有机溶剂破坏蛋白质分子的水化壳,使之来集成更大的分子而沉淀	可用于沉淀各种蛋白质。实现分级沉淀,达到粗分离和浓缩的目的。应用较广、简便,可大规模应用	需低温下进行,沉淀也会发生蛋白质变形失活
	盐析法	利用无机盐破坏蛋白质分子的水化层,中和表面电荷使之来集成更大的分子团而沉淀	可用于蛋白质分级沉淀或沉淀、粗分离及浓缩作用。对生物活性有一定的保护作用。方法简便,可大规模应用	蛋白质的回收率一般,产生的废水含盐高,对环境有比较大的影响
	化学沉淀法	通过化学试剂与目的产物形成新的化合物,改变溶解度而沉淀	可针对性沉淀目的产物度	通用性差,需分解沉淀回收目的产物
	等电点沉淀法	利用带电物质在等电点时电解度最小的原理,在低的离子强度下,调节pH至等电点,使蛋白质等所带电荷为零,使蛋白质等物质沉淀出来,从而实现分离	方法简单、有效,成本较低,是常用的粗分离方法	酸化时,目标产物比较容易失活

续表

	方法	原理	特点	缺点
层析法	离子交换层析法	依据被分离物质的各组分的电荷性质、数量以及与离子交换剂的吸附和交换能力不同而达到分离的目的	适用于带有电荷的大、中、小及生物活性或非生物活性物质的分离纯化,纯化效率较高,可柱式操作和搅拌式操作。应用广泛,常用于实验室和工业生产	操作较复杂,试剂消耗较大,成本高,放大比较困难,离子交换剂需再生后方可再用
	吸附层析法	依据范德华力、极性氢键等作用力将分离物吸附于吸附剂上,然后改变条件进行洗脱,达到分离纯化的目的	吸附色谱可柱式或搅拌式操作。吸附剂种类繁多,可选择范围和应用范围广,吸附和解吸的条件温和,不需要复杂的再生	选择性较低。柱式操作放大困难
	亲和层析法	依据目的产物与专一性配基的专一性相互作用进行分离	选择性极高,纯化倍数和效率高。可从复杂的混合物中直接分离目的产物	成本高,配基亲和稳定性差,使用寿命有限,亲和材料制备复杂,放大困难
	染料亲和层析法	依据染料分子与目的产物之间的专一性作用而进行分离	选择性高,成本低,使用定性好,寿命长	有染料配基污染产物的可能,放大困难
	疏水层析法	依靠疏水相互作用进行分离	选择性较好,使用稳定性好应用较广	成本较高,放大困难,需较严格控制条件,保证活性收率
	凝胶层析法	依据分子大小进行分离	分离条件温和,活性收率较高,选择性和分辨率高,应用广,适合于生物大分子的分离纯化	放大较困难,稀释度高,操作不易掌握
结晶法	结晶法	利用只有同类分子或离子才能排列成为晶体的性质进行物质分离	选择性好,成本低、设备简单、操作方便,广泛应用于抗生素等的分离	要得到均匀的结晶时需要很高的操作要求,常常需要纯净的初始溶液、浓缩以及重结晶才能得到高品位的产物

表 6-5 主要的生物物质分离纯化技术的经济性

分离纯化技术		操作性能	可应用性	废水产生情况	附加操作
蒸馏		好	挥发性低值产物	废液可循环使用	无
浓缩	加热法	好	低值产物	无	无
	超滤法	有堵塞和清洗问题	低值产物	提去高分子物质的发酵液	膜清洗
萃取	溶剂(传统)	好,有乳化问题	中值产物	污染溶剂的发酵液	溶剂回收
	溶剂(离子对)	应不错	中值产物	污染溶剂和抗衡离子的发酵液	可能有溶剂回收及分离
	双水相分配	应不错	高值产物	污染分离剂的发酵液	抗衡离子回收分离剂
	双水相+液膜	应不错	高值产物	溶剂和湿润剂污染的废液相	乳化及分离
沉淀、过滤或离心		应不错	低值产物	废发酵液可能有污染沉淀	重溶解沉淀
吸附		好,有可能	中值产物	无污染的废发酵液	吸附剂再生

子情景 6：生化产品分离工艺介绍

任务 1：影响分离纯化方法的选择和分离工艺设计的因素

生物产品的商品化,除了必须有良好、高效的生物分离纯化的方法外,还必须对这些方法进行合理的安排,以得到可用于大规模生产的、具有良好经济性的生物分离工艺(图 6-4)。为了获得优化的生物分离工艺,保证生产目的的实现,工艺设计者在设计具体工艺前一般需要考虑以下总体概念。

1. 纯度和质量

产品的用途决定了产品的纯度和质量,不同用途的产品对纯度和质量的要求是不同的。同样，不同性质的产品和所含的杂质的种类也是不同的，需要选择不同的分离纯化技术来组合成为不同的分离工艺。

2. 成本

分离工艺设计前，设计者首先要搞清楚影响成本的全部因素，以及这些因素与分离纯化方法和工艺之间的关系。显然，一个好的分离工艺应当包括低廉的生产成本，以增强产品的市场竞争能力。

同时，为了在工艺设计时能准确地进行分离技术、技术条件、步骤和步骤之间的协调等，预先了解和掌握以下各种情况是十分必要的。

利用微生物工程菌进行发酵或动植物细胞培养、酶反应等进行生物产品生产的上游过程中的各种因素均对分离纯化的方法和分离工艺有直接的影响。这些因素包括：

① 菌种或细胞的类型、形态、大小、生物学性质，产物和副产物的种类，产物在细胞内所处的位置、表达方式（胞内、胞外、包含体、酶原等），代谢物的种类，是否产生色素、产物类似物、毒素和能降解产物的酶类等。

② 原材料和培养基的来源及质量是否稳定，所含色素、杂质、蛋白质、盐和使用的消沫剂的种类和含量。

③ 生产工艺和条件，如灭菌方法和条件、生产方式（连续、批式、半连续）、生产周期、菌体细胞的完整性、原料残留、生产能力、工艺条件控制因素及方式等。

④ 分离物料的物理、化学和生物学特性，包括产物的浓度、主要杂质的种类和浓度、盐的种类和浓度、pH、电导率、生物量、固形物含量和性质（粒度、表面性质、电荷性质、形态、过滤速度、滤饼可压缩性等），以及被处理液的黏度、流体力学和热力学性质等。

⑤ 物料中杂质的种类和性质，包括相关性和非相关性杂质的含量、化学性质、结构、分子量、电荷性质及数量、生物学性质、溶解度、分配系数、挥发性、吸附性能以及对热、pH、盐、有机溶剂的稳定性等。

⑥ 目的产物的特性，主要有产物的化学、物理和生物学性质，包括化学组成、分子量、等电点、静电荷、电荷分布及密度、溶解度、稳定性（对 pH、盐、有机溶剂、热、冷冻和金属离子等的稳定性）、疏水性、扩散性、分配系数、吸附性能、吸附等温线、生物活性、亲和性能、配基种类、表面活性

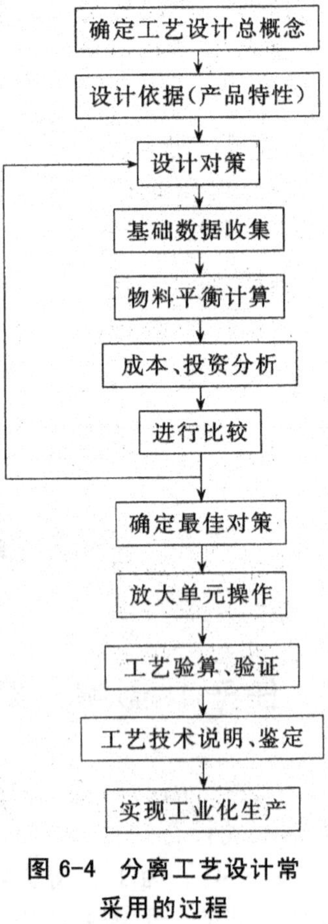

图 6-4 分离工艺设计常采用的过程

的影响、晶体或固形物的形态、离心或过滤性能、压缩性能以及快速测定的方法等。

⑦ 产品的质量指标、用途以及对纯度、生物活性、比活的要求。允许的杂质种类和最大允许含量，特殊杂质的种类和最大允许量以及对使用的影响，产品的剂型、生产产

量及规模等。

任务 2：对分离纯化技术和分离工艺的要求

生化产品的大规模生产对分离纯化技术和生物分离工艺有以下一些要求。

① 生物分离工艺必须保证。任何人使用这个工艺均能生产出合格的产品；工艺在任何环境中使用都具有重复性，可生产出同一规格的产品。

② 生产环境的改变不应对使用同一分离工艺生产的生化产品质量发生影响。另外，还要求分离工艺不受或少受上游工艺、条件及原材料来源的影响，或者有一较宽的稳定范围。必须明确分离工艺中需严格控制的步骤或技术，以及允许的变化范围，以保证分离工艺的重复性。一般来说，需严格控制的各工艺步骤或技术越少，工艺条件可变动范围越宽，工艺的重复性越好。生化产品的生产过程中，可能产生具有危险性的生物活性物质，要求工艺不应对操作人员和环境产生影响，在选择分离纯化技术、工艺和条件时要能确保有危险性杂质的去除，保证产品质量和使用安全以及生产过程安全。

③ 要求生物分离工艺有较强的产品适应性，以满足产品更新换代的需要。在保证产品质量的原则下，尽可能减少组成工艺的操作单元数。操作单元数越多，产品的分离纯化收率就越低。要求组成生物分离工艺的分离纯化技术具有高效性，一般来说，分离原理相同的技术在工艺中不重复使用。

④ 组成工艺的各技术方法或步骤之间能相适应、协调，并要求工艺与设备的协调和适应性，减少操作步骤之间对物料的处理和条件调整。在生物分离工艺过程中，尽可能少地外加试剂，以免增加分离纯化步骤或对产品质量的干扰。

⑤ 稳定性差的产物特别是生物活性物质随工艺进行时间的增加，其收率会降低，产品质量也会下降，因此要求分离工艺的操作时间尽可能短，以保证生物物质的收率。要求分离工艺条件温和、能耗低、纯化倍数高、收率高以及容易操作、可放大等。

子情景 7：成品干燥

任务 1：概述

成品(物质)干燥这一单元操作，从工业角度来看具有重大的研究和发展意义，并且更为重要的是常常和分析检测相关联。

众所周知，任何干燥过程的最终目的，都是减少物质中的含水量，使其达到所希望的水平，因为干燥与产品的质量和能量的消耗紧密相关，其操作和维护费用占产品总价值的比例很大，而质量又是销售的竞争要素，所以干燥和脱水技术始终是科学研究和开发的热点。

对于生化反应过程结束时得到的培养液中,一般含有 0.1%～5%的干物质,接下来的任务,是从中提取有用的产物(抗生素、酶制剂、蛋白质和其他生物活性物质)并将其转变成商品。大多数生物合成产品以干的形式出厂时,还含有 5%～12%的水分。

在工业条件下,从培养液或浓的悬浮体和溶液中进行脱水有两个主要的方法:

① 机械方法。其特点是不发生相的变化,即通过过滤、离心等方法,除去悬浮液中大部分水分,但是不能得到最终含水量 5%～12%的产物。

② 加热方法。其特点为通过相的变化,即用热来改变水的状态,使之由液态(固态)到气态,蒸发和干燥属于加热方法脱水。

蒸发(在培养液沸腾时将水蒸气除出)与机械方法的脱水一样,不可能得到干态的最终产品。因此,加热干燥是制取以干粉形式、含水量在 5%～12%的生物制品的主要工业方法。

任务 2:生物产品的干燥方法

按照水分的原始聚集状态,干燥可分为从液态开始干燥和绕过液相从固态直接蒸发——升华两种方式。

可根据操作方式和进料的物理状态来对干燥机进行分类,分别见图 6-5 和表 6-6。

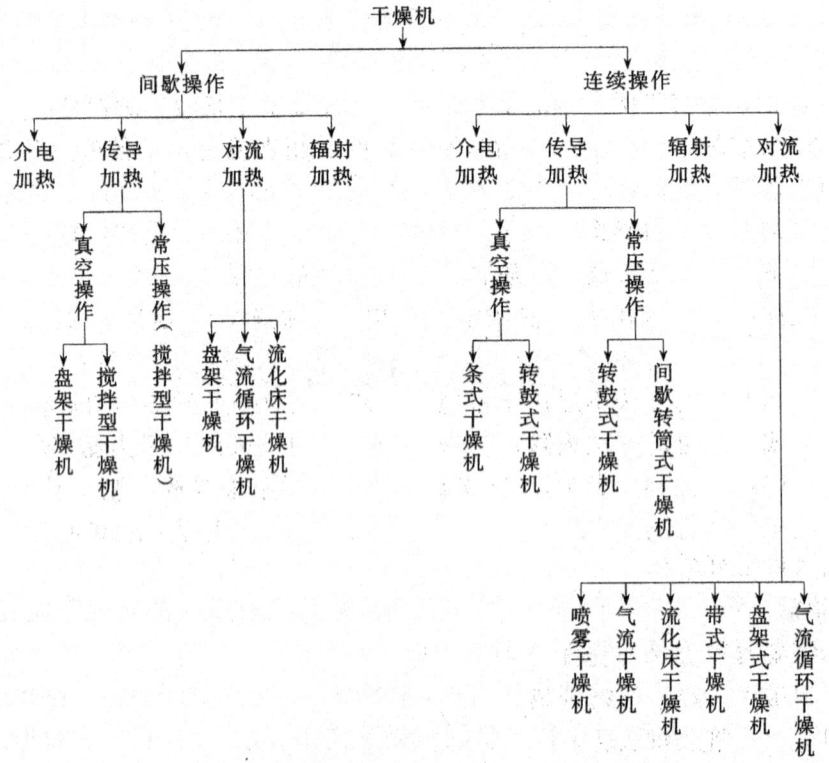

图 6-5　按操作方法区分的干燥机类型

干燥机主要是通过传导、对流或辐射作用来工作。有些干燥机可用介电加热传递来操作,有些则可用辐射过程来操作,所以可能分别形成介电干燥机和辐射干燥机。热传递的介电过程适用于不良导体,如食品和生物制品一类物质。通常,热传递的介电过程,要求有一个交变的电场(或加热和冷却操作),但这两种干燥机尚在发展中。在此先按照供能特征,即按照供能的方式分为接触式、对流式、辐射式干燥进行介绍。

在接触干燥时,热通过加热表面(金属方板、辊子)传给需干燥的物料。这时水分被蒸发转入物料周围的空气中。根据这一方法建立起来并且用于微生物合成产品干燥的干燥机有单滚筒、双滚筒和厢式干燥机,但是现在已被其他干燥方法建立起来的干燥机所取代。

表 6-6 按湿物料物理状态区别的干燥机类型

干燥剂	液体	分批、转鼓、喷雾
	悬浮液	分批、转鼓、喷雾、真空带式
	糊或泥	盘架、带式、分批、转鼓、液化床
	硬块	盘架、回转
	结晶或颗粒	转筒、气流、盘架、分批、液化
	纤维	盘架、带式、分批、液化床、气流、转筒
	片状	盘架、转鼓

在热对流干燥时,干燥过程必需的热量用气体干燥介质传送,它起热载体和介质的作用,将水分从物料上转入到周围介质中。这个方法广泛地应用在微生物合成产物的干燥上,主要有气流干燥器、空气喷射干燥器、喷雾干燥器和沸腾床干燥器。

在辐射干燥,即红外线干燥时,热从辐射源以电磁波形式传送,辐射源的温度通常在700℃到2 200℃之间,这个加热方法应用在微生物合成产物的升华干燥上。

除了上面列举的干燥方法以外,利用高频电磁场来干燥同样是可能的,但这个方法设备价格高,能耗相当大,使用复杂,所以未应用在干燥微生物合成产品上。

在已知型式的干燥装置中,应用了已经列举的各种加热方式的不同组合。例如,在升华干燥中利用了热传导和热辐射两种方式的组合。由于大多数微生物合成产物是热不稳定性的,所以对它们的干燥使用了最温和的方法,尽量降低干燥的温度和时间。当水分从液态蒸发时,在真空下进行操作或者用微颗粒物料干燥,这个要求是可以达到的。此外,升华方法对干燥热不稳定物料也创造了比较有利的条件。

目前,对于干燥微生物合成产物,最广泛应用的干燥器主要是对流给热的干燥器(气流、空气喷射、沸腾床、喷雾等),对于活的菌体、各种形式的酶和其他热不稳定产物的干燥,可使用升华干燥器。

达标自测

一、名词解释
1. 生化生产上游过程
2. 生化生产下游过程

二、填空题
1. 生物产品的后处理过程一般包括：发酵液的_____、提取和_____三个步骤。
2. 传统生物技术主要是通过微生物的初级发酵来生产产品，它一般包括三个重要的步骤：第一步，上游处理过程；第二步，_____；第三步，下游处理过程。
3. 生化产物在物料中的存在形式基本上有两种情况：_____或_____。
4. 工业生产工艺中的分离纯化步骤的安排顺序还是有一些共同点。此步骤总是将_____分离的物质放在前面，而将难以分离的物质留在后面进行分离。一般第一步应当是_____的低分辨率的分离技术，如沉淀、粗的吸附；第二步采用高分辨、_____分离技术；最后选择兼有高选择性分离纯化又有澄清、脱盐等作用的_____等。
5. 对于生化反应过程结束时得到的培养液中，一般含有_____的干物质，接下来的任务，是从中提取有用的产物（生化物质、抗生素、酶制剂、氨基酸、蛋白质和其他生物活性物质）并将其转变成商品。大多数生物合成产品以干的形式出厂时，还含有不大于_____的水分。
6. 蒸发（在培养液沸腾时将水蒸气除出）与机械方法的脱水一样，不可能得到干态的最终产品。因此，_____是制取以干粉形式、含水量在_____的生物制品的主要工业方法。按照水分的原始聚集状态，干燥可分为从_____开始干燥和绕过液相从固态直接_____两种方式。
7. 一般从天然生物材料制作生化产品的过程大体分为六个阶段：分别为_____原料的粉碎、提取、_____、干燥及保存、成品及制剂的制备。

三、简答题
1. 请列举出生物物质分离纯化的常用方法（至少5个）？
2. 在工业条件下，从培养液或浓的悬浮体和溶液中进行脱水有哪两个主要的方法？分别有什么特点？

第二部分
工艺实例

学习情境 7：酸乳的发酵生产

发酵乳制品是以生牛（羊）乳或乳粉为原料，经杀菌、发酵后制成的 pH 值降低的产品。其中酸奶油、酸乳等是通过乳液中接种乳酸细菌后，经发酵而制得的产品。而有些产品除细菌外，还有酵母和霉菌参与发酵。如蓝色干酪和沙门柏干酪就有娄地青霉（Penicillium roqueforti）、沙门柏青霉（P.camemberti）参与发酵。这些微生物不但会引起产品外观和理化特性的改善，而且可以丰富发酵产品的风味。发酵乳制品中以酸乳和干酪生产量最大。

任务 1：酸乳的定义

联合国粮食与农业组织(FAO)、世界卫生组织(WHO)与国际乳品联合会 (IDF)于 1977 年给酸乳做出如下定义：酸乳是指在添加(或不添加)乳粉(或脱脂乳粉)的乳中(杀菌乳或浓缩乳)，由于保加利亚乳杆菌和嗜热链球菌的作用进行乳酸发酵制成的凝乳状产品，成品中必须含有大量的、相应的活性微生物。

任务 2：酸乳的分类

1. 按成品的组织状态进行分类

① 凝固型酸乳：发酵过程是在包装容器中进行，色素、香料等添加剂在接种前加入，这样有助于混匀，然后将容器放在合适的条件下培养，使成品因发酵而保留其凝乳状态。

② 搅拌型酸乳：发酵过程是在发酵罐内(或搅乳器)内接种并培养，凝块在冷却和包装过程中被打碎而成黏稠的组织状态。

2. 按成品的口味进行分类

① 天然纯酸乳：仅由原料乳加菌种发酵而成，不含任何辅料和添加剂。
② 加糖酸乳：由原料乳和糖加入菌种发酵制成。

③ 调味酸乳:在天然酸乳或加糖酸乳中加入香料制成。
④ 果料酸乳:成品是由天然酸乳与糖、果料混合制成。
⑤ 复合型或营养健康型酸乳:是在酸乳中强化不同的营养素(如维生素、食用纤维)或在酸乳中混入不同的辅料(如谷物、干果等)而成。

我国新标准(GB19302-2010)将酸乳分为:纯酸乳和风味酸乳。

纯酸乳:是以生牛(羊)乳或乳粉为原料,经杀菌、接种嗜热链球菌和保加利亚乳杆菌(德氏乳杆菌保加利亚亚种)发酵制成的产品。

风味酸乳:是以80%以上生牛(羊)乳或乳粉为原料,添加其他原料,经杀菌、接种嗜热链球菌和保加利亚乳杆菌发酵前或后添加或不添加食品添加剂、营养强化剂、果蔬、谷物等制成的产品。

3. 按原料中脂肪含量进行分类

根据 FAO/WHO 规定,脂肪含量全脂酸乳为3.0%,部分脱脂酸乳为0.5%~3.0%,脱脂酸乳为0.5%;酸乳非脂固体含量为8.2%。

4. 按发酵后的加工工艺进行分类

① 浓缩酸乳:是将正常酸乳中的部分乳清除去而得到的浓缩产品。
② 冷冻酸乳:是在酸乳中加入果料、增稠剂或乳化剂,然后将其进行凝炼处理而得到的产品。
③ 充气酸乳:发酵后,在酸乳中加入部分稳定剂和起泡剂(通常是碳酸盐),经均质处理即成。该类产品通常是以充 CO_2 气的酸乳饮料形式存在。
④ 酸乳粉:通常使用冷冻干燥法或喷雾干燥法将酸乳中约95%的水分除去可制成酸乳粉。在制造酸乳粉时,在酸乳中加入淀粉或其他水解胶体后再进行干燥处理,即为食酸乳。

5. 按菌种种类进行分类

① 酸乳:一般是指仅用保加利亚乳杆菌和嗜热链球菌发酵而得的产品。
② 双歧杆菌:酸乳菌种中含有双歧杆菌,如法国的"Bio"、日本的"Mil-Mil"。
③ 嗜酸乳杆菌酸乳:酸乳菌种中含有嗜酸乳杆菌和其他乳酸菌。
④ 干酪乳杆菌酸乳:酸乳菌种中含有干酪乳杆菌和其他乳酸菌。

任务3:酸乳的营养价值

酸乳因乳酸菌的发酵而产生酸类、羰基化合物、酯类、醇类、芳香族化合物、杂环化合物等所形成的良好风味,受到消费者的青睐,同时在发酵过程中产生独特的营养物质,具有极高的营养价值和保健功能。

1. 营养丰富，消化吸收好

① 乳酸可与乳中 Ca、P、Fe 等矿物质形成易溶于水的乳酸盐，大大提高了机体对 Ca、P、Fe 的利用率。

② 乳酸菌发酵产生蛋白质水解酶，使原料乳中部分蛋白质水解，使酸乳中含有比原料乳更多的肽和比例更合理的人体必需氨基酸；而且发酵产生的乳酸使乳蛋白质形成微细的凝块，延缓了在肠道中的释放速度，更易被蛋白水解酶进行充分的分解，有利于被人体消化吸收。

③ 酸乳中含有大量的 B 族维生素和少量脂溶性维生素。

④ 酸乳因受乳酸菌脂酶的作用，不仅产生少量的游离脂肪酸，而且脂肪的构造发生变化，易于消化吸收。

2. 减轻"乳糖不耐受症"

人在刚出生时，体内乳糖酶活力最强，断乳后开始下降，成年人体内的乳糖酶活力仅为其刚出生时的 10%，有的人体内的乳糖酶活力更小，以至于无法消化乳糖，当喝牛乳时就会出现腹痛、腹泻、痉挛、肠鸣等症状，称为"乳糖不耐受症"。酸乳中一部分乳糖被水解成半乳糖和葡萄糖，再被转化为乳酸，因此酸奶中的乳糖比鲜牛乳中要少。另外，酸乳中的活菌直接或间接地具有乳糖酶活性，因此摄入酸乳可以减轻喝牛乳时出现的乳糖不耐症，常饮效果更佳。

3. 提高人体抗病能力

酸乳中的乳酸菌能以活体形式到达大肠，在肠道中营造一种酸性环境，有利于肠道内有益菌的繁殖，而对一些致病菌和腐败菌的生长有显著的抑制作用，从而起到协调人体肠道中微生物菌群平衡的作用，提高机体免疫力。

酸乳生产需要添加发酵剂，发酵剂菌种在生长繁殖过程中，能够合成某些抗生素。例如，乳酸链球菌能产生乳酸链球菌素，乳油链球菌产生乳油链球菌素等，这些抗生素能抑制和消灭多种病原菌，因此食用酸乳可以提高机体自身的抗病能力。

4. 其他功能

酸乳中的抗胆固醇因子乳清酸、乳糖和钙、羟甲基戊二酸等具有降低血压、抑制胆固醇的功效；酸乳能够控制体内毒素，起到延缓衰老，美容、润肤作用；由于有微生物族群的抗拮作用，会使产生致癌物的不良细菌大量减少，进而减少致癌概率。

任务 4：工艺流程

酸乳生产的工艺流程，如图 7-1 所示，搅拌型酸乳和凝固型酸乳的预生产步骤相同，对每一步将做具体操作。

原料准备/牛乳预处理→预处加热→均质→热处理→冷却至接种温度→加入发酵剂
　　　　　→搅拌型酸乳生产→大罐发酵→破碎凝乳→中间贮藏→灌装→冷藏
　　　　　→加入色素、香精并灌装→发酵→冷却→冷藏

图 7-1　酸乳的生产步骤

1. 准备原料乳

用奶罐从农场或收奶站收集到的牛乳，必须符合酸乳生产的卫生标准：原料乳必须新鲜，细菌含量低，酸度不超过 18°T，酒精实验中没有凝固现象；通过微生物、生化免疫或现代仪器等方法检测分析，不含有抗生素；原料乳中不得含有噬菌体、CIP 清洗剂残留物和有效氯等杀菌剂等。同时脂肪含量在 3.2%以上，非脂干物质含量在 8.5%以上，脱脂乳的非脂干物质应在 8.3%以上。

通常情况下，运输途中不可避免奶温会略高于 4℃，因此牛乳在贮存等待加工前，通常经过板式交换器冷却到 4℃以下。未经处理的原乳贮存在大型立式贮奶罐中，通常容积范围在 50 000~100 000L，牛乳在加工之前，进行 1~2 h 自然脱气，脱气结束前 5~10 min，进行搅拌，保证牛乳质量均一。

2. 标准化和配料

(1) 标准化

酸乳生产所用的原料乳需先经过标准化，目的是使产品符合要求。在食品法规允许范围内，根据所需酸乳成品的质量要求，对乳的化学组成进行改善，从而使其不足的化学组成得到校正，保证各批成品质量稳定一致；标准化也加强了原料乳用量的合理性，以尽量少的原料乳生产出符合质量标准的产品。

目前标准化的工艺方法一般有三种途径：添加原料组成、浓缩原料乳和重组原料乳。添加原料乳：在原料乳中直接加混全脂或脱脂乳粉或强化原料乳中某一乳组分（如乳清粉、酪蛋白粉、奶油、浓缩乳等）达到原料乳标准化目的。浓缩原料乳有三种方式：蒸发浓缩、反渗透浓缩和超滤浓缩。复原乳：用脱脂乳粉、全脂乳粉、无水奶油为原料，根据所需原料的化学组成，用水配制而成的标准原料乳。

(2) 配料

国内生产酸乳一般都要加糖，一般加量为 4%~7%。加糖方法是先将溶解糖的原料乳加热至 50℃左右，加入砂糖，待完全溶解后，经过滤除去杂质，再加入到标准化乳罐中。

3. 预热、均质、热处理、冷却

一般来说，预热、均质、热处理、冷却都是由预热、热处理、保持、冷却段组成的板式热交换器和外接的均质机联合完成的。

① 预热：物料通过泵进入杀菌设备，预热至 55~65℃，再送入均质机。

② 均质：在发酵过程中及最后的贮藏和运输中都必须防止脂肪分离，这一点对脂

肪含量相对较高的产品尤为重要,另外对于凝固型酸乳的生产也特别重要,因为凝固型酸乳不再进行搅拌。

酸乳是一种水包油型乳浊液,均质机在这方面的作用是减小不连续相——脂肪球的体积,从而有助于形成一个稳定的乳浊液体系。在牛乳中,脂肪球的直径范围为 1~20μm,均质的作用是将脂肪球的平均直径降低到 2μm 以下,在均质阀心和出口间的空间所产生的高速作用以及通过均质阀心的泵送通道所产生的强剪切作用下进行破碎脂肪球(如图 7-2)常用两级均质的第一级和第二级的均质压力分别为 15MPa 和 4MPa。由于脂肪需要保持液态,均质温度就需要在 50℃以上,有时可能接近 65℃。经均质的乳脂肪的表面积增大,浮力下降(如图 7-3);此外经均质后的牛乳脂肪球直径减小,易于消化吸收。一般来说,一级均质适用于低脂肪产品和高黏度产品的生产,二级均质适用于高脂、高干物质产品和低黏度产品的生产。

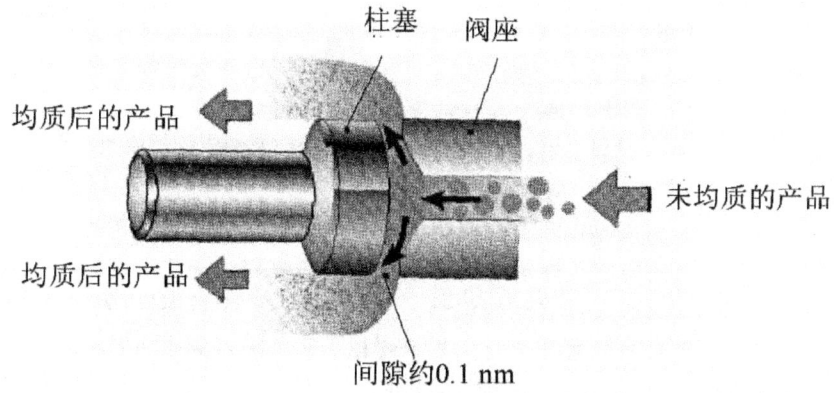

图 7-2 脂肪经过均质的示意图

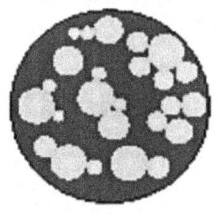 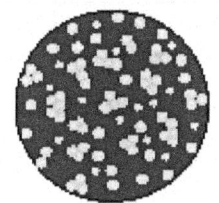 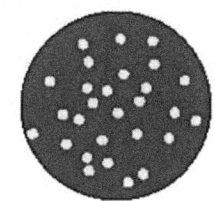

a. 均质前脂肪分布　b. 一段均质后脂肪分布　c. 二段均质后脂肪分布

图 7-3 均质前后乳中脂肪球的变化

③ 热处理:热处理的目的如下几点。

a.杀灭营养食品中的有毒微生物。

b.杀灭和减少食品腐败微生物至可以接受的水平。

c.减少微生物总量至不会危害发酵剂微生物生长的水平。

d.为了使乳清蛋白变性,改善最终产品的质构,保证在货架期内不出现乳清分离现象(在凝固型酸乳的制造过程中,这一点尤为重要)。

e.需热溶的水合稳定剂,可以通过板式或管式换热器的加热段来实现,而且在不同的温度与时间组合下,不同的蛋白质之间会发生反应。当牛乳经 85℃、30min 处理后,蛋白质会表现出最佳亲水性,因此牛乳才会凝固而制得酸乳,这也是蛋白质最大的水合作用发生的时候。实际生产中,应用于奶制品的热处理多种多样,从小于65℃几秒钟到150℃几秒钟杀菌(UHT),制作酸乳的牛奶基料的杀菌方式(包括液态奶的杀菌)如表7-1所示,工厂可根据设备情况和产品品质要求自行选择,通常选用90～95℃,3～6min。

表7-1 液态乳与酸乳基料的热处理工艺

时间	温度/℃	工艺名称	说明
30 min 15 s	65 72	低温长时巴氏杀菌 高温短时巴氏杀菌	大约破坏99%的微生物生长细胞,能抑制某些酶的活性
30 min 5 min	85 90～95	高温长时巴氏杀菌	破坏所有微生物细胞和部分芽孢,破坏大多数酶,但不包括蛋白酶和脂肪酶
40～20 min 20～2 s	110～120 135～150	保持灭菌(常规灭菌) 超高温瞬时灭菌(UHT)	破坏所有微生物细胞和芽孢,可能不会造成所有的酶失活,但会引起牛奶颜色和风味的改变

④ 冷却:经过热处理的牛乳需要冷却到一个适宜的接种温度。在很多情况下,冷却可以在板式换热器的热回收段里完成,在间歇的贮罐或搅乳器里制作酸乳,允许通过冷水夹套或贮罐冷却(有效的水浴)。对短凝乳时间的接种,其接种温度在42℃左右,如果需要延长发酵时间,温度可以降低一些(30～32℃)。考虑到接种罐罐壁的温度、冷发酵剂的加入和潜热的影响,测得的冷却段的实际温度很可能会比所需要的高1～2℃,这主要取决于容量、搅拌方式、输送距离等。

对短凝乳时间的接种来说,获得一个精确的接种温度至关重要,因为温度太高会抑制并杀死发酵剂培养物,而温度太低会导致发酵时间不必要的延长。

4.接种

接种是指在物料基液进入发酵罐的过程中,通过计量泵将工作发酵剂连续地添加到物料基液中,或将工作发酵剂直接加入物料中,搅拌混合均匀。

① 接种量:接种量有最低、最适和最高三种,最低接种量一般为0.5%～1.0%,最适接种量在2.0%～3.0%,最高接种量在5.0%以上。经实验证明:当接种量超过3%时,达到滴定酸度100°T所需的时间并未缩短,而酸奶风味因发酵前期酸度上升太快,上升太快反而变差;反之,接种量过小,达到所要求的滴定酸度所需时间就会被延长,且酸奶中杆菌数少于球菌,乳酸含量较低,酸奶的酸味不够。

② 接种方法:接种前应将发酵剂充分搅拌,使凝乳完全破坏;接种时应严格注意操作卫生,防止霉菌、酵母、细菌噬菌体及其他有害微生物的污染;接种后,要充分搅拌10

min，使发酵剂菌体与杀菌冷却后的牛乳充分混合均匀；此外还应注意保温。

目前多采用特殊装置在密闭系统中以机械方式自动添加发酵剂量，如无此类装置，亦可以手工方式将发酵剂倾入发酵罐中，但一定要注意操作卫生，防止杂菌污染。有的酸乳加工厂使用直接入槽式冷冻干燥颗粒状发酵剂按比例将发酵剂加入发酵罐，或者散入工作发酵剂乳罐中扩大培养一次，即可作为工作发酵剂使用。

5.发酵

在现代的自动化工厂里，搅拌型和凝固型酸乳都是连续化生产的。在搅拌型和液态/饮用型酸乳的生产中，大罐培养是在热水夹套式的大培养罐内完成的（如5 000～10 000L）。至于凝固型酸乳则是在零售容器中进行发酵的，其培养温度取决于所用的发酵剂微生物和计划培养的时间。零售容器中凝固型酸乳的发酵一般是在热风培养室内进行的。

发酵温度一般控制在42～43℃，这是嗜热链球菌和保加利亚乳杆菌最适温度的折中温度，实际上培养温度大都控制在40～45℃，发酵时间一般在2.5～4h，发酵终点判断是制作凝固型酸乳的关键技术之一，如发酵终点确定得过早，则酸乳组织软嫩、风味差，过迟则酸度高、乳清析出过多，风味同样不佳。发酵终点判断有以下几种方法：

① 发酵一定时间后，抽样观察，打开瓶盖，观察其凝乳情况，如已基本凝乳，立即测定酸度，酸度达到65～70°T，可终止发酵。

② 抽样观察，打开瓶盖，缓慢倾斜瓶身，观察酸乳流动性和组织状态：如流动性变差，酸乳中有微小颗粒出现，可终止发酵；如不够则适当延长发酵时间。

③ 详细记录每批发酵时间和发酵温度等，供下批发酵判断终点时参考。

搅拌型酸乳发酵通常在专门发酵罐中进行。发酵罐带有保温装置，利用罐体四周夹层里的热媒体来维持一定温度，发酵罐装有温度计和pH计，pH计可控制罐中的酸度，当酸度达到一定数值时，pH计就传出信号。发酵温度为41～43℃，经过2～3h，pH值降至4.7左右，酸乳在发酵罐中形成凝乳，如图7-4所示为搅拌型酸乳的发酵和灌装典型的生产线。

在实际生产中，对于非连续灌装工艺或采用效率较低灌装手段，持续时间较长，应注意温度的保持；发酵时间确定还应考虑后面的冷却过程，在冷却过程中，酸乳酸度还会继续上升。

6.搅拌

这一过程在搅拌型和液态/饮用型酸乳生产中采用，且在破坏热凝乳的凝胶结构和乳清蛋白的结合中是必不可少的。缓慢搅拌(2～4 r/min)5～10 min，通常可获得均匀的混合物。搅拌能抑制发酵剂活性和降低产酸速率。

7.添加果料

果料的添加可以采用一系列不同的系统，包括在线内定量地将果料添加到已离开中间贮罐、即将灌装的酸乳中,或者在一个特殊的混合罐中添加果料与定量的酸乳混合。

往搅拌型酸乳中添加果料通常是用一个可调速的计量泵连续进行的,这种计量泵将果料泵入果料混合装置中的酸乳中,该混合装置的设计要保证果料在进入酸乳后能被均匀地混合。

许多厂家认为,在这一阶段酸乳用泵输送对其质构和黏度都是有害的,因此选择特别设计的系统,在这一系统中,果料是用剪切力小的柱塞或类似的装置来输送并与酸乳混合的。果料包括水果、糖类、稳定剂、色素和香精等,具体用量由生产者考虑。水果的实际用量的变化是很大的,作为一个指导原则,水果浓缩物的添加量一般为最终产品的15%~25%,这主要取决于配料中水果的含量。最终产品中水果的实际含量很可能为6%~10%,国外一般为12%~18%。

无论采用何种方式添加果料,都应确保终产品获得均一的色泽和风味,不出现任何缺陷。确保果料的有效添加是很必要的。

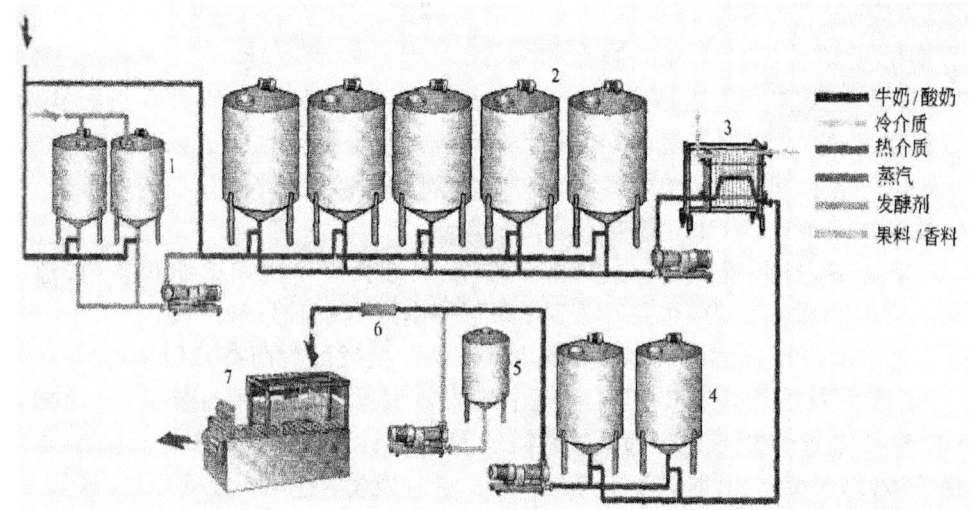

1-生产发酵剂罐;2-发酵罐;3-片式冷却器;4-缓冲罐;5-果料/香料;
6-混合器;7-包装

图 7-4 搅拌型酸乳发酵和罐装工段

8.冷却和冷藏

冷却目的是终止发酵过程,抑制酸乳中乳酸菌的生长,使酸乳的质地、口味、酸度等达到规定要求。

凝固型酸乳发酵结束,应将酸乳从保温室转入冷却室,用冷风迅速将酸乳冷却至10℃以下,此时酸乳中乳酸菌生长活力很有限,在5℃左右时,它们几乎处于休眠状态,因此酸乳酸度变化微小。

在搅拌型和液态酸乳的生产中是用温和的正位移泵将酸乳泵送到板式或管式冷却器中进行冷却,这样做的目的是为了达到足够低的能抑制发酵剂活性的温度。为了保证产品质量的均一性,泵和冷却器应在20~30min内排空发酵罐。传统的连续生产是一步冷却到10℃以下,贮存在一个缓冲罐内,并与预先准备好的果料等配料混合。二步冷却是指先将酸乳从发酵温度(30~45℃)冷却到15~20℃,接着添加风味物质、果料等其他配料,然后灌装到零售容器中,将酸乳冷却到10℃以下,进行冷藏保存。由于二步冷却对酸乳黏度提高有一定的作用,在工业化生产中得到广泛应用。不管采取什么冷却工艺,必须注意的是,酸乳凝乳开始冷却时处于相对比较高的pH值,而冷却的速率(快或慢)会影响到产品的最终酸度。冷却速率还会对凝固型酸乳的质构产生影响,快速冷却可能会加剧乳清析出,这是因为快速冷却,可能会导致蛋白质网络结构剧烈收缩,从而影响相应的保水性能。

酸乳在10℃以下的冷藏过程中,还能促进产香物质的生成,改善酸乳的硬度。冷藏温度一般控制在2~5℃,最好是在-1~0℃的冷藏室中保存,长时间贮藏温度可控制在-1.2~-0.8℃。

9. 灌装

凝固型酸乳接种后应立即连续灌装到零售容器中,搅拌型酸乳在和果料混合均匀后,直接流入灌装机进行灌装。灌装方式有手工灌装、半自动灌装和全自动无菌灌装等。酸乳容器一般有玻璃瓶、塑杯、纸盒、陶瓷瓶等,玻璃瓶因能很好地保持酸乳组织状态,容器本身又无有害浸出物质,适合于凝固型酸乳灌装,但运输比较沉重,回收、清洗、消毒等方面比较麻烦。整个灌装时间要做到快、短,这样乳液温度下降少,与所设定的发酵温度接近,整个发酵时间就不会延长。在灌装过程中,容器上部留出的空隙要尽可能小,其中内容物晃动幅度小,酸乳形态容易保持完整,此外减少空气也有利于乳酸菌的生长。塑杯和纸盒等容器在凝固型酸乳"保形"方面不如玻璃瓶,主要用来灌装搅拌型酸乳。

典型的凝固型酸乳的加工路线如图7-5所示。

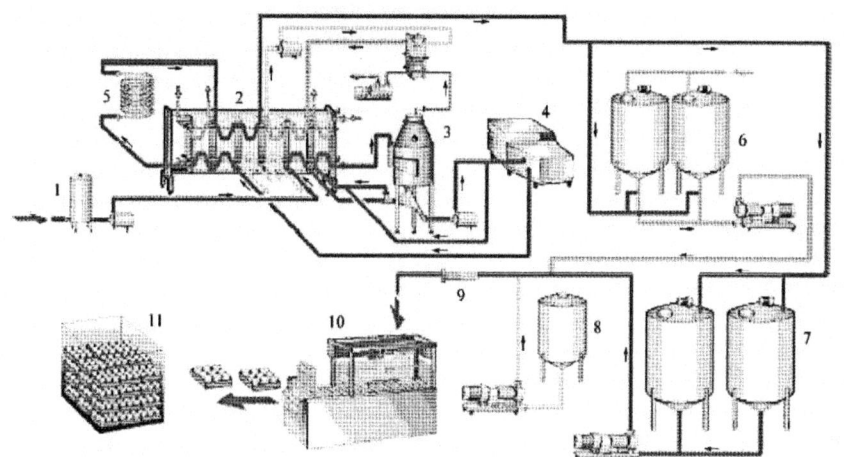

1- 平衡罐 2- 片式热交换器 3- 真空浓缩罐 4- 均质机 5- 保温管 6- 生产发酵剂罐
7- 缓冲罐 8- 香精罐 9- 混合罐 10- 包装 11- 培养
图7-5 典型的凝固型酸乳生产流程示意图

任务5：质量标准

按照 GB19302-2010 执行。

本标准适用于以牛(羊)乳或复元乳为主要原料,经杀菌、发酵、搅拌或不搅拌,添加或不添加其他成分制成的纯酸乳或风味酸乳。

1. 感官指标

感官指标如表 7-2 所示。

表 7-2　感官指标

项目	要求		检验方法
	发酵乳	风味发酵乳	
色泽	色泽均匀一致,呈乳白色或微黄色	具有与添加成分相符的色泽	取适量试样置于 50 mL 烧杯中,在自然光下观察色泽和组织状态。闻其气味,用温开水漱口,品尝滋味
滋味、气味	具有发酵乳特有的滋味、气味	具有与添加成分相符的滋味和气味	
组织状态	组织细腻、均匀,允许有少量乳清析出	具有添加成分特有的组织状态	

2. 理化指标

理化指标如表 7-3 所示。

表 7-3　理化指标

项目	指标	
	发酵乳	风味酸乳
脂肪[a]/(g/100g) ≥	3.1	2.5
非脂乳固体/(g/100g) ≥	8.1	—
蛋白质/(g/100g) ≥	2.9	2.3
酸度/(°T)	70	

[a] 仅适用于全脂产品

3.微生物指标

微生物指标如表7-4所示

表7-4 微生物限量

项目	限量(若非指定,均以 CFU/g 表示)			
	n	c	m	M
大肠菌群	5	5	1	5
金黄色葡萄球菌	5	0	0 /25g	—
沙门氏菌	5	0	0 /25g	—
酵母[a] ≤	100			
霉菌[a] ≤	30			

4.乳酸菌数

乳酸菌数如表7-5所示

表7-5 乳酸菌数

项目	限量[CFU/g(mL)]
乳酸菌数[a] ≥	1×10^{6}

[a] 发酵后经热处理的产品对乳酸菌数不作要求

注明:按照三级采样方案设定的指标,在 n 个样品中,允许全部样品中相应微生物指标检验值小于或等于 m 值,允许有≤c 个样品其相应微生物指标检验值在 m 值和 M 值之间;不允许有样品相应微生物指标检验值大于 M 值。

达标自测

一、填空题

1. 发酵乳制品:以生牛(羊)乳或_____为原料,经杀菌、_____后制成的 pH 值_____的产品。

2. 按产品的组织状态分为_____(set yoghurt)(瓶装)、_____(stirred yohurt)(袋装)。

3. 酸奶制作时发酵时间受接种量、发酵剂活性和培养温度的影响。用保加利亚杆菌和嗜热链球菌混合发酵剂时,温度保持在_____,培养时间_____(2%～3%的接种量),达到_____即可终止发酵。

二、简答题

1. 用于发酵生产乳酸的细菌主要有哪些?
2. 酸奶制作中,均质后进行热处理(杀菌)目的是什么?
3. 酸奶发酵终点可依据哪些条件来判断?

学习情境 8：白酒生产技术

任务 1：白酒的生产历史

在漫长的历史进程中，人类在对酿酒的认识是经历了从盲目自然界酿酒转变到人为自然界酿酒这个过程，纵观其发展可以分为以下 5 个时期。

① 启蒙期：公元前 4000～公元前 2000 年，即由新石器时代的仰韶文化早期到夏朝初年，漫长的 2000 年，是我国传统酒的启蒙期。用发酵的谷物来炮制水酒是当时酿酒的主要形式。

② 成长期：公元前 2000 年～公元前 200 年的秦王朝，历时 1800 年，为我国传统白酒的成长期。在这个时期，先民发明了钻木取火，出现了五谷六畜，加之酒曲的发明，醴、酒等饮品批量的生产；仪狄、杜康掌握了酿酒的技术而成为酿酒大师，推动了传统白酒发展；同时官府设置专门酿酒的机构，酒由官府控制。酒成为帝王及诸侯的享乐品。

③ 成熟期：公元前 200 年秦王朝到公元 1000 年的北宋，历时 1200 年，是我国传统白酒的成熟期。这一阶段，有关酒种及酿酒的文字著作问世，如贾思勰的《齐民要术》等；名优白酒新丰酒、兰陵美酒开始涌现；黄酒、果酒、药酒及葡萄酒等酒品得到发展；李白、杜甫、白居易、杜牧、苏东坡等酒文化名人与酒结下了不解之缘，留下佳话。这些因素条件，推动中国传统白酒的发展进入到灿烂的黄金时代。

④ 提高期：公元 1000 年的北宋到公元 1840 年的晚清时期，历时 840 年，是我国白酒的提高期。据考证产于埃及的蒸馏器，元代时由叙利亚传入中国，与我国古代炼丹取汞的蒸馏术形成的提炼的方法和技术结合，导致我国传统的"上、下釜"为基础的天锅式蒸馏器得到改进，开始有了专门用来酿酒的蒸馏器，举世闻名的中国白酒从此发明诞生。这种蒸馏器一直流传至 20 世纪 50 年代才被更好的分体式蒸馏器所取代。

⑤ 变革期：自公元 1840 年到现在，又可细分为：1840 年到 1949 年，为稳定发展时期；1949 年至今的初期恢复、中期建设、改革开放以来的蓬勃发展期。在此期间，西方先进的酿酒技术与我国传统的酿酒技艺争放异彩，使我国的酒苑百花齐放。啤酒、白兰地、威士忌、伏特加及日本清酒进入中国并立足；国内竹叶青、五加皮、玉冰烧等新酒种产量迅速增长，特别是新中国成立以来的 50 多年，中国酿酒事业进入空前繁荣的时期。

任务2：白酒的分类

白酒的分类方法有多种，根据2009年6月1日开始实施的饮料酒分类国家标准GB/T17240-2008，白酒产品分为如下种类。

1. 按用糖化发酵剂种类分类

（1）大曲酒
以大曲为糖化发酵剂生产的白酒。
（2）小曲酒
以小曲为糖化发酵剂生产的白酒。
（3）麸曲酒
以麸皮为载体培养的纯种霉菌加纯种酵母生产的白酒。
（4）混曲酒
以大曲、小曲或麸曲混合为糖化发酵剂生产的白酒。
（5）其他糖化剂酒
以糖化酶为糖化剂，加酿酒酵母（或活性干酵母、清香酵母）发酵生产的白酒。

2. 按生产方式分类

（1）固态法白酒
采用我国名优白酒的传统生产方式，即固态配料、发酵、蒸粮蒸馏工艺的白酒。
（2）半固态法白酒
采用半固态发酵、蒸馏的白酒。我国的米香型白酒和豉香型白酒等是半固态法白酒。
（3）液态法白酒
采用酒精生产方式，即液态配料、液态糖化、液态发酵和蒸馏的白酒。液态法白酒又分下列三种：
① 固液勾兑白酒。这是一种用固态法白酒与液态法白酒，或以食用酒精与部分固态法白酒及其酒头、酒尾等勾兑而成的白酒。
② 串香白酒。这是一种用食用酒精为酒基，经固态法发酵的酒醅（或特制的香醅）进行串香（或浸蒸）而制成的白酒。
③ 调香白酒。这是一种用食用酒精为酒基，调配不同来源的具有白酒香味的食用香味液，直接勾兑而成的白酒。
（4）机械化白酒
机械化白酒是在传统的白酒生产方式中，对配料蒸煮、蒸馏、通风晾渣、加入糖化发酵剂、出入池等工序，用机械设备代替手工操作生产的白酒。

(5) 半机械化白酒

半机械化白酒是采用传统的白酒生产方式,对部分生产工序用机械设备代替手工操作生产的白酒。这种方式可以减轻工人的劳动强度。

(6) 手工生产的白酒

手工生产的白酒是采用传统的白酒生产方式,各个工序均以手工操作生产的白酒。这种生产方式工人操作时劳动强度大。

目前,大多数酒厂基本上已采用半机械化操作,生产环境和条件普遍得到改善。

3. 按香型分类

(1) 浓香型白酒

浓香型白酒以泸州老窖特曲为代表,过去称为泸型酒。其风格特征是窖香浓郁、绵甜醇厚、香味谐调、尾净爽口,其主体香味成分是己酸乙酯,与适量的丁酸乙酯、乙酸乙酯和乳酸乙酯等构成复合香气。

(2) 酱香型白酒

酱香型白酒以茅台酒为代表,又称茅型酒。由于它类似酱和酱油的香气,故称酱香型白酒。其主体香味成分复杂,组成尚未完全确定,正在探讨之中。其酒质特点是:酒色微黄透明、酱香突出、幽雅细腻、酒体醇厚、后味悠长,空杯留香持久。

(3) 清香型白酒

清香型白酒以山西杏花村汾酒为代表,主要特征是清香纯正、醇甜柔和、自然协调、后味爽净。主体香味成分是乙酸乙酯,与适量的乳酸乙酯等构成复合香气。

(4) 米香型白酒

米香型白酒以广西桂林三花酒和全州湘山酒为代表,其风格特点是:米香纯正清雅、入口绵甜、落口爽净、回味怡畅。初步认为其主体香味成分是乳酸乙酯和适量的乙酸乙酯,β-苯乙醇的含量也较高。

(5) 凤香型白酒

凤香型白酒以陕西的西凤酒和太白酒为代表,其风格特点是:醇香秀雅、醇厚甘润、诸味谐调、余味爽净,以乙酸乙酯为主,一定量的己酸乙酯为辅,构成该酒的复合香气。

(6) 豉香型白酒

豉香型白酒以广东石湾酒厂生产的石湾米酒玉冰烧为代表,具有独特的豉香味、入口醇滑、无苦杂味、玉洁冰清、豉香独特、醇和甘滑、余味爽净等特点。其历史悠久,深受人们的喜爱。其生产量大,出口量也相当可观,是一种地方性和习惯性酒种。

(7) 芝麻香型白酒

芝麻香型白酒以山东景芝白干为代表,具有芝麻香幽雅纯正、醇和细腻、香气谐调、余味悠长、风格典雅的特点。

(8) 特香型白酒

特香型白酒以产自江西樟树的四特酒为代表,具有幽雅舒适、诸香谐调、柔绵醇和、余味悠长,以及饮之不干口、不上头等特点。

(9)浓酱兼香型白酒

浓酱兼香型白酒以湖北白云边酒为代表,具有芳香优雅、酱浓谐调、绵厚甜爽、圆润怡长的独特风格。

(10)老白干香型白酒

老白干香型白酒以河北衡水老白干酒为代表,具有芳香秀雅、醇厚丰柔、甘洌爽净、回味悠长的特点。

(11)其他香型

不属于以上香型的白酒均列为其他香型。

4.按酒精度高低分类

(1)高度白酒

酒精含量为51%vol以上的白酒。

(2)降度白酒

酒精含量为41%vol~50%vol的白酒,又称中度酒。

(3)低度白酒

酒精含量为40%vol以下的白酒。

5.按原料分类

(1)粮食白酒

粮食白酒是用粮谷为主要原料生产的白酒。常用的原料有高粱、玉米、大米、小米、糯米、青稞等。一般以高粱酿制的白酒质量最佳。

(2)代用原料白酒

代用原料白酒是以非粮谷含淀粉或糖原料酿制的白酒。常用的代用原料有薯类(甘薯、木薯等)、高粱糠、伊拉克枣(椰枣)、甜菜等。

(3)代粮酒

代粮酒是用含淀粉较多的野生植物和含糖、含淀粉较多的其他原料制成的白酒,如甜菜、薯干、糖蜜等。

任务 3:大曲生产技术

我国名优白酒和地方名优白酒的生产,大多数采用大曲作为糖化发酵剂。

大曲是用小麦、大麦、豌豆等粮食为原料,经过破碎加水拌和压制而成各种规格不同的块状,在曲室内经过一定时间的保温保湿,利用自然界的各种微生物在块状淀粉原料中进行培养,聚集了各种酿酒有益微生物后,经过干燥、贮存而成为大曲。

大曲中含有丰富的微生物,如霉菌、酵母菌、细菌等,它们给大曲酒的生产提供了所需要的多种微生物群及其分泌的各种酶类,使大曲具有液化力、糖化力、发酵力和蛋白分解力等。大曲中含有的各种酵母菌具有一定的发酵力和产酯力。在大曲培养过程中,微生物分解原料所形成的代谢产物,如氨基酸、阿魏酸等是形成大曲酒芳香和口味的前体物质,因而对大曲酒的风格质量起着重要作用。

1. 制曲原料

制曲用的原料,要求含有丰富的碳水化合物(主要是淀粉)和蛋白质等营养成分,以供微生物生长繁殖,获得酿酒所需的糖化与发酵的酶系列。目前常用原料一般有小麦、大麦和豌豆。这些原料要求不霉变、无农药污染。

由于微生物对培养基的营养物质具有选择性,所以制曲原料的选择配比对成品曲的质量有一定的影响。几种原料的化学成分如表8-1所示。

表8-1 大曲原料的化学成分　　单位:%

原料名称	水分	淀粉	粗蛋白	粗脂肪	粗纤维	灰分
大麦	11~12	58~61	10~12	1.5~2.5	6~7	3.5~4.3
小麦	11~12.5	61~65	9~15	1.8~2.6	1.2~1.5	2~2.8
燕麦	11~12	43~45	20~28	3.5~4.2	1.5~2	3~3.2

2. 大曲对白酒质量所起的作用

(1) 多种微生物的作用

大曲是酿造白酒的复合酶制剂,也是多种微生物生长繁殖的复合体。大曲中的多种微生物群,以霉菌占大多数,酵母和细菌较少。在霉菌范围中,犁头霉较多,其次为念珠菌,它是大曲"上霉"的主要微生物。有益的曲霉、毛霉、根霉所占比例较小,酵母居末位。

(2) 大曲的基质作用

由于制曲的原料是小麦、大麦和豌豆等,这些原料含有丰富的营养成分,微生物在基质中,只能摄取一部分,剩余的大量营养物质,经过一定温度的作用,使淀粉、蛋白质等分解转化为氨基酸、醇、醛、酚等物质,又经过酿酒发酵和蒸馏而带入酒中,从而赋予大曲酒特有的质量风味。

3. 大曲制作的一般工艺

(1) 制曲用具及设备

① 人工踩曲坯的用具和设备

以某名酒厂为例,主要用具及设备如下。

a. 拌和锅。以铸铁制成,其直径为68cm,深20cm,置于一木架上。在锅内将曲料初步拌和。

b. 和面机。机内设有2个搅拌装置。第一个搅拌器的轴上装有3对带齿的叶片,将由人工初步拌和的物料搅拌后,物料落入和面机的圆筒内,筒中装有搅拌轴上带许多粗铁齿的第二个搅拌器,进行第二次搅拌。

c. 曲模。用木材制成。曲模大小为 28mm×18mm×5.5cm。

d. 踩曲用石板。为圆形的红砂石板，直径 58cm、厚 5cm，共 12 块，排列呈弧形。

e. 运曲坯小车。为双轮手推车，以木料制成。每车可装曲胚 30 块。

② 机械制曲的设备和装置

a. 液压成坯机。能利用液压系统和电气系统对各种动作进行程序控制，从曲料进机到曲块压成后的输出，可实现自动循环作业。其特点是 1 次可同时压制成 2 块曲坯。

b. 气动式压坯机。其压曲方式是一次气动静压成型，可用 1 台 $0.6m^3$/min 的小气泵产生的压缩空气，通过 3 个手动换向阀驱动气缸，完成取料、压坯、顶出等作业，产量为 350～500 块/h。

c. 弹簧冲压式成坯机。这是大多数白酒厂采用的成坯机。该机的生产能力为 700～800 块/h，曲坯大小和形状可按曲模而定。可改善卫生状况，并节省劳动力 75%。

d. 微机控温培养大曲装置。有的白酒厂采用微机自动控制曲室的温、湿度培制大曲。其主要设备有微机和自动控制柜。曲室内装有温度计、湿度计、喷头、排风扇、框架、放曲块的盒、电热丝等。成曲产量比传统法高 3～4 倍，成曲质量稳定，糖化力和发酵力均高于传统工艺培制的大曲。

(2) 曲坯制作

以四川某名酒厂地浓香型大曲生产为例。

① 润麦。将一定量小麦堆集成堆，添加(热)水 3%～8%，搅匀、收堆。润麦时间 2～4h，润麦后小麦表面收汗，内心带硬，口咬不粘牙，并有干脆响声。

② 粉碎。使用对辊式粉碎机将小麦粉碎成"烂心不烂皮"的梅花瓣。

③ 加水拌料。清洁拌料容器(绞笼)，原料粉碎后迅速加(温)水拌和，同时可以加入一定量的老曲粉，控制水温，麦料吃水要透而匀，保持拌料时间 30s，手捏成团不粘，鲜曲含水 35%～38%(香型不同而不同)。

④ 成型。成型有人工和机制成型两种。人工踩曲是将曲料一次性装入曲模，首先用脚掌从中心踩一遍，要求"紧、干、光"。上面完成后将曲箱翻转，再将下面踩一遍，即完成一块曲坯。机制成型时间保持在 15s 以上。曲坯四角整齐，不缺边掉角，松紧一致。

⑤ 晾汗。成型的曲坯需在踩曲场晾置一段时间，待不粘手便迅速入房培养。我国北方较干燥，可不进行该操作。

⑥ 接运曲。成型后曲坯晾置不超过 30min，转接轻放，每一小车装鲜曲不超过 25 块。

4. 大曲中的微生物群及其酶系

由于大曲中菌种来源主要是靠原料、空气、水、器具和地面，又由于制曲季节不同、培养条件不同，大曲中的微生物群是比较复杂的，有霉菌、酵母菌和细菌等，它们直接影响着大曲酒的质量和产量。了解这个复杂的菌系及酶系，有助于控制工艺条件，促进酿酒有益菌的生长,并生成有益的酶系,提高产品的产量与质量。

(1)大曲中微生物的分布情况

大曲中微生物群受季节的影响,在春秋两季,自然界的微生物中酵母的比例大,这时的气温、湿度、春天的花草和秋天的果实都给酵母的繁殖创造了较好的条件;在夏天,各种微生物的绝对数最高,但受温度、空气湿度的影响,霉菌比例最大;在冬季,由于气候寒冷,酵母的生长受到影响,而只有耐寒的细菌、霉菌还能繁殖,就其比例来讲,细菌占着优势。季节不同,自然界微生物的组成也就不一致,从而使四季踩的大曲的微生物群有一定差异。以春末、夏初谷雨前后踩的大曲质量最好。

在一块大曲中,微生物群的分布一般受到各种微生物的生活习性的影响。无论在哪一种培养基上,曲皮部位的菌数都明显高于曲心部分。一般曲皮部分生长的都是一些好气菌及少量的兼性嫌气菌,霉菌含量较高,如梨头霉、根霉等。曲心部分生长着一些兼性嫌气菌,细菌含量最高,而细菌中球菌的数量又较杆菌的数量为多,也含有相当数量的红曲霉等。曲皮与曲心之间则生长的多是兼性嫌气菌,以酵母含量较多,以假丝酵母最多。各种类型大曲其微生物群差别是很大的。

(2)制曲过程中微生物的变化

在大曲的生产过程中,其微生物群的变化在培养前期受温度的影响较大,在后期则受水分含量的影响较大。

随着大曲培养的开始,各种微生物首先在大曲表面繁殖,在30~35℃时微生物的数量可达最高峰,这时的霉菌、酵母比例较大。但随着温度的进一步升高,大曲水分的蒸发、曲中含氧气量的相对减少,一些耐温微生物的比例显著上升,当温度达55~60℃时,大部分的菌类为高温所淘汰,微生物菌数大幅度地降低。这时大曲中霉菌和细菌中的少数耐热种、株逐步形成优势,酵母菌衰亡相对最大,特别是高温大曲中,酵母几乎为零。

随着水分的蒸发,微生物的繁殖向最后水分较高的曲心发展,由于曲心氧气量不足,导致一些好气微生物被淘汰,随着培养温度的下降,一些兼性嫌气菌如酵母和一些细菌,在大曲背部开始繁殖。到大曲生产的后期,水分大量散失,导致曲心部分空气的通透性有所增加,又由于曲心部分水分散失相对少一些,为后期曲心部分其他菌类的生长创造了条件。

通气的情况自始至终都影响着大曲的微生物群的变化,主要问题是氧气的进入、二氧化碳的排出。大曲的通气主要靠翻曲来调节,翻曲操作是生产高质量大曲的关键操作之一。

(3)贮存过程中微生物及酶活性变化

大曲贮存过程中,微生物的总数随着贮存时间的延长而逐步减少。对贮存3个月的曲块进行实验,出房时曲块微生物总数为1823×10^5个/g干曲,贮存3个月时为27×10^5个/g干曲。其中产酸杆菌数量的减少最为明显,霉菌、酵母菌的数量也有所减少。减少的速度先快后慢,随着贮存时间的延长,减少的速度渐趋变小。

大曲贮存中,酶活力也得到调整,刚出房的大曲,无论液化力、糖化力、发酵力,成品酒的总酯含量都高于贮存6个月的大曲。酶活性的丧失与曲块含水量有关,随着曲块失水干燥,酶钝化的速度也变慢。为了保持适当的酶活性,贮曲时间不宜过长,以3个月为最好。

(4)大曲中的主要微生物及酶系

① 霉菌。在我国传统大曲中,除有曲霉外,根霉、拟内孢霉、红曲霉和毛霉等也广泛存在,这些霉菌通常是比较优良的糖化菌。各类大曲中都含有大量的霉菌,而不同大曲其霉菌组成也不一样。

② 酵母。白酒生产用的大曲中,随着培养温度的降低,其酵母的含量增高。在高温曲中酵母含量最低,清香型大曲中酵母的含量最高。酵母在白酒发酵中起发酵产酒精和产酯、产香的作用。在大曲中主要的酵母有酒精酵母、汉逊酵母、假丝酵母、毕赤酵母和球拟酵母等。

③ 细菌。细菌的各种代谢产物对白酒香型、风格具有特殊重要的作用。细菌发酵对白酒质量、产量和影响越来越被人们所重视,因白酒的风格、香型的形成受己酸、乳酸、乙酸以及乙酸乙酯、己酸乙酯、乳酸乙酯含量的影响极大,而它们都是细菌代谢产物。大曲中生长的细菌主要是杆状细菌,有的不长芽孢,如乳酸菌、醋酸菌,同时也含有相当数量的芽孢杆菌。酱香型高温大曲中含有较多的嗜热芽孢杆菌,都能产生不同程度的酱气香味。

④ 大曲中的微生物酶系。制曲过程微生物的消长变化直接影响大曲中的微生物酶系。曲坯入房中期,曲皮部分的液化酶、糖化酶、蛋白酶活性最高,以后逐渐下降;酒化酶活性前期时曲皮部分最高,中期曲心部分最高;培曲中期,各部分酶活性达到最高,酯化酶在温度高时比较多。因此,曲皮部分比曲心部分酯化酶活性高,但酒化酶则曲心部分比曲皮部分高。

5.大曲的质量

判断大曲质量的优劣是由感官指标和理化指标决定的。感官指标主要是从大曲的香气、外表、断面和皮张厚度等方面来判定。理化指标是由大曲的糖化力、发酵力、液化力和水分等指标来判定。

任务4:浓香型大曲酒的生产工艺

浓香型大曲酒采用典型的混蒸续渣工艺,酒的香气主要来源于优质泥窖和"万年糟",尤其是窖泥中乙酸菌对生成主体香——己酸乙酯至关重要。浓香型大曲酒是大曲酒中的一朵奇葩,它的产量占我国大曲酒总量的一半以上。

浓香型大曲酒发酵的工艺操作主要有两种形式,一是以洋河大曲、古井贡酒为代表的老五甑操作法,二是以泸州老窖为代表的万年糟红粮续渣操作法。

1. 老五甑操作法

续糟工艺常分为六甑、五甑和四甑等操作法，其中以"老五甑"操作法使用最为普遍。

老五甑正常操作时，窖内有四甑材料[大渣1、大渣2（二渣）、小渣、回糟]。出窖后加入新料做成五甑材料（大渣1、大渣2、小渣、回糟、扔糟），分为五次蒸馏（料），其中四甑下窖，一甑扔糟。

第一排：根据甑桶大小，考虑每班投入新原料（高粱粉）的数量，加入为投料量30%～40%的填充料，配入2～3倍于投料量的酒醅，进行蒸料，冷却后，加曲，入窖发酵，立两渣料。

第二排：将第一排两甑酒醅，取出一部分，加入用料总数20%左右的原料，配成一甑作为小甑，其余大部分酒醅加入总数80%左右的原料，配成两甑大渣，进行混烧，两甑大渣和一甑小渣分别冷却，加曲后，分层入一个窖内进行发酵。

第三排：将第二排小渣不加新料蒸酒后冷却，加曲，即做成回糟。两甑大渣按第二排操作，配成两甑大渣和一甑小渣。这样入窖发酵有四甑料，它们是两甑大渣，一甑小渣和一甑回糟，分层在窖内发酵。

第四排（圆排）：将上排回糟酒醅进行蒸酒后，作为扔糟。两甑大渣和一甑小渣，按第三排操作配成四甑。

从第四排起圆排后可按此方式循环操作。每次出窖加入新料后投入甑中为五甑料，其中四甑入窖发酵，一甑为扔甑糟。

老五甑的四甑料在窖内的排列，各地不同，这要根据工艺来决定。如有的窖面为回糟，依次到窖底为大渣、二渣、回糟等。

2. 万年糟红粮续渣操作法

该操作法习惯上又分为两种类型：

一是以五粮液、剑南春为代表的浓香五粮型（用高粱、玉米、小麦、大米、糯米酿制而成），采用跑窖法工艺。所谓"跑窖法"是将这一窖的酒醅经配料蒸粮后装入另一窖池，一窖撵一窖地进行生产。

二是以泸州老窖特曲、全兴大曲为代表的浓香单粮型（主要用高粱），采用原窖法工艺。所谓"原窖法"是指发酵酒醅在循环酿制过程中，每一窖的糟醅经过配料、蒸馏取酒后仍返回到本窖池。

(1) 原、辅料的处理

原料可只使用一种高粱，如泸州老窖酒厂；也可使用高粱、玉米、大米、糯米、小麦等多种原料，如五粮液酒厂等。原料粉碎，破坏了淀粉结构，利于糊化。可增加糖化酶对淀粉粒接触面，使之糖化充分，提高出酒率。但不宜磨得太细，以通过20目筛筛选的量占85%左右为宜。大曲粉碎，以通过20目筛筛选的量占70%为宜。

(2) 开窖

① 取窖泥。用铁铲将窖面上窖泥取下,把窖泥黏附的糟子刷净,撮入窖泥坑内。

② 取酒醅。先将面糟取出,运到堆糟坝(或晾堂上)堆成圆堆,拍紧,撒上一层稻壳,以减少酒精挥发,单独蒸酒做丢糟处理。面糟取完后接着取红糟,另起一堆,拍紧,撒稻壳少许,此糟蒸酒后只加曲,不加新料,入窖发酵即得新的面糟。其余母糟同样分开堆积,当起到出现黄水时,即停止,并将已出窖的母糟刮平,拍紧,撒上一层稻壳。

③ 滴窖。停止取母糟后,在窖中或窖边挖一坑,深至窖底,随即将坑内黄水舀净。滴 4～6h,边滴边舀,至少要 4 次(一般保持醅水分子在 58%～59%为宜),再继续取糟,取完后,拍紧,拍光,撒稻壳一层。黄水是窖内酒醅向下层渗漏的黄色淋浆水,一般含酒精成分为 4.5%,以及醋酸、腐殖质和酵母菌体自溶物等。此外,还含有一些经过驯化的己酸菌、多种白酒香味成分的物质。所以黄水是用人工培窖的好材料。也有将黄水集中蒸馏取得黄水酒的。

(3) 配料、拌料

泸州老窖酒厂的甑容 $1.25m^3$,每甑下高粱粉 130～140kg,母糟为 4.5～5 倍,稻壳 25%～30%。母糟一定要适量,它的作用有四点:

① 调节入窖酸度,保证发酵所需的酸度,抑制杂菌的繁殖。

② 调节淀粉含量,进而调节温度,使酵母在一定的酒精量和适宜的温度下生长。

③ 提高淀粉利用率。

④ 带入大量大曲酒香味的一些前体物质,利于大曲酒的质量提高。

在蒸酒前 40～45min,在堆糟坝挖出约够一甑的母糟,并刮平,倒入高粱粉,随机拌和一次,拌毕倒稻壳,并连续拌 2 次,要求拌散、和匀、无疙瘩,此糟蒸酒后即为粮糟。

配料时,不可将稻壳和高粱粉同时倒入,以免粮粉进入稻壳内。翻拌要求低翻快拌,次数不可过多,时间不宜过长,以减少酒精挥发。

(4) 蒸酒、蒸粮、打量水

蒸酒、蒸粮有先后次序,一般先蒸粮糟,再蒸红糟,最后蒸面糟。其操作要求如下:

① 装甑。装甑时,不仅要做到轻、松、匀,还要掌握蒸汽量。装甑时间,一般 35～40min。

② 蒸酒。截取酒头 0.25～0.5kg,用于回窖发酵,或做调香酒,再接取原酒,分级入库。断花时摘酒尾,用于下一甑复蒸。蒸汽要匀,先小后大,控制流酒温度 35℃左右,流酒时间 40～50min,流酒速度一般 3～4kg/min。

③ 蒸粮。蒸完酒后,再续蒸 1h,全期 110～120min。糊化好的熟粮,要求内无生心,外不粘连,既要熟透又不起疙瘩。每蒸完一甑,清洗一次甑底锅。

④ 打量水。粮糟出甑后,立即拉平,加 70～85℃的热水,这一操作称作"打量水",数量是原料的 90%～110%(冬天为 90%～95%)。打量水要洒开泼匀,泼到应打量水的六七成时,挖翻一次再泼。回窖酒的重量应计入 90%～110%的量水内。量水的量应控制在窖内水分为 55%左右为好。红糟不加料,蒸酒后不打量水,做封窖的面糟。

(5) 摊晾下曲

① 摊晾。将加过量水的粮醅,置于晾糟机上,均匀摊平,利用风机通风降温,至下曲温度。

② 下曲。冬天 17～20℃,夏天低于室温 2～3℃,接触窖底一甑可高 3～5℃。

③ 下曲量。冬天为 20%,夏天为 19%～20%。

(6) 入窖发酵

① 入窖。粮糟入窖前,先在窖底撒大曲粉 1～1.5kg,促进生香。粮糟入窖温度根据季节、气温的不同而有差别,春秋两季,室温为 5～10℃,入窖温度为 17～20℃;夏秋两季,室温为 20～28℃,入窖温度为 20～27℃或略低于室温 2～3℃。

② 入窖要求。入窖后,粮糟适当踩紧和刮平,装入粮糟不得高于地面,加入面糟形成的糟帽,高度不可超出窖面 0.8～1m,铺出窖边不超过 5cm。

③ 入窖和出窖的工艺条件见表 8-2。

表 8-2　酒醅入窖出窖条件

项目	出窖醅/%	入窖醅/%
淀粉	7～8	15～16
水分	63～64	55～58
酸度	1.8～2.5	1.4～1.6

④ 封窖。装好窖后,盖上篾席或撒稻壳,敷抹窖泥为 6～10cm 厚,上部再盖上塑料布,四周敷上窖泥,保持窖泥湿润,不开裂。

⑤ 发酵期。分 20～90d 不等。视各厂及工艺要求而定。

3. 提高浓香型大曲酒质量的措施

(1) 延长发酵周期

在窖池、入窖条件、工艺操作大体相同的情况下,酒质的好坏在很大程度上取决于窖池发酵周期的长短。因此,延长发酵期已成为提高浓香型大曲酒质量的重要工艺措施之一。生产实践证明,发酵期短的酒,其产量高,质量差;发酵期长的酒,其酒质好,产量低。从香味物质,尤其是酯类物质的生成来看,酯的生成要消耗酒精,因此随着发酵期的延长,酒精则减少。从科学研究的角度看,不能单纯靠延长发酵周期来提高大曲酒的质量,而要在稳定的传统发酵期的基础上,同时采用先进的酿酒技术,研究提高产酒质量的措施,缩短传统发酵期。

浓香型大曲酒的质量除与发酵周期有关外,还与窖泥、糟醅、大曲等的质量有关,并与工艺条件、入窖条件、发酵设备、操作方法等因素有关。因此,提高大曲酒的质量,应该从多种因素考虑,不能片面地强调发酵周期。一般而言,发酵周期以 45d 为宜。

(2) 双轮底糟发酵

所谓"双轮低槽发酵",即在开窖时,将大部分糟醅取出,只在窖池底部留少部分糟醅(也可投入适量的成品酒、曲粉等)进行再次发酵的一种方法。

双轮底糟发酵实质是延长发酵期的一种工艺方法,只不过延长发酵的糟醅不是全窖整个糟醅,而仅是留于窖池底部的一小部分糟醅。底部糟醅与窖泥有较长时间的接触,因此有利于香味物质的大量生成与积累。因此采用双轮底发酵是能够提高酒质的。

(3)人工培窖和加速窖泥老熟

那些产优质酒的窖池,经历了上百年的过程,它是自然老熟而成的,所以要提高浓香型大曲酒质量,除了采取其他措施外,加速窖泥老熟也是一项极其重要的技术措施。实践证明,在窖泥中产生大量的有机酸,在糟醅中产生大量的酒精。在发酵过程中,这两种有机物在酯化酶的催化下,会生成相应的酯类物质。而这些酯类物质,又是浓香型大曲酒的主体呈香呈味物质。

(4)回窖发酵

回窖发酵是糟醅在发酵过程中增加一些物质参与发酵,并能提高主体香味物质的一种方法。这种方法易于掌握,效果极好。

达标自测

一、填空题

1. 白酒,又名烧酒(因其能被点燃),它是以曲类、_____等为糖化发酵剂,利用粮谷或代用料经蒸煮、_____、蒸馏、贮存、勾兑而成的蒸馏酒。
2. 白酒生产相关微生物有:_____、_____、_____等。
3. 白酒的成分有:_____、_____、_____、甲醇等。
4. 浓香型大曲酒的生产工艺的特点为:_____,继渣配料,_____。

二、简答题

1. 白酒按香型不同可分为哪些类?写出四种。
2. 白酒的质量检测理化要求中要检测哪些项目?

学习情境 9：啤酒生产工艺

啤酒是一种外来酒，其名称是外语的谐音，如英语称为 Beer，德语称为 Bier 等。啤酒的生产原料主要有水、麦芽、大米、酒花和酵母等。作为一种含有碳水化合物、蛋白质、维生素、矿物质等平衡性良好的营养十分丰富的低酒精度的饮品，啤酒有"液体面包"之美称。

任务 1：啤酒的定义

① 中国国家标准 GB4927-2001 规定：啤酒是以麦芽（包括特种麦芽）、水为主要原料，加啤酒花（包括酒花制品），经酵母发酵酿制而成的，含有二氧化碳的、起泡的、低酒精度的发酵酒。

② 广义说法：啤酒是以发芽的大麦或小麦，有时添加生大麦或其他谷物，利用酶工程制取谷物提取液，加入啤酒花进行煮沸，并添加酵母发酵而成的一种含有 CO_2、低酒精度的饮料。

啤酒的特点是低酒精度、含有二氧化碳及较高的营养价值，其口味特点是具有麦芽香味、酒花清香及适口的苦味，由于二氧化碳的存在，倒入酒杯后有洁白的泡沫升起，饮用时有爽口感。

啤酒与其他酿造酒有所不同。主要不同点是：使用的原料不同；使用的酿造方式和酵母菌种不同，啤酒有特殊或专用的酿造方法，发酵用的酵母是经纯粹分离和专门培养的啤酒酵母菌种；生产周期不固定，长短不一，可根据品种、工艺和设备条件而变化，短的仅 14 天，长的可达 40 天以上。

啤酒的酒精含量是按质量计的，通常不超过 2%～5%。啤酒度不是指酒精含量，而是指酒液原汁中麦芽汁浓度的质量百分比。啤酒的浓度变化较大，在 10～20°Bx（糖锤度）之间。

任务 2：啤酒的历史文化

啤酒是历史最悠久的谷类酿造酒。啤酒起源于 9000 年前的中东和古埃及地区，后传入欧洲，19世纪末传入亚洲。目前，除了伊斯兰教因宗教原因不生产和不饮用啤酒外，啤酒几乎遍及世界各国。

最初的啤酒是不加酒花的。在中世纪的欧洲，人们曾用一种名叫格鲁特的药草及香料为啤酒提味，因这样做就需要医学知识及多种材料，故啤酒只能主要在修道院生产。但自14世纪起，添加蛇麻花的啤酒逐渐盛行于欧亚大陆，因为在那里蛇麻花是随处可见的植物。蛇麻花即啤酒花，简称酒花，在全世界啤酒酿造工业中，一直沿用至今。人们还利用单宁来澄清啤酒，并抑制杂菌繁殖。由于林德(Linde)发明了冷冻机，使啤酒的低温两段发酵成为可能，而啤酒口味更趋柔稳。古代的啤酒生产纯属家庭作坊式，它是微生物工业起源之一。巴斯德发明的在60℃下保持30min以杀灭酵母和杂菌的方法，使啤酒的保存期大为延长。1878年，汉逊及耶尔逊确立了酵母的纯粹培养和分离技术，这对控制啤酒生产的质量和保证工业化生产做出了极大贡献。近几年来，膜过滤等技术的迅速发展，使"纯生啤酒"的生产成为现实。

在中国建立最早的啤酒厂是1900年俄国人在哈尔滨八王子旗建立的乌卢布列夫斯基啤酒厂；1903年英国和德国商人在青岛开办英德酿酒有限公司，是现在青岛啤酒集团有限公司的前身；1904年在哈尔滨出现了中国人自己开办的啤酒厂——东北三省啤酒厂；1914年哈尔滨又建起了五洲啤酒汽水厂，同年北京建立了双合盛啤酒厂；1934年广州出现了五羊啤酒厂(广州啤酒厂的前身)；1941年北平又建起了北京啤酒厂。

从2002年开始，中国啤酒产量一举超过美国，成为"世界第一啤酒生产大国"，啤酒饮料制造技术和设备生产能力也得到同步提升。未来几年我国啤酒行业将会出现几大趋势：一是集团化、规模化发展，企业总体数量下降；二是一业为主、多元化发展，一些啤酒企业将逐步进入茶饮料业、葡萄酒业、生物制药等领域；三是科技化，更多企业将在啤酒保鲜度、延长保鲜期等方面进行科技创新；四是品种多样化，各种功能性保健啤酒、果汁啤酒、无醇啤酒等特色啤酒的消费量将越来越大。此外，纯生啤酒生产技术、膜过滤技术、微生物检测和控制技术、糖浆辅料的使用、PET包装的应用、啤酒错流过滤技术及ISO管理模式将在啤酒生产中继续应用推广，啤酒质量将得到明显提高。

任务3：啤酒的分类

1.据啤酒的色泽分类

① 淡色啤酒：色度为3~14EBC(啤酒色度)单位的啤酒(比尔森啤酒、青岛啤酒)。
② 浓色啤酒：色度为15~40EBC单位的啤酒(爱尔啤酒)。
③ 黑啤酒：色度大于40EBC单位的啤酒(慕尼黑啤酒)。

2.按生产方式分类

① 鲜啤酒。鲜啤酒又称生啤酒。啤酒包装后，在生产中未经巴氏灭菌或瞬时高温灭菌的新鲜啤酒。其味鲜美，营养价值高，稳定性差，多为夏季桶装啤酒。一般货架期

<7d。

② 熟啤酒。装瓶后经过巴氏杀菌或瞬时高温灭菌的啤酒。稳定性好，不易发生混浊，易保管，保质期可达 3 个月左右。多用于瓶装和听装。

③ 纯生啤酒。啤酒包装后，不经过巴氏杀菌或瞬时高温灭菌，而采用物理方法除菌（如微孔薄膜过滤除菌）及无菌罐装，从而达到一定生物、非生物和风味稳定性的啤酒。此种啤酒口味新鲜、淡爽、纯正，啤酒的稳定性好，保质期可达半年以上。多为瓶装，也有听装。

3. 按所使用的酵母品种分类

① 下面发酵啤酒。用下面酵母进行发酵的啤酒。麦芽汁的制备宜采用复式浸出或煮出糖化法。是世界上最流行的种类，产量最大。以德国、捷克、丹麦、荷兰为典型，如比尔森啤酒（Pilsener beer）、慕尼黑啤酒（Munich beer）、多特蒙德啤酒（Dortmund beer）、青岛啤酒等均为下面发酵啤酒。

② 上面发酵啤酒。用上面酵母进行发酵的啤酒。多用浸出糖化法制备麦汁。以英国、澳大利亚、新西兰、加拿大等为典型，如爱尔（Ale）淡色啤酒、司陶特（Stout）啤酒、波特（Porter）啤酒等，产量一般不大。

4. 按原麦汁浓度分类

① 低浓度啤酒。原麦汁浓度为 $2.5 \sim 8°P$，乙醇含量 $0.8\% \sim 2.2\%$。（无醇啤酒乙醇含量<0.5%）

② 中浓度啤酒。原麦汁浓度为 $9 \sim 12°P$，乙醇含量 $2.5\% \sim 3.5\%$。多为淡色啤酒，我国大多属此类。

③ 高浓度啤酒。原麦汁浓度为 $13 \sim 22°P$，乙醇含量 $3.6\% \sim 5.5\%$。多为浓色啤酒。

5. 特种啤酒

由于消费者的年龄、性别、职业、健康状态以及对啤酒口味嗜好的不同，在原辅材料或生产工艺方面进行某些重大改变，使其改变了原有啤酒的风味，成为独特风格的啤酒。例如：

① 干啤酒（高发酵度啤酒）。实际发酵度在 72% 以上的啤酒。残糖低，适于糖尿病人饮用。

② 低（无）醇啤酒。酒精度为 $0.6\% \sim 2.5\%$（V/V）的啤酒叫低醇啤酒，少于 0.5% 的为无醇啤酒。适于司机或不会饮酒的人饮用。

③ 小麦啤酒。以小麦麦芽为主要原料（占总原料的 40% 以上）采用上面发酵或下面发酵酿制的啤酒。

④ 浑浊啤酒。在成品中含有一定量的活酵母菌或显示特殊风味的胶体物质，浊度在 $2.0 \sim 5.0 EBC$ 单位的啤酒。

⑤ 冰啤酒。在酿制过程中经过冰晶化处理的啤酒。

⑥ 果味啤酒。在发酵中加入水果提取液,使啤酒有酸甜感,富含多种营养物质的天然果汁饮料型啤酒,适于妇女、老年人饮用。

⑦ 绿啤酒。啤酒中加入天然螺旋藻提取液,富含氨基酸和微量元素,啤酒呈绿色,属于啤酒的后修饰产品。

⑧ 头道麦芽汁啤酒。利用过滤所得的麦芽汁直接进行发酵,而不掺入冲洗残糖的二道麦芽汁。

⑨ 暖啤酒。属于啤酒的后调味。啤酒中加入姜汁或枸杞,有预防感冒和治疗胃寒的作用。

任务 4:啤酒酿造工艺

啤酒酿造工艺流程如图 9-1 所示。

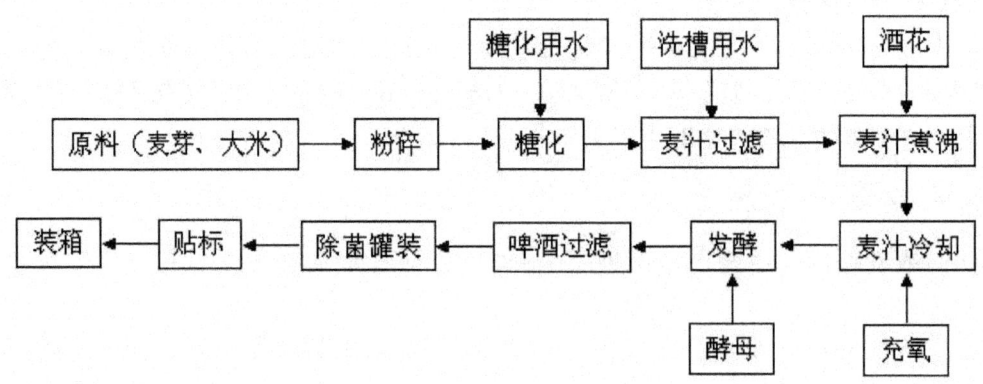

9-1 啤酒酿造工艺流程

任务 5:啤酒发酵

1.啤酒酵母的扩大培养

啤酒酵母的扩大培养是啤酒厂微生物工作的核心。最能影响酿酒工艺和控制的因素是啤酒酵母,最能决定啤酒品质的因素也是啤酒酵母。近代发酵规模越来越大,对接种酵母要求也越来越严。各厂扩大培养方式和顺序大致相同,而扩培结果得到种酵母的纯度、强壮情况、污染情况差异很大,其原因在于是否有一个科学的扩培技术。

(1)扩大培养工艺流程

斜面原种→5ml 麦芽汁试管 3 支各活化 3 次→25ml 麦芽汁试管 3 支→250ml 麦芽汁三角瓶 3 只→3 升麦芽汁三角瓶 3 只→100L 铝桶 1 只,第一次加麦芽汁 18L,第二次加麦芽汁 73L→100L 大缸 3 口,一次加满→1 吨增殖槽 1 只,加麦芽汁 600L→5 吨发酵槽,第一次加麦芽汁 1.8 吨,第二次加麦芽汁 3.2 吨。

(2) 温度控制

卡尔酵母最适生长温度是 31.6~34℃,实际生产的扩大培养过程中,还需考虑到减少酵母的死亡率、减少染菌的可能及让酵母逐步适应发酵温度。因此,扩大培养采用逐级降温培养法。

例:以适宜低温发酵的酵母,如青岛酵母为例,其温度控制流程如下所示。

液体试管(28℃)→小锥形瓶(25℃)→大锥形瓶(23℃)→卡尔罐(20℃)→汉生罐(13~15℃)→一级繁殖罐(12~13℃)→二级繁殖罐(11~12℃)→发酵(10℃)

(3) 酵母的回收

主发酵结束后,沉积于主发酵槽底部的酵母在回收以后,经洗涤、静止保存,可以在生产上循环使用。

回收的酵母泥能否做种酵母,要从镜检、肝糖染色、死亡率及有无异常酸味和酵母自溶味等方面综合考虑。

(4) 啤酒酵母的质量

① 外观:细胞大小正常,无异常细胞,液泡和颗粒物正常。

② 发酵度:分外观发酵度和真发酵度(实际发酵度)。

③ 凝絮性:啤酒酵母的凝絮性是重要的生产特性,会影响酵母回收再利用于发酵的可能,影响发酵速率和发酵度,影响啤酒过滤方法的选择,乃至影响啤酒的风味。按凝絮性分类,啤酒酵母有粉末性酵母、凝聚性酵母、凝絮性酵母。

④ 热死温度:每株酵母均有一个热死温度,热死温度发生改变,往往表示菌株发生变异或有野生酵母污染。

⑤ 发酵试验:用酵母进行小型啤酒发酵实验,如果制出来的嫩酒口味正常,并带正常的芳香味,说明酵母质量合格。

2. 啤酒发酵机理

(1) 发酵过程主要物质变化

① 糖的变化:啤酒酵母的可发酵性糖和发酵活性顺序是:葡萄糖＞果糖＞蔗糖＞麦芽糖＞麦芽三糖。

② 含氮物的变化:啤酒发酵初期,接种啤酒酵母必须通过吸收麦汁中的含氮化合物,合成酵母细胞蛋白质、核酸和其他含氮化合物,含量大约下降 1/3。

③ 酸度的变化:pH↓,前快后缓,最后稳定 pH4.0 左右。正常下面发酵啤酒终点 pH 为 4.2~4.4。

(2) 乙醇的生成

麦汁中可发酵性糖主要是麦芽糖,还有少量的葡萄糖、果糖、蔗糖、麦芽三糖等。单糖可直接被酵母吸收而转化为乙醇,寡糖则需要分解为单糖后才能被发酵。由麦芽糖生物合成乙醇的生物途径如下:麦芽糖→葡萄糖→乙醇。

葡萄糖的乙醇发酵过程共有 12 步生物化学反应,具体可分为 4 个阶段。

第一阶段：葡萄糖磷酸化生成己糖磷酸酯。
第二阶段：磷酸己糖分裂为两个磷酸丙酮。
第三阶段：3-磷酸甘油醛生成丙酮酸。
第四阶段：丙酮酸生成乙醇。

(3) 酯类的形成

酯类多属芳香成分，能增进啤酒风味。对啤酒起主导作用的酯类主要是乙酸乙酯、乙酸异戊酯。

(4) 硫化物的形成

主要来源于原料中蛋白质的分解产物，此外酒花和酿造用水也带入一部分硫，形成硫化物影响啤酒风味。要减少硫化物的生成，主要控制制麦过程不能过分溶解蛋白质。

(5) 连二酮(VDK)的形成与消失

连二酮是乳制品中不可缺少的香味成分，但在啤酒中不受欢迎，其口味阈值约 0.2mg/L，通常的贮酒过程都以此值为成熟标准规定值。

3.传统啤酒发酵工艺

冷却后的麦汁添加酵母以后，便是发酵的开始，整个发酵过程可以分为：酵母恢复阶段、有氧呼吸阶段、无氧呼吸阶段。发酵方法有两类：上面发酵和下面发酵。上面发酵的主要方法有传统的撇去法、落下法、巴顿联合法、约克夏法。

我国主要采用下面发酵法。

下面发酵法分主发酵和后发酵。

主发酵(前发酵)：为发酵的主要阶段。分酵母繁殖期、起泡期(低泡期)、高泡期、落泡期。

后发酵：麦汁经主发酵后的发酵液叫嫩啤酒，此时酒的二氧化碳含量不足，双乙酰、乙醛、硫化氢等挥发性物质没有减低到合理的程度，酒液的口感不成熟，不适合饮用。大量的悬浮酵母和凝结析出的物质尚未沉淀下来，酒液不够澄清，一般还要几个星期的后发酵和贮酒期。

4.啤酒过滤

啤酒过滤的目的是除去酒中悬浮的固体微粒，改善啤酒外观清亮度，提高胶体稳定性、提高生物稳定性。

原理是通过过滤介质的筛分作用、深层效应和吸附作用等使啤酒中的悬浮微粒等大颗粒固形物被分离出来。常用过滤介质有硅藻土、滤纸板、微孔薄膜和陶瓷芯等。

影响因素有：过滤设备、过滤助剂、啤酒过滤性及自动化程度。

步骤由啤酒过滤前卫生、管道、设备的清洗，过滤介质选取，过滤机的预涂，啤酒的粗滤，啤酒的精滤，过滤后啤酒的稳定化处理及过滤效果评价等部分构成。

5. 啤酒包装

啤酒包装是啤酒生产的最后一道工序,对啤酒质量和外观有直接影响。过滤好的啤酒从清酒罐分别装入瓶、罐或桶中,经过压盖、生物稳定处理、贴标、装箱成为成品啤酒或直接作为成品啤酒出售。啤酒包装应符合以下要求:

① 包装过程中应尽量避免与空气接触,防止因氧化作用而影响啤酒的风味稳定性和非生物稳定性;
② 包装中应尽量减少酒中二氧化碳的损失,以保证啤酒口味和泡沫性能;
③ 严格无菌操作,防止啤酒污染,确保啤酒符合卫生标准。

对包装容器的要求有:

① 能承受一定的压力,包装熟啤酒的容器应承受 1.76 MPa 以上的压力,包装生啤酒的容器应承受 0.294 MPa 以上的压力;
② 便于密封;
③ 能耐一定的酸度,不能含有与啤酒发生反应的碱性物质;
④ 一般应具有较强的遮光性,避免光对啤酒质量的影响,一般选择绿色、棕色玻璃瓶或塑料容器,或采用金属容器。

【示例】瓶装熟啤酒包装工艺。

① 空瓶的洗涤。洗瓶工艺要求瓶内外无残存物,瓶内无菌,瓶内滴出的残水不得呈碱性反应。洗涤剂要求无毒性。
② 装瓶。装瓶要严格无菌操作,主要工艺要求为啤酒中 CO_2 控制在 0.45%~0.55%之间,溶解氧含量小于 0.3mg/L。
③ 压盖。灌装好的啤酒应尽快压盖,瓶盖要通过无菌空气除尘处理。
④ 杀菌。为保证啤酒有较长的保存期,常采用巴氏杀菌的方法进行杀菌处理。常用杀菌设备为隧道式喷淋杀菌机和步移式巴氏杀菌机。习惯上把60℃经过 1min 处理所达到的杀菌效果称为 1 个巴氏杀菌单位,用 Pu 表示。以 Pu 为单位的杀菌效果=T× $1.393^{(t-60)}$ [式中 T 为时间(min),t 为温度(℃)],生产上一般控制在 15~30Pu。待杀菌的装瓶啤酒从杀菌机一端进入,在移动过程中瓶内温度逐步上升,达到 62℃左右(最高杀菌温度)后,保持一定时间,然后瓶内温度又随着瓶的移动逐步下降至接近常温,从出口端进入相邻的贴标机贴标。整个杀菌过程需要 1h 左右。
⑤ 贴标。使用的商标必须与产品一致,生产日期必须表示清楚,商标应整齐美观,不歪斜,不脱落,无缺陷。贴标后经人工或机械装箱即可销售。

6. 啤酒质量检测

我国啤酒的质量标准为 GB4927-2001(啤酒)、GB4928-2001(啤酒分析方法)。2003年 1 月开始执行。

达标自测

一、填空题

1. 啤酒指的是以麦芽（包括特种麦芽）、水为主要原料，加_____（包括酒花制品），经酵母发酵酿制而成的，含有二氧化碳的、起泡的、_____的发酵酒。
2. 按啤酒是否杀菌分_____、熟啤酒和_____。
3. 传统啤酒发酵分为两个阶段：_____、_____。

二、简答题

1. 按啤酒的原麦汁浓度分为哪些种类？
2. 用简要流程图画出啤酒主要酿造工艺。
3. 啤酒发酵过程中的物质变化有哪些？
4. 在啤酒酿造中加入啤酒花有何作用？

学习情境 10：食醋生产工艺

任务 1：食醋的生产历史

　　食醋是我国传统的含有醋酸的酸性调味品，在我国有 3000 多年的酿造历史。不仅具有酸味，而且含有香气和鲜味等，能调节食品滋味，同时具有杀菌消炎、增进食欲、帮助消化、防治肠道疾病、软化血管等医疗效果。

　　我国食醋品种很多，其中不乏名醋，如山西陈醋、镇江香醋、北京熏醋、上海米醋、四川麸醋、江浙玫瑰醋、福建红曲醋等等。这些醋风味各异，远销国内外，深受广大消费者欢迎。

　　我国是世界上最早用谷物酿醋的国家，在古代被称之为"醯""酢""苦酒""米醋"等。我国关于食醋的文献记载最早见于《周礼》中，有"醯人主作醯"的记载。"醯"是指醋和其他各种酸味品，由此推算，醋已有 3000 多年的历史。发展到春秋战国时期，酿醋从造酒业中分离出来，开始有专业的酿醋作坊了，但产量很低，这种稀少而又贵重的调料，实在非普通农家能享用。据东汉《四民月令》记载"四月四日可作酢"。直到这时，醋才成了人们生活"开门七件事"之一，走进寻常百姓家。南北朝时期醋的生产有了很大的发展，酿造工艺越来越进步，醋的产量和质量也开始得到迅速提高。北魏贾思勰所著的《齐民要术》中，就介绍了我国古代劳动人民的 22 种制醋方法。《隋书酷吏传》中有"宁饮三升醋，不见崔弘度"。可见，当时醋已是普通的调味品了。

　　据史料记载醋是杜康的儿子黑塔歪打正着而发明的。黑塔率族移居现在的江苏省镇江，在那里他觉得酒糟扔掉可惜，就浸泡在缸里存放起来。放到了二十一日的酉时一开缸，一股未曾遇到的香气扑鼻而来，在浓郁香味的诱惑下，黑塔不禁尝了一口，酸甜兼备，味道很美，便贮藏着做调味酸浆，这种调味浆叫什么名字呢？他想正值第二十一日的酉时，就用二十一日加酉字来命名这种调味酸水，即为"醋"字。新中国成立前，食醋的生产一直处于落后状态，设备简陋，产量低，劳动强度大。新中国成立以后，在党和政府的关怀下，食醋生产面貌焕然一张，数量和质量都在不断提高。

任务 2：食醋的分类

　　食醋的种类很多，由于酿醋原料和工艺条件的不同，使食醋风味各异。 目前尚无统一的分类方法,大致归纳如下分类。

1. 按原料分类

用粮食作为原料酿制的食醋可称为粮食醋或米醋;以麸皮为原料酿制的食醋叫麸醋;用薯类原料酿制的食醋叫薯干醋;以含糖物质,如糖稀、废糖蜜、糖渣、蔗糖等为原料可酿制糖醋;用果汁或果酒可酿制果醋;用白酒、酒精或酒糟等可酿制酒醋;用冰醋酸加水兑制成醋酸醋;以及用野生植物及中药材等酿制的代用原料醋等。

2. 按原料处理方法分类

以粮食为原料制醋,因原料的处理方法不同可分为生料醋和熟料醋。粮食原料不经过蒸煮糊化处理,直接用来制醋,所得产品称为生料醋;经过蒸煮糊化处理的原料酿制的食醋称为熟料醋。

3. 按生产工艺分类

(1) 按制醋用糖化曲分类

① 麸曲醋

以麸皮和谷糠为原料,由人工培养纯粹曲霉菌制成麸曲做糖化剂,以纯培养的酒精酵母作发酵剂酿制的食醋称为麸曲醋。用麸曲做糖化剂具有淀粉出品率高、生产周期短、对原料适应性强等优点。但麸曲醋风味不及老法曲醋,麸曲也不易长期贮存。

② 老法曲醋

老法曲是以大麦、小麦、豌豆为原料制的麦曲,是野生菌自然培育制成的糖化曲。由于曲子的酶系统较复杂,所以老法曲酿制的食醋风味优良,曲子也便于长期贮存。但老法曲醋耗用粮食多,生产周期长,出品率低,生产成本高,故除了传统风味的名牌醋使用外,多不使用。

(2) 按醋酸发酵方式分类

① 固态发酵醋

用固态发酵工艺酿制的食醋风味优良,是我国传统的酿醋方法。其缺点是生产周期长、劳动强度大、出品率低。

② 液态发酵醋

用液态发酵工艺酿制的食醋,其中包括传统的老法液态醋、速酿塔醋及液态深层发酵醋。其风味和固态发酵醋有较大区别。

③ 固稀发酵醋

固稀发酵醋是食醋酿造过程中的酒精发酵阶段为稀醪发酵,醋酸发酵阶段为固态发酵。该法出品率较高。

4. 按颜色分类

① 浓色醋:颜色呈黑褐色或棕褐色的食醋,如熏醋和老陈醋。

② 淡色醋：酿造过程中不添加焦糖色或不经过熏醅处理，颜色为浅棕黄色的食醋。
③ 白醋：用酒精为原料生产的氧化醋或用冰醋酸兑制的醋酸醋，呈无色透明状态。

5.按风味分类

传统的名牌醋在酿造方法上都有独到之处，使风味差异很大。如陈醋的酯香味较浓，熏醋具有特殊的焦香味，甜醋则需人工添加食糖等甜味剂，还有的添加中药材、植物性香料等，形成各种风味不同的食醋。

6.按制醋工艺流程分类

① 酿造醋：酿造醋是以淀粉质、糖质、酒质为原料，经过醋酸发酵酿制而成。
② 合成醋：合成醋是用冰醋酸加水兑制而成的。其口味单调、颜色透明。如醋精、白醋精等。
③ 再制醋：再制醋是在酿造醋中添加各种辅料配制而成的系列花色品种食醋。添加料并未参与醋酸发酵过程，所以称再制醋。例如，海鲜醋、五香醋、姜汁醋、甜醋等是在酿造过程品中添加鱼露、虾粉、五香液、姜汁、砂糖等而成的食醋。

任务3：食醋发酵

食醋酿造在我国有着悠久的历史，人们根据不同地区的气候、原料及饮食习惯等，创造出种类繁多的酿醋工艺。根据醋酸发酵阶段各物料状态不同，可将食醋酿造工艺分为两大类，即固体发酵工艺和液体发酵工艺。

1.固态发酵工艺

(1)固态发酵制醋工艺

固态发酵法是我国醋酿造的传统工艺，目前一些中、小型醋厂仍在沿用。这种工艺生产设备简单，多采用陶瓷缸或涂有防腐涂料的水泥池作为酒精和醋酸发酵设备，成本较低。

固态发酵制醋工艺流程如图10-1所示。

```
                                    麸曲、酒母
                                        ↓
原料→粉碎→混合→润水→蒸熟→摊凉→拌匀→入缸→淀粉糖化、
酒精发酵→倒醅→醋酸菌种子、谷糠→醋酸发酵→倒醅→加盐→后熟
→淋醋→陈酿→澄清→调配→灭菌→包装→成品
```

10-1　固态发酵制醋工艺流程

其操作要点有以下几种步骤。
① 原料配比：固态发酵工艺中原料配比见表10-1。

表 10-1　固态法食醋生产原料配比　　　　　　　　　　　　　　单位：kg

原料名称	质量	原料名称	质量
高粱或大米	100	麸曲	50
谷糠	80	酒母	40
麸皮	120	食盐	7.5~10
原料加水量	275	谷糠（醋酸发酵母）	50
熟料加水量	180	醋酸菌种子醅	40

② 原料处理：将各种原料粉碎，混合均匀后，加水搅拌，使原料与水充分拌匀吸透。润水完毕后，在 150kPa 下，蒸料 40min。蒸熟后，将熟料过筛，消除团粒并冷却。

③ 添加麸曲及酒母：熟料要求夏季降温至 28~0℃，冬季 30~32℃后，进行二次加水。翻拌均匀后摊平，撒上细碎的麸曲，在将搅匀的酒母均匀撒在麸曲上，然后拌匀，使醋醅含水量在 60%~62% 为宜，入缸进行糖化和酒精发酵。

④ 淀粉糖化和酒精发酵：醋醅入缸后，摊平，检查醅温在 15~16℃，发酵室室温保持在 20℃为宜。当醅温上升至 36℃，应进行倒醅。严格控制醅温不超过 36℃，如发现醅温过高，应再倒醅。倒醅的方法是每 10~20 个缸留出一个空缸，将已升温的醋醅移入空缸内，再将下一缸倒在新空出的缸内，依次将所有醋醅倒一遍。此阶段为边糖化边发酵双边发酵工艺过程。发酵期为 5~6d。当醅温下降至 33~35℃，酒精度达 7.50%~8.0%，说明酒精发酵已基本结束。

⑤ 醋酸发酵：酒精发酵结束后，拌入谷壳、麸皮及醋酸菌种子，进行醋酸发酵。发酵室室温为 25~30℃，品温掌握在 39~41℃，不超过 42℃，每天倒醅 1~2 次，使醋酸松散，供给充足氧气。经 12~15d，品温开始下降，每天取样测定醋酸含量。当品温降至 36℃时，醋酸含量达到 7% 左右，且不再上升，说明醋酸发酵已结束，应及时加盐，停止醋酸菌继续作用。

⑥ 加盐后熟：醋酸发酵完毕后，立即加盐，一般按醋醅的 1.5%~2% 加食盐，加盐以后再后熟 2d，以改善食醋的香气和色泽。

⑦ 淋醋：淋醋是用水将成熟醋醅的有效成分溶解出来，得到醋液。小厂用淋缸，大厂用水泥淋池。一般采用套淋法进行淋醋，具体操作方法如下：

甲组淋缸放入成熟的醋醅，用乙组淋缸淋出的醋倒入甲组缸内浸泡 20~24h，淋下的称为头醋；乙组缸内醋渣是淋过头醋的头渣，用丙组缸淋下的三醋放入乙组缸内，淋下的是二醋；丙组淋缸内的醋渣是淋过二醋的二渣，用清水放入丙缸内，淋出的就是三醋。这种操作方法既可以保证醋的质量，又可以使醋醅中的有效成分最大限度地溶解淋出，最后醋渣的残酸仅为 0.1%。

⑧ 陈酿：陈酿是醋酸发酵后期为改善食醋风味进行的贮存、后熟过程，经过长期陈酿的食醋称为陈醋。

陈酿的方式有醋醅陈酿和成品醋陈酿两种方法。醋醅陈酿是把加盐的醋醅存放于缸中，压实，加盖面、食盐，用泥土密封缸口，经 10～15d 可淋醋。如长期陈酿，应在 15～20d 倒醋一次。成品醋陈酿是将淋好的醋液封存于缸内，陈酿 1～2 个月或更长时间，使食醋酸度和固形物含量增高。陈酿过程中，由于酯类的形成，使食醋富有浓郁的香气和滋味，色泽也比较鲜艳。为了防止食醋在陈酿过程中变质，醋液的酸度需在 5%（醋酸计）以上。

⑨ 灭菌：灭菌也叫煎醋，是将澄清以后的清亮食醋，在 80～90℃下加热 50min，具有灭菌和改善风味的双重作用。灭菌的食醋迅速冷却包装即得成品。

(2) 酶法液化通风回流制醋工艺

酶法液化通风回流制醋工艺流程如图 10-2 所示。

```
        α-淀粉酶、Na₂CO、CaCl₂                      酒母
              ↓                                    ↓
碎米→浸泡→磨浆→调浆→加热→液化→糖化→冷却→酒精发酵→酒液
→拌匀入池→固态回流醋酸发酵→加盐→淋醋→灭菌→成品
      ↑——醋酸菌种子、麸皮、谷糠
```

图 10-2 酶法液化通风回流制醋工艺流程

其操作要点有以下几种步骤。

① 原料配比：酶法液化通风回流制醋原料配比见表 10-2。

表 10-2 酶法液化通风回流制醋原料配比　　单位：kg

原料名称	质量	原料名称	质量	原料名称	质量
碎米	1200	麸曲	60	谷糠	1650
Na_2CO_3	约1.2	酒母	500	醋母	200
$CaCl_2$	2.4	水	3250	食盐	100
中温 α-淀粉酶 （酶活 2000u/g）	3.0	麸皮	1400		

② 水磨和调浆：碎米用水浸泡，充分膨胀后按米与水 1:1.5 的比例水磨，磨成 70 目以上细度后，用水泵送至粉浆桶进行调浆，用 Na_2CO_3 调至 pH6.2～6.4，再加入 $CaCl_2$，然后按 8u/g 碎米加入中温 α-淀粉酶，搅拌均匀，使酶粉均匀分布在浆液中，打开出料阀，放入液化桶内液化。

③ 液化与糖化：液化品温控制在 85～90℃，维持 10～15min，用碘液检测，若呈棕黄色，表明液化完全。之后缓慢升温至 100℃，保持 10min 进行灭菌。液化完毕，将液化醪泵入糖化桶，冷却至 61～65℃，加入麸曲，糖化 3～4h。待糖化醪冷却至室温，泵入

酒精发酵罐中。

④ 酒精发酵：加入与糖化醪等体积的水，调节 pH4.2～4.4，投入酒母 500kg，控制发酵温度在 33℃左右进行酒精发酵。发酵 3～5d，酒精度达到 7%～8%，残糖 0.5%左右后将酒醪送入醋酸发酵池进行醋酸发酵。

⑤ 醋酸发酵：

a. 进池。将酒醪、麸皮、谷糠及醋酸菌种子拌匀后入发酵池，入池品温控制在 35～38℃。面层加大醋酸菌种子的接种量。醅料入池完毕，平整表面，盖上塑料膜开始醋酸发酵。

b. 松醅、回流。面层醋酸菌繁殖较快，升温快，24h 品温可达 40℃；而中层醅温较低，需进行松醅，调节温度一致。松醅后，每逢醅温达到 40℃即可回流，使醅温降至 36～38℃。一般每天回流 5～6 次，每次放出 100～200kg 醋汁回流。回流 120～130 次，醋醅即成熟。当酸度达到 6.6%～7%，酸度不再增加，醋中酒精残留甚微时，可视为发酵成熟。

⑥ 加盐淋醋：醋酸发酵结束后，为避免醋酸继续氧化分解为二氧化碳和水，立即加入食盐 100kg，抑制醋酸菌的氧化作用。加盐后马上进行淋醋。先开醋汁管阀门，再把二醋汁分次浇在面层，从醋汁管收集头醋。当醋酸含量降至 4～5 时，停止。一般每千克碎米，可得成品食醋 7～8kg。

2. 液体发酵工艺

我国常用的液体发酵工艺有浇淋法酿醋工艺、液态深层发酵工艺、表面发酵法酿醋工艺等。一些名优醋，如江浙玫瑰香醋、福建红曲醋等，均采用液体发酵工艺。

(1) 浇淋法酿醋工艺

浇淋法酿醋在我国河南等地应用较多。可用粮食原料酿酒外，也可用白酒做原料酿醋。其特点是将玉米芯、刨花等填充物作为醋酸菌载体，酒液反复浇淋于醋化塔内填充物上进行醋酸发酵。由于是在醋化塔中进行发酵，因此也称为塔醋。醋化塔中氧气供应充足，醋酸发酵迅速，产量高，又称为速酿醋。

① 工艺流程：浇淋法酿醋工艺流程如图 10-3 所示。

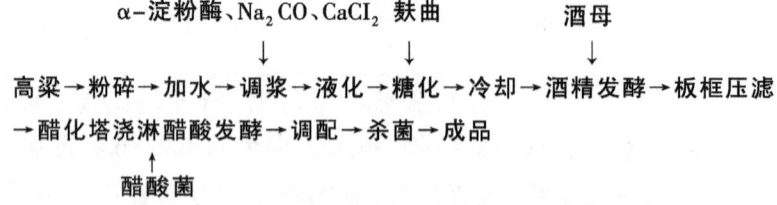

图 10-3 浇淋法酿醋工艺流程

② 醋化塔：醋化塔式底座直径为 1.6～1.7 米的圆柱体或圆锥体，假底距塔底 0.5 米。塔顶安装的喷淋管可以自动回转。塔内的填充料有刨花（用无芳香气味的树木制成）、木炭、芦苇梗、玉米芯、甘蔗渣、桦树枝等，可因地制宜。填充料使用前先用清水洗

净,再用醋酸含量为7%的食醋浸泡,作为醋酸菌的载体。对填充料的要求接触面积大,具有适当的硬度,经酒液浸渍后不变软。由于醋酸菌大量繁殖后会形成较厚的菌膜,所以填充料需要定时更换。

③ 原理:淋浇发酵法的基本原理是,让稀酒液浇淋于负载有醋酸菌的物料上,自上而下流过,空气自下而上流通,使酒精很快被氧化成醋酸。经过一次浇淋若不能使酒精全部转化为醋酸,可经几次回流。

④ 操作方法:原料配比及处理,液化、糖化和酒精发酵均同酶法液化回流制醋工艺。酒精发酵结束后,酒醪用板式过滤机除渣。

将白酒或酒精、循环底醋、酵母液及热水在原料罐中混合均匀,控制发酵液酒精度在2.5%,酸度7%左右。醋化塔内温度34~36℃,将32~34℃发酵液分次喷洒于塔内,喷洒次数10~16次,约每隔1h喷洒一次。经塔内醋酸菌的氧化作用,塔底流出的醋液酸度比喷入的发酵液高。每隔1h或半小时检测酸度一次,若酸度不再增加,可停止浇淋。收集的醋液除补充循环醋外,新转化的部分可做半成品。

醋酸发酵完后,醋液中添加2.5%食盐,加热灭菌,贮存一个月,调酸,包装,即为成品。

(2)液态深层发酵工艺

液态深层发酵法制醋是较为先进的技术,其特点是发酵周期短、机械化程度高、原料利用率高、劳动强度低、占地面积小、不用填充料、产品质量稳定等,为实现食醋生产自动化创造了条件。但由于酿醋周期短,风味欠佳,作为调味品食醋尚有不足。

① 工艺流程:液态深层发酵法制醋工艺流程如图10-4所示。

α-淀粉酶、Na_2CO、$CaCl_2$　麸曲　　酒母、乳酸菌

大米→浸泡→磨浆→调浆→液化→糖化→酒精发酵→液体深层醋酸发酵
→压滤→杀菌→调配→成品　　　　　　　　　　　　　　↑
　　　　　　　　　　　　　　　　　　　　　　　　　醋酸菌

图10-4　液态深层发酵法制醋工艺流程

② 主要设备:液态深层发酵目前使用的设备有标准发酵罐和自吸式发酵罐。标准发酵罐带有搅拌器。压缩空气经空气过滤系统导入发酵罐内,通过搅拌,使氧气均匀地溶解于发酵液中。

自吸式发酵罐用于制醋工业始于20世纪60年代后期,由德国开发成功。其原理是发酵液在一定转速的机械搅拌作用下,在搅拌器空腔的转子叶轮背侧出现负压,使空气经由吸风管通过过滤器净化后吸入,再从叶轮甩出。由于搅拌作用,叶轮周围形成强烈湍流,使刚离开叶轮的空气在发酵液中分裂成细微的气泡,扩散到整个发酵罐中。

③ 操作方法:

a.大米的液化、糖化、酒精发酵参阅酶法液化通风回流制醋。

b.醋酸发酵。将酒醪或酒液泵入发酵罐中,装入量为罐容积的70%。当料液淹没自吸式发酵罐转子时,开动搅拌器自吸入空气。装完料后,接入醋酸菌种子液10%,保持品温32~35℃进行发酵。控制通风量,发酵前期为1:0.07L/(L·min),发酵后期为

1:0.1L/(L·min)。65～72h 后,当醋酸不再增加时,发酵结束。

液态深层发酵法生产的食醋,糖分及氨基酸都低于固态发酵产品,故需添加蛋白水解液和糖,以改善产品的风味和颜色。

任务 4:食醋质量标准及检测

1.质量标准

酿造食醋的质量标准,参照 GB18187-2000 的有关规定。

(1)感官指标

感官特性,应符合表 10-3 的规定。

表 10-3 酿造食醋的感官指标

项目	要求	
	固态发酵食醋	液态发酵食醋
色泽	琥珀色或红棕色	具有该品种固有的色泽
香气	具有固态发酵食醋特有的香气	具有该品种特有的香气
滋味	酸味柔和,回味绵长,无异味	酸味柔和,无异味
体态	澄清	

(2)理化指标

酿造食醋的理化指标见表 10-4。

表 10-4 酿造食醋的理化指标

项目	指标	
	固态发酵食醋	液态发酵食醋
总酸(以乙酸计),g/100ml ≥	3.50	
不挥发酸(以乳酸计),g/100ml ≥	0.50	—
可溶性无盐固形物,g/100ml ≥	1.00	0.50

注:以酒精为原料的液态发酵食醋不要求可溶性无盐固形物。

(3)卫生指标

砷(以砷计)不超过 0.5mg/L,铅(以铅计)不超过 1mg/L,黄曲霉毒素不超过 $5\mu g/kg$。

2.食醋的检测

(1) 醋酸的检测

① 定性检测。醋酸的定性检测可采用我国药典规定的醋酸盐定性法,即将用NaOH溶液中和后的盐液移入试管中,加入5%硝酸钠溶液和0.01mol/L碘液各一滴,并沿管壁加入1%氨溶液1滴,有蓝至蓝棕色环出现。

② 定量检测。酿造食醋中醋酸含量的检测,多以总酸为指标,即采用酸碱滴定法定量。

若需排除食醋中其他有机酸对酸度的影响,需用蒸馏法将醋酸蒸馏出,并收集馏出液,再用酸碱滴定定量醋酸含量。也可用气相色谱法定量可挥发的醋酸含量。

(2) 感官检验

① 色泽、体态:将样品摇匀后,用量筒量取20mL,放入20mL比色管中,在白色背景上观察,鉴定其颜色、澄清度、有无沉淀物和悬浮物。

② 香气:量取样品50mL,放入150mL三角瓶中,轻轻摇动,嗅其气味。

③ 滋味:吸取样品0.5mL滴入口中,然后涂布满口,反复咂,鉴别其滋味优劣及后味长短。第二次品尝前必须用清水漱口。

(3) 理化检验

食醋理化检验的方法多为常规方法,可查阅相关资料。

达标自测

一、填空题

1. 食醋分_____、合成醋、_____三大类,其中产量最大、与我们关系最为密切的是酿造醋,它是用粮食等为原料,经微生物制曲、糖化、_____、_____等阶段酿制而成的。

2. 按食醋的发酵方式分为_____、液态发酵和_____三大类。

二、简答题

1. 按制醋工艺流程分为哪些类?
2. 食醋酿造的基本原理是什么?
3. 食醋酿造中的微生物主要有哪些?

学习情境 11：面包制作工艺

任务 1：面包的分类

1. 按风味分类

(1) 主食面包

主食面包，顾名思义，即当作主食来消费的。主食面包的配方特征是油和糖的比例较其他的产品低一些。根据国际上主食面包的惯例，以面粉量作基数计算，糖用量一般不超过 10%，油脂低于 6%。其主要根据是主食面包通常是与其他副食品一起食用，所以本身不必要添加过多的辅料。主食面包主要包括平顶或弧顶枕形面包、大圆形面包和法式面包。

(2) 花色面包

花色面包的品种甚多，包括夹馅面包、表面喷涂面包、油炸面包圈及形状各异的品种等几个大类。它的配方优于主食面包，其辅料配比属于中等水平。以面粉量作基数计算，糖用量 12%～15%，油脂用量 7%～10%，还有鸡蛋、牛奶等其他辅料。与主食面包相比，其结构更为松软，体积大，风味优良，除面包本身的滋味外，还有其他原料的风味。

(3) 调理面包

调理面包属于二次加工的面包，烤熟后的面包再一次加工制成，主要品种有三明治、汉堡包、热狗等三种。实际上这是从主食面包派生出来的产品。

(4) 丹麦酥油面包

丹麦酥油面包是近年来开发的一种新产品，由于配方中使用较多的油脂，又在面团中包入大量的固体脂肪，所以属于面包中档次较高的产品。该产品既保持面包特色，又近于馅饼(Pie)及千层酥(Puff)等西点类食品。该产品问世以后，由于酥软爽口，风味奇特，再加上香气浓郁，备受消费者的欢迎，近年来生产获得较大幅度的增长。

2. 按加工程度分类

(1) 成品

散装面包、包装面包、蛋糕、点心。

(2) 半成品

急冻面包。

3. 按面包成品质量分类

① 硬质面包。
② 软质面包。
③ 松质面包。
④ 脆皮面包。

任务2：面包的发酵原理

面包面团的发酵原理，主要是由构成面包的基本原料(面粉、水、酵母、盐)的特性决定的。

1. 面粉的作用

面粉是由蛋白质、碳水化合物、灰分等成分组成的，在面包发酵过程中，起主要作用的是蛋白质和碳水化合物。面粉中的蛋白质主要由麦胶蛋白、麦谷蛋白、麦清蛋白和麦球蛋白等组成，其中麦谷蛋白、麦胶蛋白能吸水膨胀形成面筋质。这种面筋质能随面团发酵过程中 CO_2 气体的膨胀而膨胀，并能阻止 CO_2 气体的溢出，提高面团的保气能力，它是面包制品形成膨胀、松软特点的重要条件。面粉中的碳水化合物大部分是以淀粉的形式存在的。淀粉中所含的淀粉酶在适宜的条件下，能将淀粉转化为麦芽糖，进而继续转化为葡萄糖供给酵菌发酵所需要的能量。面团中淀粉的转化作用，对酵母菌的生长具有重要作用。

2. 酵母菌的作用

酵母菌是一种生物膨胀剂，当面团加入酵母后，酵母菌即可吸收面团中的养分生长繁殖，并产生 CO_2 气体，使面团形成膨大、松软、蜂窝状的组织结构。酵母菌对面包的发酵起着决定的作用。但要注意使用量，如果用量过多，面团中产气量增多，面团内的气孔壁迅速变薄，短时间内面团持气性很好，但时间延长后，面团很快成熟过度，持气性变劣。因此，酵母菌的用量要根据面筋品质和制品需要而定。一般情况，鲜酵母菌的用量为面粉用量的3%～4%，干酵母的用量为面粉用量的1.5%～2%。另外，酵母菌在不同的季节用量也可做适当的调节，由于冬季温度较低，酵母菌的用量可适当增加，相反夏季可降低酵母菌的用量。

3. 水的作用

水是面包生产的重要原料，其主要作用是：水可以使面粉中的蛋白质充分吸水，形成面筋网络；水可以使面粉中的淀粉受热吸水而糊化；水可以促进淀粉酶对淀粉进行分解，帮助酵母菌生长繁殖。

4. 盐的作用

盐可以增加面团中面筋质的密度，增强弹性，提高面筋的筋力，如果面团中缺少盐，饧发后面团会有下塌现象。盐可以调节发酵速度，没有盐的面团虽然发酵的速度快，但发酵极不稳定，容易发酵过度，发酵的时间难于掌握。盐量多则会影响酵母的活力，使发酵速度减慢。盐的用量一般是面粉用量的 1%～2.2%。

综上所述，面包面团的四大要素是密切相关、缺一不可的，它们的相互作用才是面团发酵原理之所在。其他的辅料(如糖、油、奶、蛋、改良剂等)也是相辅相成的，它们不仅仅能改善风味特点，丰富营养价值，对发酵也有着一定的辅助作用。糖是供给酵母能量的来源，糖的含量在 5% 以内时能促进发酵，超过 6% 会使发酵受到抑制，发酵的速度变得缓慢；油能对发酵的面团起到润滑作用，使面包制品的体积膨大而疏松；蛋、奶能改善发酵面团的组织结构，增加面筋强度，提高面筋的持气性和发酵的耐力，使面团更有胀力，同时供给酵母养分，提高酵母的活力。

任务 3：面包制作工艺

1. 搅拌

(1) 搅拌的目的

① 能使各种原辅材料混合在一起，并均匀地分布在面团的每一个部分，形成一个质量均一的整体。

② 加速面粉吸水、涨润形成面筋，缩短面筋形成时间。

③ 扩展面筋，使面团具有良好的弹性和伸展性，改善面团的加工性能。

(2) 搅拌的过程

面团搅拌时，各种物料逐渐混合均匀，分布在小麦粉中的麦谷蛋白和麦胶蛋白吸水胀润，面团从胀润开始，可以明显地感到逐渐变软，黏性逐渐减弱，体积随之膨大，弹性不断增强，面筋形成这个过程称之为水化。

当小麦粉与水混合形成面筋后，会妨碍水浸透的作用，影响小麦粉的继续吸水。另外，在面团中的食盐、砂糖等，也会对面团的形成造成阻力，这就要用搅拌的方式使它们充分混合，经过分散、吸水和结合三个阶段，最终形成面团。

2. 发酵

发酵是继搅拌后面包生产中的第二个关键环节。发酵好与否，对面包产品的质量影响极大。有人认为发酵对面包品质的影响起 70% 的作用。

面团在发酵期间，酵母菌利用面团中的糖，释放出 CO_2 气体，使面团膨胀，其体积约为原来的 5 倍,形成疏松、似海绵状的物质,其原因是受面粉及酵母菌内的淀粉酶、糖化酶等的作用,发酵产物如酒精、各种有机酸和无机酸,增加面团之酸度,由于各种不同的变化会改变面筋的胶体性质,因此形成薄而能保留气体的气泡,同时保留面筋的延展性和弹性,因而能忍受机械作用所加的压力,如分割、整形等,而不致使气泡破裂。

(1) 发酵过程

面团的发酵是个复杂的生化反应过程,所涉及的因素很多,尤其是水分、温度、湿度、酸度、酵母菌营养物质等环境因素对整个发酵过程影响较大。

① 发酵过程的营养物质供应

a. 酵母菌在发酵生长和增殖过程都要吸收氮素,合成本身所需的蛋白质,其来源分有机氮(氨基酸)和无机氮(氯化铵、碳酸铵等)两种。其中,氯化铵的效果比碳酸铵好,但二者混合使用则效果更佳。

b. 酵母菌要吸收糖类物质,以进行发酵作用。发酵初期酵母菌先利用葡萄糖和蔗糖,然后再利用麦芽糖。在正常条件下,1g 酵母每小时吸收、分解 0.32g 葡萄糖。

c. 其他物质如酶、改良剂、氧化剂等,都对发酵过程的许多生化反应具有促进作用,如面粉本身存在的各种酶或人工加入的淀粉酶,促进淀粉、蛋白质及油脂等的水解;无机盐可作为面团的安定剂;改良剂、氧化剂则可改变面团的物理性质,改善面团的工艺性能。

② 发酵产物

酵母发酵后的最终产物有 CO_2 气体、酒精、酸、热等。

a. CO_2 气体是使面团膨松、起发的物质。在面团发酵期间,面粉本身的或人工添加的淀粉酶中的液化酶将破裂淀粉转化成糊精,再由糖化酶的作用转变成麦芽糖,然后由麦芽酶把麦芽糖变成葡萄糖,最后通过酒精酶而分解成为酒精及 CO_2。但所产生的 CO_2 并不完全以气体形式存在于面团内,而是有部分溶于水变成碳酸,碳酸的离解度很小,对面团的 pH 影响不大。

b. 酒精是发酵的主要产物之一,也是面包制作的风味及口味来源之一。酒精虽然会影响面团的胶体性质,但因其产量较少,故影响不太大。而且,当面包进炉烘焙后,酒精会随之而挥发出去,面包成品大约只含 0.5% 的酒精。

c. 酸类物质是面包味道的来源之一,同时也能调节面筋成熟的速度。它们是乳酸、醋酸等有机酸和碳酸以及极少量的硫酸、盐酸等无机强酸。乳酸是由于面粉内含的乳酸菌的发酵作用,把葡萄糖转化而成的。乳酸是一种较强的有机酸,且在发酵过程中产量也较多,是使面团的 pH 在发酵过程降低的重要原因之一。醋酸是存在于面粉内的醋酸菌将酒精转化而成的。醋酸是较弱的有机酸,离解度小,对面团的 pH 影响比乳酸要小。碳酸的产生与影响见上述 "CO_2 气体" 部分。硫酸、盐酸及另一部分碳酸则是由改良剂内的铵盐产生的。铵盐受酵母利用后,经酵母的同化作用,释放出其相应的酸,如硫酸铵产生硫酸,氯化铵产生盐酸,碳酸铵产生碳酸等。

虽然改良剂在配方中用量极少,所产生的无机盐也很少,但因它们离解常数很大,几乎全部离解,故有许多氢离子产生,所以对面团的 pH 的降低影响很大。例如,一般搅拌好的面团 pH 为 6,当完成发酵后,便降低至 4～4.5。

d.热量 在"酵母菌"一节中已提过,每分解 1moL 葡萄糖,就会产生 112.8J 热能,这是使发酵后的面团温度有较小幅度上升的原因。

(2) **发酵操作技术**

① 发酵的温度及湿度

一般理想的发酵温度为 27℃,相对湿度 75%。温度太低,因酵母菌活性较弱而减慢发酵速度,延长了发酵所需时间;温度过高,则发酵速度过快。湿度低于 70%,面团表面由于水分蒸发过多而结皮,不但影响发酵,而且影响成品质量不均匀。适于面团发酵的相对湿度,应等于或高于面团的实际含水量,即面粉本身的含水量(14%)加上搅拌时加入的水量(60%)。面团在发酵后温度会升高 4～6℃。若面团温度低些,可适量增加酵母用量,以提高发酵速度。

② 发酵时间

面团的发酵时间,不能一概而论,而要按所用的原料性质、酵母用量、糖用量、搅拌情况、发酵温度及湿度、产品种类、制作工艺(手工或机械)等许多有关因素来确定。通常情形是:在正常环境条件下,鲜酵母用量为 3% 的中种面团,经 3～4h 即可完成发酵。或者观察面团的体积,当发酵至原来体积的 4～5 倍时即可认为发酵完成。

③ 翻面技术

翻面是指面团发酵到一定时间后,用手拍击发酵中的面团,或将四周面团提向中间,使一部分 CO_2 气体放出,缩减面团体积。

3.面包的整型

搓圆是将分割后的不规则小块面团搓成圆球状。经过搓圆之后,使面团内部组织结实、表面光滑,再经过 15～20min 静置,面坯轻微发酵,使分块切割时损失的 CO_2 得到补充。搓圆分为手工操作与机械操作。

4.面包的最后醒发

面团块在入炉前直至成型这一系列极为重要的工序即使都处理得很正确,但是最终发酵阶段若是失败的话,那也会前功尽弃。西方有这样的谚语:很多面包都是由于最终发酵而失败的。

(1) **最终发酵的作用**

经过成型的面团膨胀不大,面筋呈黏着性,因此,若把这样的面团直接入炉,则会烤成容积小很沉实的面包,内部粗糙,上面和侧面发生裂纹。为此要给面团再一次膨胀的机会,赋予其成熟度和伸展性,使面团状态得以恢复,这就是最终发酵的作用。

(2) **最终发酵的操作和条件**

将装好面团的烤盘放在架上或托盘上送入最终发酵室。发酵室的温度保持在 30～

50℃（通常是 38℃），湿度 80%～90%（通常是 85%）。也有需要特殊温湿度条件的，如有一些面包品种需要比较低的温度（23～32℃），因为低温能使 CO_2 溶存于面团中，烘烤时膨胀得大；再有含油脂多的面团，如果使用高温发酵会使油脂溶出，所以也选择低温发酵。

最终发酵时间由于酵母用量、发酵温度、面团成熟度、面团软硬、成型时排气程度等而不同，通常 30～60min 发酵完成。

(3) 最终发酵程度的判定

最终发酵到什么程度入炉烘烤，这是关系到面包质量的一个关键问题。在这一点上采用如下三种方法。

① 膨胀到烤后容积的 80%

如果根据经验知道烤后面包的大小，那么发酵膨胀到 80% 的程度即可，其余 20% 留在烘烤时膨胀，这样即可烤成预期的面包。80% 是指平均而言，实际上炉内膨胀大的面团，发酵的程度还要轻一些（60%～75%）。炉内膨胀不好的面团，都是由于发酵过度造成的（85%～90%）。像枕型方面包，模上有盖，模的容积就是烤成面包的容积，因此膨胀 80% 可以容易判定，而山型面包、小面包则需要凭经验看面团与模的高度来判定发酵程度。

② 成型容积的 3～4 倍

因为烘烤容积是凭经验来确定的，不够确切，所以也可以按成型后的容积 3～4 倍来确定，这也有目测的经验。

③ 按照形状、透明度、触感的方法来确定

这种方法是按照质的方法，不像上述两种按照量的方法，所以它有特别的意义。随着发酵的进行不仅形状增大，接近适当时期时要向横向方向扩展，要抓住这一点。另外，开始时有不透明和硬的感觉，随着膨胀的同时变软，膜变薄，接近半透明的感觉。到最后时，用手经常轻轻触一触，有暄松的感觉，则是发酵适当的时期。发酵过度时用手一触则面团破裂塌陷。

5. 面包的烘烤

烘烤是面包加工的关键工序，由于这一工序的热作用，使生面包坯变成结构疏松、易于消化、具有特殊香气的面包。在烘烤过程中，面包发生一系列变化。

面包在烘烤中的体积变化，可分为两个阶段：第一阶段是体积增大阶段；第二阶段是体积不变阶段。在第二阶段中，面包体积的不再增长，显然是受面包皮的形成和面包瓤加厚的限制。在烘烤中，当面包皮形成以后，开始丧失延伸性，降低了透气性，形成了面包体积增长的阻力。而且蛋白质凝固和淀粉糊化构成的面包瓤的加厚，也限制了里边面包瓤层的增长。

烘烤开始时，如果温度过高，很快停止了面包体积的增长，就会使面包体积小或造成表面的断裂。如果炉温过低而过多地延长了何种变化的时间，将会引起面包外形的凹陷或面包底部的粘连。由于没有遵守操作规程，都会导致面包质量变差。

6. 面包的冷却

面包出炉以后，要经过一段时间的冷却，其目的主要防止面包变形与霉变。

7. 面包的包装形式

面包的包装按包装形式分为折叠式包装、收缩式包装、袋式包装等。

8. 成品质量评分方法

完整面包应具备的条件：

(1) **体积**

面包的体积与原材料的配比和制作的技术有直接的关系。面包的体积并非越大越好，若体积过大，会使组织出现过多的大气孔，组织不均匀、粗糙。体积小会使其内部较紧密并缺乏弹性，老化快。体积的大小应视其同类产品的体积计量。

(2) **表皮的色泽**

正常面包制品的表皮色泽应为金黄色，顶部的颜色较深而四边的较浅，颜色应均匀一致，没有气泡及硬壳的现象出现，制品的表皮金黄色能给人以美的享受和产生食欲感。制品的正常色泽与烘焙的温度和配方中糖的比例适当有直接的关系。若表皮的颜色过深，可能是烘焙过度及配方中糖量过多造成的，反之则表皮的颜色过浅。

(3) **外表的形状**

正常的面包应具备外形完整、形态规范，面包的边缘部分稍呈圆形、两头及中间部位齐正，不应有高低不平及低垂的现象。

(4) **烘焙的标准**

烘焙正常的面包，四周边壁上下颜色都应均匀，表面颜色可稍深。面包的表皮应具有柔软及均匀的薄层，不应有粗糙硬壳及破裂的现象。法式脆皮面团应带有脆硬的外壳。

达标自测

一、填空题

1. 面包按风味分类可分_____、花色面包、_____、丹麦酥油面包等。
2. 面包面团的发酵原理,主要是由构成面包的基本原料(_____、水、_____、盐)的特性决定的。
3. 面包生产的基本工艺可分为:_____、一次法(直接法)、_____(中种法)、全种法,其中以中间两种方法为最基本的生产方法。
4. 在面包生产中,糖是供给酵母能量的来源,糖的含量在_____以内时能促进发酵,超过_____会使发酵受到抑制;油能对发酵的面团起到_____作用,使面包制品的体积膨大而疏松;蛋、奶能改善发酵面团的_____,增加面筋_____,提高面筋的持气性和发酵的耐力。

二、简答题

1. 面包制作中,酵母菌的用量是多少?是否越多越好?为什么?
2. 面包制作中,说说盐的作用。
3. 面包制作中,发酵温度过高或太低会对发酵产生哪些影响?
4. 说说面包最终发酵的作用。
5. 面包生产最终发酵程度判定的方法有哪些?

学习情境 12：罐藏食品生产工艺

任务 1：罐藏食品的发展及其分类

1. 罐藏食品发展

食品罐藏是将经过一定处理的食品置于密封的罐头容器中，经杀菌达到商业无菌后，在室温下长期贮存的保藏方法。

罐头（Canned Food or Tinned Food）——这种密封在容器中并经杀菌而在室温下能够较长时间保存的食品称为罐头食品。

1804 年法国 Appert 发明罐头。

1810 年英国人杜兰得使用镀锡薄钢板制造空罐（马口铁罐）。

1851 年至 1874 年，美国人 Apport 和 Shriver 发明了杀菌釜和高压蒸汽杀菌釜，开始了现代罐头工业。

1903 年出现了现在的镀锡马口铁罐（卫生罐）的生产技术。

1948 年，多尔（Dole）工程公司研制无菌装罐。

1955 年，美国伊利诺斯大学开始研究软罐头。

1906 年，中国第一家罐头食品厂（泰丰食品公司）。

2. 罐头食品分类

罐头食品的种类很多，分类的方法也各不相同，根据国家标准和原料的不同可以分为六大类，再将各大类按加工或调味方法的不同分成若干类。

① 肉类：清蒸类肉罐头、调味类肉罐头、腌制类肉罐头、烟熏类肉罐头、香肠类肉罐头、内脏类肉罐头。

② 禽类：白烧类禽罐头、去骨类禽罐头、调味类禽罐头。

③ 水产类：油浸（熏制）类水产罐头、调味类水产罐头、清蒸类水产罐头。

④ 水果类：糖水类水果罐头、糖浆类水果罐头、果酱类水果罐头、果汁类罐头。

⑤ 蔬菜类：清渍类蔬菜罐头、醋渍类蔬菜罐头、调味类蔬菜罐头、盐渍（酱渍）类蔬菜罐头。

⑥ 其他类：坚果类罐头、汤类罐头。

3.新型罐头定义

近年来，罐头加工工业长足发展与进步，罐头食品的外延与内涵也在不断扩大与改进。根据中国著名食品专家、原轻工业部张学元的定义，罐头食品是保藏原理为依靠密封杀菌，达到商业无菌要求，不需要也不允许加入任何防腐剂的一类食品。所以应当进一步明确，凡食品经密封杀菌或杀菌密封（即无菌包装）达到商业无菌，能在常温下长期保存者，均应视为罐头食品，决不能只局限在传统认为的罐头食品范围内。随着包装材料和形式的扩大，除用马口铁罐、玻璃罐、铝合金罐外，其他如用铝塑复合包装材料制成的各种软罐头和无菌大包装；先经灭菌再包装制成的利乐包，如各种果汁、菜汁、果冻、沙司、蛋白饮料等等；可耐热杀菌的塑料罐、塑料肠衣制成的各种火腿肠均应视为罐头食品。

任务 2：罐头食品生产工艺

罐头食品生产工艺流程为：
洗罐→装罐→预封→排气→密封→杀菌→冷却→检测→包装

1.空罐的清洗和消毒

空罐在制造、运输、贮存过程中不可避免地会沾染一些灰尘、油污、微生物及助焊剂的残留。为保证罐头质量，在装罐前必须对空罐进行清洗。

2.打印

罐盖在使用前通常还需按要求打上一些代号，以便于罐头保质期的确认和追踪管理。

代号打印通常采用罐盖打印机，用机械的方法在罐盖上打出凸形代号，也可用不退色的印字液戳印。

对于外销的罐头有时则可按外商的生产合同要求打印。

代号以简单字母或阿拉伯数字标明罐头生产厂家所在的省、市及厂家名称、生产日期、班次、罐头名称代号，对某些产品包括原料品种、色泽、大小规格也需标明。

3.装罐

装罐是罐头生产过程中一个重要工序，直接关系到成品的质量。

浆状、液状、颗粒状和粉末状产品可用机械装罐。

易软烂的果块，需搭配块片的禽、肉，需排列整齐的鱼类等固体食品的装罐仍需采用人工装罐。

装罐时必须满足以下基本要求：
含量、质量、顶隙、装罐时间需严格控制，严格防止夹杂物混入罐内。

4. 预封

预封是用滚轮将罐盖盖钩卷到身钩下，使罐盖能沿罐身筒自由旋转而不能脱开。预封的作用如下：
① 防止因顶隙在排气后降温过速而影响罐内真空度。
② 防止罐内上层食品在热力排气时因受蒸汽过度加热而损伤。
③ 防止排气时机器内的冷凝水滴入罐内。
④ 防止罐内汤汁在排气过程中暴沸溢出。
⑤ 防止罐盖在排气过程中脱落。

5. 排气

（1）概念

排气是利用外力驱除罐头顶隙及内容物中的部分气体，从而在密封后使罐内形成部分真空的过程。

（2）罐头的排气方法

① 热力排气法

热力排气法适用于各种食品的排气，尤其适用于物料含气量高的食品；具有一定的杀菌作用；同时还可得到某种程度的脱臭，对水产品罐头尤为适合。但热力排气法对食品色香味有不利影响，某些水果会软化，设备占地面积大，能耗高。

② 真空封罐排气法

真空排气法的生产效率高，能适用于各种食品的排气，对于不宜加热的食品尤其适宜，而且能较好地保存维生素和其他营养成分，设备占地也少。影响罐头真空度的因素包括封罐室的真空度、食品装罐温度、食品含气特性及顶隙度。

③ 蒸汽喷射法

蒸汽喷射法是在罐头密封前，向其顶隙部分喷射蒸汽，以取代顶隙中的空气，在密封后利用顶隙部分蒸汽的冷凝而获得真空。

6. 罐头的密封

罐头的密封是防止食品遭受二次污染而能长期保藏的重要保证。无论何种材料或形状的容器，如果不能使食品与外界彻底隔绝，都不能防止食品的腐败。因此，密封是罐头食品生产中的重要工序。

7. 罐头食品的杀菌

罐头食品的杀菌有多种方法，如辐射杀菌等，但广泛使用的仍然是加热杀菌。罐头食品的杀菌为商业杀菌,主要是杀死致病菌、产毒菌和腐败菌,并破坏食品中的酶,使食品耐藏二年以上而不变质。同时还具有一定的烹调作用,能够增进风味和软化组织。

(1) 罐头食品的主要微生物及表观特性

罐藏食品中的微生物种类很多,但杀灭的对象主要是致病菌和腐败菌。致病菌中危害最大的是肉毒梭状芽孢杆菌,其耐热性很强。

腐败菌是能引起食品腐败变质的各种微生物的总称,种类也很多。各种腐败菌都有其不同的生活习性,导致不同食品的各种类型的腐败变质。

① 嗜热芽孢菌

嗜热芽孢菌可引起多种形式的食品腐败,如平盖酸败(Flat sour spoilage)。这类腐败罐头的外观正常,内容物却在细菌作用下变质,呈轻微或严重酸味,pH 值可下降 0.1~0.3。平酸菌多数是兼性厌氧菌,有些是专性嗜热,有些是兼性嗜热和中温菌。最主要的平酸菌是嗜热脂肪芽孢杆菌(Bacillus stearothermophilius)、嗜热酸芽孢杆菌(Bacillus thermoacidurans),或称凝结芽孢杆菌(Bacillus coagulans)。

致黑梭状芽孢杆菌(Clostridium nigrificans)能分解氨基酸产生硫化氢,在罐头内产生大量黑色的硫化物,并使罐体膨胀。

② 中温芽孢菌

嗜温菌的耐热性较弱,但有部分芽孢耐过高温处理而存活下来。常见引起罐头腐败变质的中温需氧芽孢杆菌有枯草芽孢杆菌、巨大芽孢杆菌、蜡样芽孢杆菌。

它们分解蛋白质和糖类产生酸等,属平酸菌。多粘芽孢杆菌、浸麻芽孢杆菌等除产酸外还产气体。

中温厌氧芽孢杆菌有分解糖的丁酸梭菌、巴氏梭菌和分解蛋白质的魏氏梭菌、生芽孢梭菌、肉毒杆菌等,这类菌主要产生氢、二氧化碳、硫化氢、硫醇、氨、吲哚、粪臭素等,使鱼类、肉类罐头腐败。

③ 非芽孢菌和真菌

非芽孢菌和真菌的耐热性不如芽孢菌,罐头中如发现这些菌,常常是由漏罐造成的。非芽孢菌有肠道菌和链球菌,如嗜热链球菌、乳链球菌、粪链球菌;真菌有球拟酵母、假丝酵母、啤酒酵母、青霉、曲霉等,它们都能使食品腐败。

(2) 罐头食品的酸碱度

罐头食品的酸碱度对微生物的繁殖及酶活性影响很大,对热敏感性的影响也很显著。

酸碱能够促使蛋白质的热变性,细胞的表层构造、机能以及细胞的代谢系统都受其影响,因此是影响杀菌效果的最显著因子。

不同酸度食品需要的杀菌条件有很大差异。

(3) 影响罐头热杀菌的因素

影响罐头加热杀菌的因素可以从两大方面考虑:

① 能影响微生物耐热性的那些因素也会影响罐头的杀菌效果;

② 罐头的热杀菌是一传热的过程,罐内温度上升的速度取决于热量传递的速度,

因此影响热量传递的速度的因素就直接影响罐头的杀菌。

罐头食品的传热方式有：导热、对流、导热对流结合型。

(4)罐头(热)杀菌技术

罐头加热杀菌的方法很多，根据其原料品种的不同、包装容器的不同等采用不同的杀菌方法。

罐头的杀菌可以在装罐前进行，也可以在装罐密封后进行。装罐前进行杀菌，即所谓的无菌装罐，需先将待装罐的食品和容器均进行杀菌处理，然后在无菌的环境下装罐、密封。

① 静止间歇式杀菌

a.静止高压杀菌——高压蒸汽杀菌。大多数低酸性金属罐头常采用高压蒸汽杀菌。其主要杀菌设备为静止高压杀菌釜，通常是批量式操作，在立式或卧式密闭高压容器内进行。

对于高压蒸汽杀菌来说，蒸汽供应量应足以使杀菌釜在一定的时间内加热到杀菌温度，并使釜内热分布均匀；空气的排放量应该保证在杀菌釜加热到杀菌温度时能将釜内的空气全部排放干净净。

b.静止高压杀菌——高压水浴杀菌。

c.静止常压杀菌。

② 连续杀菌

连续杀菌包括常压连续杀菌器、水封式连续杀菌器、静水压杀菌器。

③ 其他杀菌技术

其他杀菌技术包括回转式杀菌器、火焰杀菌器、无菌装罐设备等。

8.罐头的冷却

罐头食品杀菌后应迅速冷却，使罐内温度降低到适当值，以防止食品品质下降。罐头的冷却通常采用水做冷却介质，对于常压沸水杀菌的罐头，一般采用水池冷却法，即在杀菌结束后，先排除锅内蒸汽和热水，再向罐头喷水约1分钟，然后取出杀菌篮，置于冷却水池中冷却到38℃左右。

9.罐头的检验

罐头成品在出厂前必须经过检查，确定是否符合商品要求和质量等级，主要的检验项目有：

① 外观检验；

② 保温检验；

③ 敲音检验；

④ 罐头真空度检验；

⑤ 开罐检验。

任务3：软罐头生产工艺

1. 软罐头的概念与特点

软罐头是以聚酯、铝箔、聚烯烃等薄膜复合而成的包装材料制成的耐高温蒸煮袋为包装容器，并经密封、杀菌而制得的能长期保存的包装食品，简称 RP-F。

软罐头食品具有以下优点：
① 可以高温杀菌、长期保藏，具有与硬罐头一样的保存期。
② 阻热性小，传热快，可以缩短杀菌时间。
③ 密封性好、不透气、不透光、不透水，内容物几乎不发生化学作用。
④ 封口简便而且牢固，开启方便，包装美观。
⑤ 质量轻、体积小、携带方便。

软罐头食品的不足主要表现为：

袋的大小受到限制，容量一般在 50～500 克；生产效率低，设备的运行能力远低于铁罐；蒸煮袋的价格高，而且不适用于生产带骨和坚硬的食品，这些食品容易刺破蒸煮袋。

蒸煮袋的一般组成材料如下：
① 聚乙烯（PE）薄膜；
② 聚丙烯（PP）薄膜；
③ 聚酯（PET）薄膜；
④ 尼龙（PA）薄膜；
⑤ 聚偏二氯乙烯（PVDC）薄膜；
⑥ 铝箔（AL）。

2. 软罐头的容器

① 透明普通型蒸煮袋；
② 透明隔绝型蒸煮袋；
③ 铝箔隔绝型蒸煮袋；
④ 直立袋。

3. 软罐头的生产工艺流程

软罐头生产的工艺流程与一般罐头生产的工艺流程基本相同，只是罐装、密封和杀菌冷却工艺有所不同。其加工工艺流程为：

制袋→固体食品充填→流体食品充填→（袋口预封）→排气→袋口密封→杀菌→检验→包装

（1）装罐、排气

在软罐头生产中装填、排气和密封是关键操作。无论装填哪种食品都要求装填量

精确,不污染袋口;装填速度快,抽气效果好,密封结构牢固,一般要求掌握以下要点:
① 合理选用装填密封设备;
② 装填量适当;
③ 严格控制装袋时的真空度。

(2) 密封

软罐头的密封方法与金属、玻璃罐头的密封方法完全不同,要求复合塑料薄膜边缘上内层薄膜熔合在一起,从而达到密封的目的。通常采用电热密封、脉冲密封法。封口的关键在于适当的封口温度、压力、时间及良好的袋口状况。

(3) 杀菌冷却

软罐头杀菌的基本原理及作用与金属罐头相同,区别在于软罐头的杀菌时间比同类普通罐头的杀菌时间短。软罐头在杀菌过程中,自升温始至冷却需加反压。

(4) 软罐头生产中常见质量问题分析

① 装填时袋口污染;
② 密封时袋口边起皱;
③ 杀菌冷却中的破袋。

防止和减少破袋的主要措施是:严格控制装袋量,尤其是带骨的食品;尽可能减少袋中残存的空气量,保证软罐头的真空度;掌握好杀菌冷却过程中的反压力。

达标自测

一、名词解释
1. 食品罐藏
2. 罐头食品
3. 软罐头

二、填空题
1. 罐头食品的种类很多,分类的方法也各不相同,根据国家标准和原料的不同可以分为六大类,分别为:_____、_____、_____、_____、_____、_____。

2. 罐头食品生产工艺流程为:洗罐→_____→预封→排气→密封→_____→冷却→_____→包装。

3. 罐藏食品中的微生物种类很多,但杀灭的对象主要是_____和_____。致病菌中危害最大的是_____杆菌,其耐热性很强。

4. 罐头成品在出厂前必须经过检查,确定是否符合商品要求和质量等级,主要的检验项目有:①_____;②保温检验;③_____;④罐头真空度检验;⑤_____。

5. 软罐头的容器包括:_____、透明隔绝型蒸煮袋、_____、直立袋。

6. 软罐头的密封方法与金属、玻璃罐头的密封方法完全不同,要求复合塑料薄膜边缘上_____熔合在一起,从而达到_____的目的。

三、简答题
1. 罐头食品装罐时必须满足哪些基本要求?
2. 罐头食品生产时排气方法有哪些?
3. 影响罐头热杀菌的因素是什么?
4. 说说罐头加热杀菌的方法。
5. 软罐头食品具有哪些优点?
6. 防止和减少软罐头破袋的主要措施有哪些?

第三部分
生产实验

实验一　发酵酸奶的制作

一、实验原理

酸乳是在牛乳中加入乳酸菌发酵剂,由于乳酸发酵使牛乳的 pH 值降至其等电点凝固而成的一种产品。乳酸发酵受到原料乳质量和处理方式、发酵剂的种类和加入量、发酵温度和时间等多种因素的影响。

二、实验目的

掌握发酵酸奶的制作工艺。

三、实验材料与设备

1.原辅材料

脱脂乳粉、白砂糖、乳酸菌发酵剂(稳定剂、果酱)、塑料杯或玻璃瓶等。

2.实验设备

混料罐或不锈钢锅、水浴锅、培养箱、台秤、天平等。

四、实验方法

1.工艺流程

```
                         发酵剂
                           ↓
配料→杀菌→冷却→接种→搅拌→装杯→封盖→培养→冷却→成品
```

2. 参考配方

奶粉 12%～15%，糖 5%～8%，发酵剂 3%。

3. 操作要点

(1) 制备发酵剂

① 乳酸菌纯培养物：10%的脱脂乳分装于灭菌试管灭菌(15min/115℃)、冷却(40℃)、接种(已活化的菌种：1%～2%)、培养(3～6h/45℃)、凝固、冷却至 4℃冷藏备用。一般重复上述工艺 4～5 次，接种 3～4h 后凝固，酸度达 90 度 T 左右为准。

② 制备母发酵剂：10%的脱脂乳分装于灭菌的三角瓶(300～400ml)、灭菌(15min/115℃)、冷却(40℃)、接种(乳酸菌纯培养物，2%～3%)、培养(3～6h/37～45℃)、凝固、冷却至 4℃，冷藏备用。

③ 制备工作发酵剂：10%的脱脂乳、杀菌(15min/85℃)、冷却(40℃)、接种(母发酵剂，2%～3%/15h)、培养(37～45℃/3～6h)、凝固、冷却至 4℃，冷藏备用。

(2) 配料

奶粉 12%～15%，糖 5%～8%。

(3) 杀菌

用热水杀菌，杀菌方式为 15min/85℃，冷却至 44℃左右。

(4) 接种

以 3%比例把工作发酵剂加到混料之中，搅拌均匀。(加酸奶 5%～10%)，把搅拌均匀后的料装入玻璃杯，每杯 150g。

(5) 培养

把接种混料放入培养箱，在 43℃培养，每隔 30min 测定酸度和 pH 值。当混料的 pH 值降至 4.6～4.8，酸度达到 70T～80T，凝乳组织均匀、致密、无乳清析出，表明凝块质地良好，达到发酵终点。

(6) 冷却

把酸乳冷却至 4℃。

五、产品质量标准

发酵酸乳应具有发酵乳的滋味和气味，酸甜适中，口感黏稠，没有乳清析出。

六、讨论题

① 如果制作搅拌型酸乳，本实验的工艺流程和操作要点应做何调整？
② 影响酸奶质量的因素有哪些？

实验二　甜酒酿的制作

一、目的要求

① 通过甜酒酿的制作了解酿酒的基本原理；
② 掌握甜酒酿的制作技术。

二、基本原理

以糯米（或大米）经甜酒药发酵制成的甜酒酿，是我国的传统发酵食品。我国酿酒工业中的小曲酒和黄酒生产中的淋饭酒在某种程度上就是由甜酒酿发展而来的。

甜酒酿是将糯米经过蒸煮糊化，利用酒药中的根霉和米曲霉等微生物将原料中糊化后的淀粉糖化，将蛋白质水解成氨基酸，然后酒药中的酵母菌利用糖化产物生长繁殖，并通过酵解途径将糖转化成酒精，从而赋予甜酒酿特有的香气、风味和丰富的营养。随着发酵时间延长，甜酒酿中的糖分逐渐转化成酒精，因而糖度下降，酒度提高，故适时结束发酵是保持甜酒酿口味的关键。

三、实验器材

1.材料

糯米、酒药。

2.仪器和器具

手提高压灭菌锅、不锈钢丝碗、滤布、烧杯、不锈钢锅。

四、实验内容

用糯米酿制甜酒。

五、方法及步骤

1. 洗米蒸饭

将糯米淘洗干净，用水浸泡 4h，捞起放于置有滤布的钢丝碗中，于高压锅内蒸熟（约 0.1MPa，9min），使饭"熟而不糊"。

2. 淋水降温

用清洁冷水淋洗蒸熟的糯米饭，使其降温至 35℃左右，同时使饭粒松散。

3. 落缸搭窝

将酒药均匀拌入饭内，并在洗干净的烧杯内洒少许酒药，然后将饭松散放入烧杯内，搭成凹形圆窝，面上洒少许酒药粉，盖上培养皿盖。

4. 保温发酵

于 30℃进行发酵，待发酵 2d 后，当窝内甜液达饭堆 2/3 高度时，进行搅拌，再发酵 1d 左右即可。

六、实验报告

① 发酵期间每天观察、记录发酵现象。
② 对产品进行感官评定，写出品尝体会。
③ 制作甜酒酿的关键操作是什么？
④ 发酵期间为什么要进行搅拌？

实验三　啤酒的制作

一、实验原理和目的

啤酒是以大麦芽和啤酒花作为主要原料生产的一种低酒精度发酵酒。它具有特殊的麦芽香味、酒花香味和适口的酒花苦味,含有一定量的二氧化碳。啤酒倒入杯中会形成持久不消、洁白细腻的泡沫。这些构成了啤酒独特的风格。

同学们通过本实验,可以了解啤酒的生产过程、工艺技术及生产过程中物质的变化。

二、实验材料和设备

1.实验材料

纯净水、大麦麦芽、酒花、活性干酵母、X%碘液。

2.实验设备

电炉、粉碎机、糖化容器、发酵桶、啤酒瓶、封盖器、冷柜、温度计、糖度计(10～20°P)。

三、实验内容

1.工艺流程

糖化麦芽汁的制备　　酵母
　　　↓　　　　　　↓
酒花→麦芽汁煮沸及成型→啤酒发酵→后发酵→成品

2.操作要点

(1)糖化制备麦汁

麦芽粉碎,按1:4加水,在55℃保持40min进行蛋白质变性沉淀,升温到63℃,保温至糖化完成。糖化时,每隔 5min 取清液,用碘液检查一次,至碘液反应无色。升温至 78℃,保持 10min,过滤得到澄清麦汁,调整麦汁浓度到 12°P。麦汁 pH 值约为 5.4。

(2) 添加酒花

煮沸糖化好的麦汁并添加酒花。煮沸前要给予足量的水,补充蒸发的损失。总煮沸时间为 90min。在麦汁过程中添加酒花,酒花添加为 0.1%,分三次添加:麦汁煮沸后先加酒花的 10%,40min 后加入 50%,煮沸结束前 10min 加入剩余的 40%。煮沸完成后冷却沉淀去除酒花,调整麦芽汁浓度为 10.5~11°P。

(3) 活化干酵母

取 2 克蔗糖放入 100ml 水中,加热煮沸后冷却至 25℃。称取麦汁总量 0.5‰(w/v) 的活性干酵母放入以上糖水中,25℃保温 30min 以上。

(4) 主发酵阶段

将麦汁倒入发酵桶中,调整麦汁的温度使其与室温相同(<20℃)。测定麦汁的浓度和 pH 值。将活化好的酵母倒入发酵桶中,搅拌均匀,盖好桶盖,即进入主发酵阶段。发酵桶带有气锁的玻璃容器或塑料容器,气锁使发酵产生的二氧化碳散失,并防止空气进入。

(5) 后发酵阶段

当发酵液的浓度降低至 4.5°P 以下时,主发酵阶段完成,转入后发酵阶段。发酵过程中对产品要进行监测,自进入发酵阶段起,每 24 小时取样测定外观、浓度和 pH 值。

(6) 成品啤酒

将前发酵结束的酒液装入干净的瓶子中,每瓶再装入浓度为 30%的糖水 1%,装液量为瓶子体积的 85%~90%。室温放置后转入 1℃的冷藏柜中,后酵 7 天以上,即可成为成品啤酒。

3. 样品评价

啤酒的理化指标检测执行 GB/T4928-2001。啤酒成品外观必须清亮、透明有光泽。注入杯中以后必须有大量的气泡升起,在杯口形成洁白细腻的泡沫,泡沫必须持久挂杯。啤酒应有明显的酒花清香味,一定的麦芽香味,口味纯正、爽口或醇厚。无苦味,无异杂味,有充足的二氧化碳。淡色啤酒具有酒花的香味、苦味。浓色啤酒具有麦芽香味及醇厚感。

四、问题与讨论

① 讨论蛋白质变性沉淀及糖化温度确定的依据。
② 酒花为什么要分次添加。
③ 装瓶后为什么要留瓶颈空间?
④ 后酵时补加糖的作用是什么?

实验四　果酒与果醋的制作

一、原理

果酒的制作离不开酵母菌,酵母菌是兼性厌氧型微生物,在有氧的条件下,酵母菌进行有氧呼吸,大量繁殖,反应式为:$C_6H_{12}O_6+6O_2 \rightarrow 6CO_2+6H_2O$;在无氧条件下,酵母菌进行酒精发酵,反应式为:$C_6H_{12}O_6 \rightarrow 2CO_2+2C_2H_5OH$。温度是酵母菌生长和发酵的重要条件,20℃左右最适合酵母菌繁殖。酒精发酵时一般将温度控制在18~25℃,在葡萄酒的自然发酵过程中,起主要作用的是附着在葡萄皮上的野生型酵母菌,发酵过程中,随着酒精度的提高,红葡萄皮的色素也进入发酵液,使葡萄酒呈现深红色,在缺氧、呈酸性的酵母液中能大量生长繁殖,而绝大多数其他微生物都因无法适应这一环境而受到抑制。

醋酸菌是一种好氧细菌,只有当氧气充足时,才能进行旺盛的生理活动,变酸的酒的表面观察到的菌膜就是醋酸菌在液面大量繁殖而形成的。实验表明,醋酸菌对氧气的含量特别敏感,当进行深层发酵时,即使只是短时间中断通入氧气,也会引起醋酸菌死亡。当氧气、糖源都充足时,醋酸菌将葡萄汁中的糖分解成醋酸;当缺少糖源时,醋酸菌将乙醇变为乙醛,再将乙醛变为醋酸,反应式为:$C_2H_5OH+O_2 \rightarrow CH_3COOH+H_2O$。醋酸菌的最适生长温度为30~35℃。

二、实验目的

学会制作果酒与果醋,并掌握其原理。

三、实验器材

新鲜水果,如苹果、葡萄、梨等,白糖,酵母液,白醋,水果刀,榨汁机,矿泉水瓶或者是罐头瓶,注射器,纱布,记号笔等。

四、实验步骤

① 选取新鲜的水果,如苹果、梨、葡萄等,称量,冲洗,除去腐烂、坏死部位及其枝梗,榨汁。

② 将果汁转至容器瓶中,加入适量的白糖,按每千克水果中加入大约 100ml 的酵母液的比例,往容器中加入酵母液并迅速盖好瓶盖(果酒的制作);榨取的汁液与白醋以 1:1 的比例混合,并用 2~3 层纱布盖住瓶口(果醋的制作)。

③ 果酒放在室温下即可,果醋放在 32℃左右恒温培养箱中,以保持发酵菌的最适发酵温度。

④ 定期观察果酒与果醋瓶中的颜色,是否出现气泡等情况的变化,并记录下来;盛果酒的瓶每天定时排放气体,以免产生的气体过多将瓶涨破。

⑤ 10 天左右,即可品尝果酒与果醋,从色泽、酒味、果香味等各方面进行评价与讨论,同时对果酒中酒精浓度进行检测。

五、实验结果

① 我们组的果酒与果醋做得都挺成功的,果酒的味道很浓,其中未榨汁的梨酒的酒味最浓,喝了两三口后脑袋就有了发热的感觉。果醋的醋香味也很好,品尝过的组员描述道:有苹果的芳香、醋的醇香还有悦目的色泽;

② 有一瓶果酒中,由于加入的白糖过多,导致果酒中有很浓的甜味。

实验五　面包的制作

一、实验原理

面包是以小麦粉为主要原料,加以酵母、水、蔗糖、食盐、鸡蛋、食品添加剂等辅料,经过面团的调制、发酵、醒发、整形、烘烤等工序加工而成。面团在一定的温度下经发酵,面团中的酵母利用糖和含氮化合物迅速繁殖,同时产生大量二氧化碳,使面团体积增大、结构酥松、多孔且质地柔软。

二、实验目的

了解并掌握面包制作的基本原理及操作方法,学生通过试验了解糖、食盐、水等各种食品添加剂对面包质量的影响。

三、实验材料与设备

① 原材料:面包粉、砂糖、植物油、活性干酵母、盐、鸡蛋、面包改良剂等。
② 仪器设备:和面机、醒发箱、远红外线烤箱、烤盘、台秤、面盆、烧杯等。

四、实验内容

1.配方

主食面包标准配方见下表,仅供参考。

主食面包标准配方

第一次调粉	百分比量	第二次调粉	百分比量
富强粉	70%	富强粉	30%
酵母	2%	砂糖	5%

续表

第一次调粉	百分比量	第二次调粉	百分比量
面团改良剂	0.1%	食盐	2%
水	40%	油脂	4%
水	20%		

2.工艺流程

原辅料→第一次调粉→发酵→第二次调粉→醒发→成型→醒发→烘烤→冷却

3.操作要点

① 按实际用量称量各原辅料,并进行一定处理。用适量打粉用水将酵母溶解,面粉需过筛,糖、盐必须用打粉水事先溶化,固体油脂需在电炉上熔化。

② 将70%的面粉和其他材料全部加入立式打粉机中进行第一次面团调制,先低速搅拌约4min,再高速搅拌约2min调至面团成熟,面团温度控制在24℃。

③ 调好的面团以圆团状放入面盆内,在恒温恒湿发酵箱内进行一次发酵,发酵间温度为27℃左右、相对湿度70%~75%、发酵时间3~5h,发至成熟。

④ 将除油脂以外的所有原料同发酵结束的面团一起放入打粉机中,进行第二次面团调制。先低速搅拌3min、高速搅拌约6min,成团后将油脂加入,再低速搅拌3 min、高速搅拌6min搅拌,调至面团成熟。

⑤ 和好的面团取出后在室温下醒发约20min。

⑥ 整形、醒发:将发酵好的面团分成100g/个,滚圆,放入预先刷好油的面包模中,然后放入醒发箱中醒发35~45 min,温度30~40℃,相对湿度85%。

⑦ 烘烤:将醒发好的面团放入烤箱中,烘烤初期,烤箱的上火温度120℃,下火温度250℃;烘烤中期,烤箱的温度为270℃;烘烤后期,烤箱的上火温度180~200℃,下火温度140~160℃,时间约35min。

⑧ 冷却:将烤熟的面包从烤箱中取出,脱膜,自然冷却后包装。

五、产品的质量标准

1.感官指标

① 形态:完整,无缺损、龟裂、凹坑,表面光洁,无白粉和斑点。
② 色泽:表面呈金黄色和淡棕色,均匀一致,无烤焦、发白现象。
③ 气味:应具有烘烤和发酵后的面包香味,并具有经调配的芳香风味,无异味。
④ 口感:松软适口,不粘,不牙碜,无异味,无未融化的糖、盐粗粒。

⑤ 组织：细腻，有弹性；切面气孔大小均匀，纹理均匀清晰，呈海绵状，无明显大孔洞和局部过硬；切片后不断裂，并无明显掉渣。

2. 质量评定

① 面包含水率 =（成品面包水分含量/面包重量）×100%
其中：成品面包水分含量 = 总加入水的量—水分蒸发量。
水分蒸发量 = 烘烤前面包面团重量—烘烤后面包重量
② 容重（比容积）=（面包成品的容积/面包成品的重量）×100%
主食面包标准含水量为 35.0%；比容积在 4.20～4.59 为最好。
硬度测定为 50～60g。

六、讨论题

① 面包醒发时，温度和湿度过高或过低对产品产生何影响？
② 面包坯在烘烤中发生哪些物理的、微生物和生化变化？
③ 根据你的面包质量，总结实验成败的原因。

参考文献

1. 王传荣.发酵食品生产工艺[M].北京:科学出版社,2006.
2. 岳春.食品发酵技术[M].北京:化学工业出版社,2009.
3. 苏冬梅.酱油生产技术[M].北京:化学工业出版社,2010.
4. 谢骏.调味品及其他食品加工技能综合实训[M].北京,化学工业出版社,2008.
5. 熊宗贵.发酵工艺原理.北京:中国医药科学技术出版社,2000.
6. 梅乐和.生化生产工艺学.北京:科学出版社,1999.
7. 贺小贤.生物工艺原理.北京:化学工业出版社,2003.
8. 胡斌杰,胡莉娟,公维庶.发酵技术[M].武汉:华中科技大学出版社,2012.
9. 严希康.生化分离工程[M].北京:化学工业出版社,2001.
10. 陈来同.生化工艺学[M].北京:科学出版社,2004.
11. 白秀峰.发酵工艺学[M].北京:中国医药科学技术出版社,2003.
12. 刘国诠.生物工程下游技术[M].北京:化学工业出版社,2002.
13. 俞俊堂,唐孝宜.生物工艺学(上下册)[M].上海:华东理工大学出版社,1997.
14. 娜行彦,熊宗贵,胡章助.抗生素工艺学[M].北京:化学工业出版社,1982.
15. 吴根福.发酵工程[M].北京:高等教育出版社,2006.
16. 朱圣庚,陈章良,林稚兰.生物技术[M].北京:科学出版社,1995.
17. 陈因良,陈志宏.细胞培养工程[M].上海:华东化工学院出版社,1992.
18. 司徒镇强,吴军正.细胞培养[M].北京:世界图书出版公司,1996.
19. 伦世仪.生化工程[M].北京:中国轻工业出版社,1993.
20. 张克旭.氨基酸工艺学[M].北京:中国轻工业出版杜,1992.
21. 逯家富.啤酒生产技术[M].北京:科学出版社,2004.
22. 黄诗笺.现代生命科学概论[M].北京:高等教育出版社,2001.
23. 罗贵民.酶工程.北京:化学工业出版社,2002.
24. 宋思扬.生物技术概论[M].北京:科学出版社,2000.
25. 翟礼嘉.现代生物技术导论[M].北京:高等教育出版社,1998.
26. 李艳.发酵工业概论[M].北京:中国轻工业出版社,1999.
27. 顾国贤.酿造酒工艺学[M].北京:中国轻工业出版社,1996.
28. 魏述众.生物化学[M].北京:中国轻工业出版杜,1996.
29. 周德庆等.微生物学教程[M].北京:高等教育出版杜,1997.

30. 伦世仪. 生化工程[M]. 北京：中国轻工业出版社，1993.

31. 陈因良. 细胞培养工程[M]. 上海：华东化工学院出版社，1992.

32. 王方林，胡斌杰. 化学工艺[M]. 北京：化学工业出版社，2007.

33. 谢梅杰，别智鑫. 发酵技术[M]. 北京：化学工业出版社，2007.

34. 何建勇. 发酵工艺学[M]. 北京：中国医药科技出版社，2009.

35. Qwen P Ward. *Fermentation Biotechnology: Processes and products*. Open University Press, 1998.

36. jian-jiang Zhong. *Advances in Applied Biotechnology*. East CHm University of Science and Technology Press, 2002.

37. Bicker staff C F. *IrvrrobilizaNon of Enzymes and Cells*. Hunan Press, 1997.

38. Harvey W.Blanch S.Clark. *Biochimical Engineering*. Marcel Dekker, USA: 1996.

39. Owen P. Ward. *Fermentation Biotechnology. Principle. Processes and products*. Open University Press, 1989.

40. Daniel I.C.Wang et al. *Fermentation and Enzyme Technology*. John Wiley&Sons, USA: 1995.